선생님이 강력 추천하는

국어

개념 + PLUS
단원평가

5-1

민들레에게는
하얀 씨앗을 더 멀리 퍼뜨리고 싶은 꿈이 있고,

연어에게는
고향으로 돌아가 알알이 붉은 알을 낳고 싶은 꿈이 있습니다.

여러분도 가지각색의 아름다운 꿈을 가지고 있지요?
꿈을 향한 마음으로
좋은 결과를 얻기 위해 달려 보아요.

여러분의 아름답고 소중한 꿈을 응원합니다.

구성과 특징

권두 부록

독서 단원 + 단원 요점
교과서 특별 단원의 내용을 확인하고, 단원별 핵심을 정리했습니다.

1. 단원 요점 정리
교과서 내용 가운데 가장 중요하고 중심이 되는 내용을 보기 쉽게 정리했습니다.

2. 개념을 확인해요
교과서 개념에 대한 주요 내용을 간단한 문제를 통하여 확인할 수 있습니다.

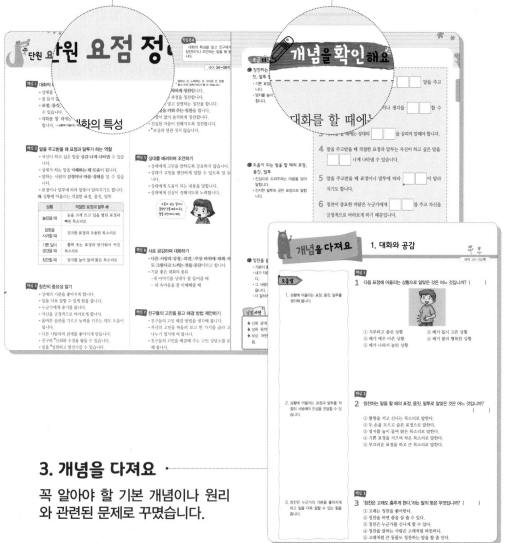

3. 개념을 다져요
꼭 알아야 할 기본 개념이나 원리와 관련된 문제로 꾸몄습니다.

4. 단원 평가

여러 가지 유형의 문제를 단원별로 구
성하고, 도전, 실전으로 난이도를 구분하
여 학습 목표를 이룰 수 있도록 하였습
니다.

5. 창의 서술형 문제

서술형 평가에 대비할 수 있도록 다양
한 문제로 구성하였습니다.

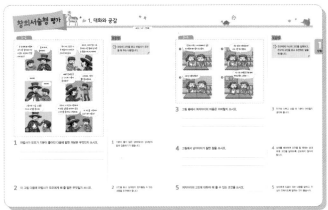

6. 100점 예상문제

핵심만 콕콕 짚어 중간 범위, 기말 범위,
전체 범위로 구분하여 구성하였습니다.

정답과 풀이

별책 부록

스스로 학습할 수 있도록 문제마다 자세한 풀이를 넣었으며 '더 알아볼까요!'
코너를 두어 문제를 정확하고 쉽게 이해할 수 있도록 하였습니다.

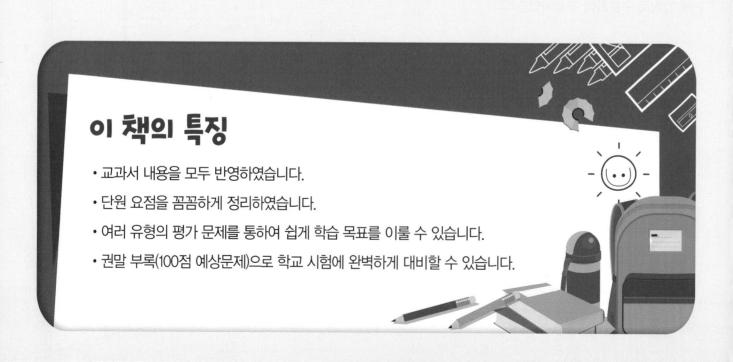

이 책의 특징

· 교과서 내용을 모두 반영하였습니다.

· 단원 요점을 꼼꼼하게 정리하였습니다.

· 여러 유형의 평가 문제를 통하여 쉽게 학습 목표를 이룰 수 있습니다.

· 권말 부록(100점 예상문제)으로 학교 시험에 완벽하게 대비할 수 있습니다.

차례

✿ 요점 정리 + 단원 평가 ⋯⋯⋯⋯⋯ 8

✿ 100점 예상문제 ⋯⋯⋯⋯⋯ 152

✿ 정답과 풀이

5·1

5～6학년군

국어 5-1

5~6
학년군

1. 대화와 공감 ⋯⋯⋯⋯⋯⋯ 8

2. 작품을 감상해요 ⋯⋯⋯ 22

3. 글을 요약해요 ⋯⋯⋯⋯ 36

4. 글쓰기의 과정 ⋯⋯⋯⋯ 50

5. 글쓴이의 주장 ⋯⋯⋯⋯ 64

6. 토의하여 해결해요 ⋯⋯ 78

7. 기행문을 써요 ⋯⋯⋯⋯ 92

8. 아는 것과 새롭게 안 것 106

9. 여러 가지 방법으로 읽어요 120

10. 주인공이 되어 ⋯⋯⋯ 134

학습목표
대화의 특성을 알고 친구에게 칭찬하거나 조언하는 말을 해 봅시다.

국어 34~59쪽

핵심 1 대화의 특성

- 상대를 직접 보면서 말을 주고받습니다.
- 잘 듣지 않으면 다시 물어봐야 합니다.
- 표정, 몸짓, 말투에 따라 기분이나 생각을 짐작할 수 있습니다. →말의 빠르기, 높낮이, 세기
- 대화를 할 때에는 상대의 마음을 살피며 말해야 합니다. →상황에 어울리는 적절한 표정과 말투로 말해야 합니다.

핵심 2 말을 주고받을 때 표정과 말투가 하는 역할

- 자신이 하고 싶은 말을 실감 나게 나타낼 수 있습니다.
- 상대가 하는 말을 이해하는 데 도움이 됩니다.
- 말하는 사람의 감정이나 마음 상태를 알 수 있습니다.
- 표정이나 말투에 따라 말뜻이 달라지기도 합니다.

예 상황에 어울리는 적절한 표정, 몸짓, 말투

상황	적절한 표정과 말투 예
놀랐을 때	눈을 크게 뜨고 입을 벌린 놀란 표정과 빠른 목소리로
잘못을 사과할 때	진지한 표정과 조용한 목소리로
기쁜 일이 생겼을 때	활짝 웃는 표정과 반가워서 커진 목소리로
칭찬할 때	엄지를 높이 들며 밝은 목소리로

핵심 3 칭찬의 중요성 알기

- 상대의 기분을 좋아지게 합니다.
- 일을 더욱 잘할 수 있게 힘을 줍니다.
- 누군가에게 용기를 줍니다.
- 자신을 긍정적으로 바라보게 합니다.
- 올바른 습관을 기르고 능력을 키우는 데도 도움이 됩니다.
- 다른 사람과의 관계를 좋아지게 만듭니다.
- 친구와 *신뢰와 우정을 쌓을 수 있습니다.
- 일을 *성취하고 발전시킬 수 있습니다.

핵심 4 칭찬하는 방법 →잘하는 것, 노력하는 것, 고마운 것, 장점들이 모두 칭찬거리가 될 수 있습니다.

- 분명하고 자세하게 칭찬합니다.
- 결과보다 과정을 칭찬합니다.
- 평가하지 말고 설명하는 칭찬을 합니다.
- 가능성을 키워 주는 칭찬을 합니다.
- 과장이 없이 솔직하게 칭찬합니다.
- 진실된 마음이 전해지도록 칭찬합니다.
- *보상과 연관 짓지 않습니다.

핵심 5 상대를 배려하며 조언하기

- 상대에게 고민을 말하도록 강요하지 않습니다.
- 상대가 고민을 편안하게 말할 수 있도록 잘 듣습니다.
- 상대에게 도움이 되는 내용을 말합니다.
- 상대에게 진심이 전해지도록 노력합니다.

도움이 되는 말이나 몰랐던 것을 깨우쳐 주는 말을 조언이라고 해요.

핵심 6 서로 공감하며 대화하기

- 다른 사람의 감정, 의견, 주장 따위에 대해 자신도 그렇다고 느끼는 것을 공감이라고 합니다.
- 기분 좋은 대화의 종류
  - 상대가 내 이야기를 잘 들어줄 때
  - 내 속마음을 잘 이해해줄 때

핵심 7 친구들의 고민을 듣고 해결 방법 제안하기

- 친구들의 고민 해결 방법을 생각해 봅니다.
- 자신의 고민을 떠올려 보고 한 가지를 골라 고민 나누기 엽서에 써 봅니다.
- 친구들의 고민을 해결해 주는 고민 상담소를 운영해 봅니다.

✏️ 개념을 확인해요

1 대화를 할 때에는 상대를 직접 ☐☐☐ 말을 주고받아야 합니다.

2 표정, 몸짓, 말투에 따라 기분이나 생각을 ☐☐ 할 수 있습니다.

3 대화를 할 때에는 상대의 ☐☐ 을 살피며 말해야 합니다.

4 말을 주고받을 때 적절한 표정과 말투는 자신이 하고 싶은 말을 ☐☐ 나게 나타낼 수 있습니다.

5 말을 주고받을 때 표정이나 말투에 따라 ☐☐ 이 달라지기도 합니다.

6 칭찬이 중요한 까닭은 누군가에게 ☐☐ 를 주고 자신을 긍정적으로 바라보게 하기 때문입니다.

7 칭찬은 올바른 ☐☐ 을 기르고 능력을 키우는 데도 도움이 됩니다.

8 칭찬을 할 때에는 ☐☐ 하고 자세하게 칭찬하고, 평가하지 말고 ☐☐ 하는 칭찬을 해야 합니다.

9 칭찬을 할 때에는 결과보다 ☐☐ 을 칭찬하고, ☐☐ 을 키워 주는 칭찬을 해야 합니다.

10 상대를 배려하며 조언할 때에는 상대에게 고민을 말하도록 ☐☐ 하지 말고, 상대에게 ☐☐ 되는 내용을 말합니다.

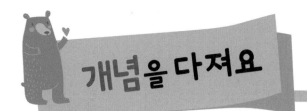

개념을 다져요

1. 대화와 공감

도움말

1. 상황에 어울리는 표정, 몸짓, 말투를 생각해 봅니다.

핵심 1

1 다음 표정에 어울리는 상황으로 알맞은 것은 어느 것입니까? (   )

① 지루하고 졸린 상황
② 배가 몹시 고픈 상황
③ 배가 매우 아픈 상황
④ 배가 불러 행복한 상황
⑤ 배가 나와서 놀란 상황

2. 상황에 어울리는 표정과 말투를 적절히 사용해야 진심을 전달할 수 있습니다.

핵심 2

2 칭찬하는 말을 할 때의 표정, 몸짓, 말투로 알맞은 것은 어느 것입니까?

(   )

① 팔짱을 끼고 신나는 목소리로 말한다.
② 두 손을 모으고 슬픈 표정으로 말한다.
③ 엄지를 높이 들며 밝은 목소리로 말한다.
④ 기쁜 표정을 지으며 작은 목소리로 말한다.
⑤ 부끄러운 표정을 하고 큰 목소리로 말한다.

3. 칭찬은 누군가의 기분을 좋아지게 하고 일을 더욱 잘할 수 있는 힘을 줍니다.

핵심 3

3 '칭찬은 고래도 춤추게 한다.'라는 말의 뜻은 무엇입니까? (   )
① 고래는 칭찬을 좋아한다.
② 칭찬을 하면 춤을 잘 출 수 있다.
③ 칭찬은 누군가를 신나게 할 수 있다.
④ 칭찬을 잘하는 사람은 고래처럼 따뜻하다.
⑤ 고래처럼 큰 동물도 칭찬하는 말을 할 줄 안다.

핵심 4

4 칭찬하는 방법으로 알맞지 <u>않은</u> 것은 어느 것입니까? (   )

① 과정보다 결과를 칭찬한다.
② 분명하게 자세하게 칭찬한다.
③ 과장이 없이 솔직하게 칭찬한다.
④ 가능성을 키워 주는 칭찬을 한다.
⑤ 평가하지 말고 설명하는 칭찬을 한다.

도움말

4. 상대가 잘한 일을 자세하고 분명하게 칭찬하고, 열심히 노력하는 모습을 칭찬하는 것이 좋습니다.

핵심 5

5 상대를 배려하며 조언하는 방법에 맞게 보기 에서 찾아 쓰시오.

보기

진심   도움   강요   편안하게

- 상대에게 고민을 말하도록 ((1)   )하지 않는다.
- 상대가 고민을 ((2)   ) 말할 수 있도록 잘 듣는다.
- 상대에게 ((3)   )되는 내용을 말한다.
- 상대에게 ((4)   )이/가 전해지도록 노력한다.

5. 상대를 배려하며 조언을 하면 상대가 나에게 고마움을 느끼게 됩니다. 또, 상대가 고민을 이야기하면 귀 기울여 듣고 진정으로 도움이 되는 말을 할 수 있도록 노력해야 합니다.

핵심 6

6 친구가 고민을 털어놓았을 때 내가 해 줄 수 있는 말로 알맞지 <u>않은</u> 것은 어느 것입니까? (   )

① 그래, 그럴 수도 있겠다.
② 지금까지 많이 힘들었겠구나.
③ 우리 같이 해 보자. 나도 노력할게.
④ 혼자서 해결해야지. 그 정도 고민은 다 있어.
⑤ 내가 도와줄까? 같이 해결하면 더 좋을 것 같아.

6. 기분 좋은 대화는 내 이야기를 잘 들어 주고, 내 말을 듣고 맞장구를 잘 쳐 줄 때, 내가 말하는 의도를 잘 이해할 때, 내 속마음을 잘 이해해 줄 때입니다.

1~3 다음 대화를 보고 물음에 답하시오.

1 태일이가 소희에게 물어본 까닭은 무엇입니까?
( )

① 소희가 너무 작게 말해서
② 소희가 쳐다보지 않고 말해서
③ 아직 소희가 말하지 않은 내용이어서
④ 딴생각을 하느라 소희의 말을 듣지 못해서
⑤ 옆 친구가 말을 거는 바람에 소희의 말을 못 들어서

2 그림 ❶에서 소희가 느꼈을 기분을 쓰시오.
( )

3 은주의 말을 들은 소희는 어떤 반응을 보였습니까?
( )

① 은주에게 화를 내었다.
② 은주의 처지를 이해해 주었다.
③ 은주에게 미안하다고 사과했다.
④ 은주와 더 사이좋게 지내자고 말했다.
⑤ 다시는 은주와 약속을 하지 않겠다고 다짐했다.

4~5 다음 글을 읽고 물음에 답하시오.

어린이 여러분, "칭찬은 고래도 춤추게 한다."라는 말을 들어 본 적이 있나요? 이 말처럼 들을 때마다 항상 기분 좋아지는 말이 바로 칭찬이에요. 우리는 칭찬을 들으면 기분이 좋아질 뿐만 아니라 일을 더욱 잘하려고 노력하기도 해요. 이게 바로 칭찬의 힘이랍니다. ㉠칭찬 한마디는 누군가에게 용기를 주고 자신을 긍정적으로 바라보게 해요. 또 올바른 습관을 기르고 능력을 키우는 데도 도움이 돼요. 그리고 다른 사람의 긍정적인 모습을 칭찬하는 것은 그 사람과 맺는 관계를 좋아지게 만들어요. 이렇게 칭찬은 힘이 셉니다. 따라서 칭찬의 힘을 과소평가해서는 안 돼요. 칭찬 한마디는 누군가의 인생을 변화시키는 결정적인 계기가 되기도 한답니다.

4 칭찬의 효과로 알맞지 않은 것은 어느 것입니까?
( )

① 기분이 좋아진다.
② 머리가 똑똑해진다.
③ 자신을 긍정적으로 바라보게 된다.
④ 일을 더욱 잘하려고 노력하게 된다.
⑤ 올바른 습관을 기르는 데 도움이 된다.

응용

5 ㉠에 해당하는 것의 기호를 모두 쓰시오.

㉮ 쳇, 운동을 잘해서 좋겠다.
㉯ 선생님께 칭찬을 받으니까 기분 좋냐?
㉰ 그렇게 열심히 하더니 좋은 결과가 나왔구나.
㉱ 맡은 역할을 성실히 해내는 네 모습을 본받고 싶어.
㉲ 다른 사람의 입장에서 생각하는 모습이 정말 대견해.

( )

6~7 다음 글을 읽고 물음에 답하시오.

평가하지 말고 설명하는 칭찬을 해야 해요. 누군가를 칭찬할 때에는 평가하기보다 잘한 일이나 행동을 설명하듯이 칭찬하는 것이 좋아요. ㉠"넌 정말 착하구나!"와 같이 칭찬하면 착한 아이로 평가받으려고 억지스럽거나 과장된 행동을 할 수도 있어요. 이렇게 칭찬하기보다 "잃어버린 물건을 찾아 주어 친구가 참 고마워하겠다!"와 같이 칭찬하면 상대가 행동의 가치를 이해한답니다.

마지막으로 가능성을 키워 주는 칭찬을 할 수 있으면 더욱 좋아요. 누군가를 칭찬할 때 지금의 능력보다 잠재 능력을 보고 칭찬할 수 있어요. 현재 겉으로 드러난 결과는 미약하고 부족해 보이더라도 앞으로의 가능성을 보고 "미술에 소질이 많은 것 같아. 앞으로 계속 노력한다면 훌륭한 화가가 될 수 있을 거야."와 같이 칭찬하면 상대가 자신의 재능을 발견하고 꿈을 실현하는 데 큰 도움을 줄 수 있답니다.

6 ㉠처럼 칭찬하면 안 되는 까닭은 무엇인지 쓰시오.

_____

_____

7 관련 있는 것끼리 선으로 이으시오.

(1) 설명하는 칭찬 •

• ㉠ 미술에 소질이 많은 것 같아. 앞으로 계속 노력하면 훌륭한 화가가 될 수 있을 거야.

(2) 가능성을 키워 주는 칭찬 •

• ㉡ 잃어버린 물건을 찾아 주어 친구가 참 고마워하겠다!

8~10 다음 대화를 읽고 물음에 답하시오.

동욱: 정인아, 무슨 걱정이 있니?
정인: (다소 힘없는 듯한 목소리로) 아니, 아무 일도 없는데.
동욱: (빈정거리는 말투로) 에이, 얼굴 표정을 보니 고민거리가 있는 것 같은데?
정인: ㉠(약간 성가신 듯이) 고민은 무슨 고민? 아무 일 없다니까.
동욱: (궁금해하며) 그러지 말고 말해 봐. 무슨 일인데? 다른 사람한테 절대 말하지 않을게.
정인: (조심스럽게) 음, 사실은 체육 시간에 뒤 구르기가 잘 안돼. 그래서 모둠끼리 여러 가지 동작을 꾸밀 때 방해가 되는 것 같아.

8 고민거리를 가지고 있는 친구는 누구인지 쓰시오.

(   )

9 동욱이가 정인이에게 고민거리가 있는지 알게 된 까닭은 무엇인지 쓰시오.

(   )

응용

10 ㉠에서 알 수 있는 정인이의 마음은 무엇입니까?

(   )

① 고민이 없다.
② 아무런 말도 하고 싶지 않다.
③ 동욱과 계속 말을 하고 싶다.
④ 동욱의 고민거리가 궁금하다.
⑤ 동욱에게 고민거리를 털어 놓고 싶다.

11~12 다음 대화를 보고 물음에 답하시오.

11 모모의 고민은 무엇입니까? (   )

① 모든 일에 다 나서고 싶어 한다.

② 다른 사람과 친하게 지내기 힘들어한다.

③ 일을 쉽게 해결하지 못하고 어려워한다.

④ 모든 일에 자신이 없고 소심하고 망설인다.

⑤ 일을 생각 없이 하다가 늘 결과가 좋지 못하다.

 주의

12 마법사가 제시한 방법으로 알맞은 것은 어느 것입니까? (   )

① 크게 울어 보자.

② 함께 웃어 보자.

③ 지금 시간을 즐기자.

④ 다른 사람을 웃겨 보자.

⑤ 다른 사람을 사랑해 보자.

13~15 다음 대화를 보고 물음에 답하시오.

13 여자아이의 고민은 무엇인지 쓰시오.

_____

_____

중요

14 여자아이의 고민을 듣고 남자아이는 어떻게 했습니까? (   )

① 자기의 고민을 털어놓았다.

② 괜찮다며 해결 방법을 알려 주었다.

③ 고민을 충분히 이해하려고 노력했다.

④ 대수롭지 않은 듯이 가볍게 웃어넘겼다.

⑤ 여자아이의 고민은 고민도 아니라며 비웃었다.

서술형

15 자신의 고민을 잘 들어 준 친구에게 어떤 마음이 들지 쓰시오.

_____

_____

_____

16~18 다음 대화를 읽고 물음에 답하시오.

나: (조심스럽게) 주민아, 너희 아빠께서는 소방관이
시니까 덩치도 크고 운동도 잘하시겠다.

주민: (밝게 웃으며) 우리 아빠? 키는 크신데 운동은
잘 안 하셔. 요즘에 119구조대로 부서를 옮기시
고는 친절왕이 되셨지. 아빠의 친절왕 정신 때문
에 우리는 어딘가 놀러 갈 때 제시간에 도착하지
못하기도 해. 얼마 전에는 영화관에 너무 늦게
들어가서 영화의 뒷부분만 본 적도 있어.

나: (크게 웃으며) 왜?

주민: 길을 잃고 헤매는 할머니를 가시는 곳까지 모
셔다드리느라 그랬지. 우리 아빠는 길에서 애들끼
리 싸우는 것을 보면 꼭 가서 말리셔야 하고, 누구
든 도움이 필요한 사람이 있으면 꼭 도와주셔야
해. 무관심은 나쁜 것이라고 하시면서 말이야.

나: ⊙ 우아, 너희 아빠 참 대단하시다.

16 주민이는 자신의 아빠가 어떤 분이시라고 했는지 쓰
시오.

( )

17 주민이 아빠가 영화관에 늦으신 까닭은 무엇입니까?
( )

① 운동을 하시느라고
② 도움이 필요한 사람을 찾으시느라고
③ 영화관으로 가는 길을 몰라 헤매시느라고
④ 가족과 함께 다른 곳으로 놀러 가시느라고
⑤ 길을 잃고 헤매는 할머니를 모셔다드리느라고

응용

18 ⊙에 들어갈 말로 알맞은 것은 어느 것입니까?
( )

① 감탄하며　　　② 비웃으며
③ 걱정하며　　　④ 화를 내며
⑤ 눈치를 보며

19~20 다음 그림을 보고 물음에 답하시오.

19 그림 ㉮~㉰ 가운데에서 다음 상황에 알맞은 것의
기호를 쓰시오.

친구를 도와줄까 말까 망설이는 상황

( )

20 그림 ㉮~㉰에서 친구들은 어떻게 대화를 주고받아
야 합니까? ( )

① 자신의 기분을 먼저 생각하며 대화한다.
② 친구의 눈치를 보며 거짓으로 대화한다.
③ 친구에게 높임 표현을 사용하며 대화한다.
④ 친구의 감정이나 생각에 공감하며 대화한다.
⑤ 친구의 기분을 생각하여 아무 말도 하지 않는다.

1~3 다음 대화를 보고 물음에 답하시오.

1 ㉠은 대화의 특성 가운데 어떤 것에 해당하는지 알맞은 내용에 ○표를 하시오.

(1) 잘 듣지 않으면 다시 물어본다. ( )

(2) 표정, 말투, 몸짓을 보고 기분을 짐작한다.
( )

2 ㉡에 어울리는 표정이나 말투는 무엇입니까?
( )

① 크고 빠른 목소리 　② 높고 딱딱한 목소리

③ 높고 빠른 목소리 　④ 낮고 조용한 목소리

⑤ 부드럽고 조용한 목소리

3 태일이가 소희의 이야기를 듣고 공감하는 대답으로 알맞은 것은 어느 것입니까? ( )

① 은주와 더 사이좋게 놀아야지.

② 넌 친구에 대한 배려심이 많구나.

③ 은주를 걱정해주다니, 넌 정말 최고야!

④ 나도 그런 상황이라면 화가 날 것 같아.

⑤ 은주에게 따끔하게 충고해주지 그랬니?

4~5 다음 글을 읽고 물음에 답하시오.

칭찬 한마디는 누군가의 인생을 변화시키는 결정적인 계기가 되기도 한답니다.

그러나 우리는 칭찬받기를 좋아하는 것에 비해 누군가를 칭찬하는 일에는 인색한 편이에요. 또 칭찬을 한다고 하지만 칭찬이 힘을 발휘하지 못하는 경우도 많아요. 그렇다면 어떻게 해야 칭찬이 힘을 발휘할 수 있을까요?

먼저, _____ 누군가를 칭찬할 때 두루뭉술하게 칭찬하지 말고 칭찬하는 내용이 무엇인지를 자세하게 말하는 것이 좋아요. "우아, 멋지다!", "정말 대단해!"와 같이 칭찬하기보다는 "다른 사람의 입장을 생각해서 양보하는 모습이 정말 멋지구나!"와 같이 분명하고 자세하게 칭찬해야 해요. 그래야 상대가 무엇을 잘했는지 알고 칭찬을 받으려고 더 노력하게 된답니다.

둘째, 결과보다 과정을 칭찬해야 해요. 누군가를 칭찬할 때 일의 결과가 아닌 과정을 칭찬하는 것이 좋아요.

4 무엇에 대하여 쓴 글입니까? ( )

① 칭찬의 효과

② 칭찬의 단점

③ 칭찬을 하는 방법

④ 칭찬을 하는 상황의 예

⑤ 칭찬 한 마디로 얻을 수 있는 변화

5 빈칸에 들어갈 알맞은 말은 어느 것입니까?
( )

① 긍정적인 모습을 칭찬해야 해요.

② 분명하고 자세하게 칭찬해야 해요.

③ 달콤한 말을 담은 칭찬을 해야 해요.

④ 가능성을 키워 주는 칭찬을 해야 해요.

⑤ 평가하지 말고 설명하는 칭찬을 해야 해요.

6 친구들의 칭찬거리가 잘 드러나는 별명을 넣어 칭찬을 한 친구는 누구인지 이름을 쓰시오.

민교
> 글씨를 바르게 쓰는 보배는 '바른 글씨 보배'라고 부르면 좋겠어.

> 마음씨가 착한 영아는 '흥부놀부 영아'라고 별명을 지을 거야.
경은

재석
> 효주는 교실 청소를 살하고 친구들 위해 봉사를 잘하니까 '마법사 효주'라고 불러야겠어.

(   )

7~8 다음 대화를 읽고 물음에 답하시오.

정인: (조심스럽게) 음, 사실은 체육 시간에 뒤 구르기가 잘 안돼. 그래서 모둠끼리 여러 가지 동작을 꾸밀 때 방해가 되는 것 같아.

동욱: (큰 소리로) 뭐, 네가 뒤 구르기를 못한다고? 그럼 선생님이나 친구들에게 도와 달라고 하면 되지, 뭘 그렇게 걱정해.

정인: (당황하며) 어떻게 그러니?

동욱: 그럼 내가 말해 줄까?

정인: (황급히 큰 소리로) 아냐, 그러지 마! 내가 알아서 할게. 넌 그냥 못 들은 걸로 해.

동욱: 네가 말을 못 하면 내가 말해 줄게.

정인: ㉠(화를 내며) 아냐. 내가 알아서 한다고.

7 동욱이가 잘못한 점은 무엇입니까? (   )

① 다른 사람의 고민을 전달했다.

② 고민을 이야기하라고 재촉하였다.

③ 다 똑같은 고민이라며 정인이의 말을 무시했다.

④ 정인이의 고민을 귀담아 듣지 않고 딴 짓을 했다.

⑤ 고민을 제대로 듣지도 않고 해결 방법을 제시하였다.

서술형

8 ㉠에서 정인이가 화를 낸 까닭은 무엇인지 쓰시오.

9~10 다음 대화를 보고 물음에 답하시오.

① 그렇다면 지금 느낌을 가지고 내 말을 들어 봐.

② 모모야, 너 자신과 사랑에 빠져 보렴. 남들을 의식하지 말고 너 자신을 좋아하고 사랑해 봐.

저 자신을 사랑하라고요? 제가 저를요?

남을 이해하여 남을 시킹이고 남을 받아들이려면 먼저 자기 자신을 사랑해야 해. 사랑의 첫걸음은 바로 자기 자신을 사랑하는 거지.

③ 저는 모든 면에서 부족한데 어떻게 저 자신을 사랑하죠?

④ 자, 받아라.

⑤ 자, 거울 속 네 모습을 보렴. 네 얼굴이 얼마나 사랑스럽니? 네 눈빛이 얼마나 눈부시니? 참 멋지고 사랑스럽지?

9 마법사는 남을 이해하고 사랑하려면 어떻게 해야 한다고 했습니까? (   )

① 남의 입장에서 생각해야 한다.

② 남의 이야기를 많이 들어야 한다.

③ 먼저 자기 자신을 사랑해야 한다.

④ 남의 말을 잘 듣고 받아들여야 한다.

⑤ 먼저 자신을 굽히고 남을 생각해야 한다.

서술형

10 그림 ⑤에서 마법사의 말을 들은 모모의 마음은 어떠할지 쓰시오.

11~12 다음 대화를 읽고 물음에 답하시오.

> 나: (감탄하며) 우아, 너희 아빠 참 대단하시다.
>
> 주민: 대단하다고? 글쎄, 처음에 난 모든 사람이 그런 줄 알았어. 나중에 우리 아빠께서 좀 심하시다는 것을 알게 됐지.
>
> 나: (궁금하다는 듯이) 그게 싫었니?
>
> 주민: 응, 솔직히 우리 아빠께서 나한테만 관심을 가져 주셨으면 하는 마음이 컸어. 남을 돕는다고 뛰어다니시다가 정작 나랑 할 일을 하시지 못한 적이 꽤 많았으니까.
>
> 나: 그래, 그럴 수도 있겠다.
>
> 주민: 그런데 나중에는 포기했지. 원래 그러시는 것을 내가 어쩌겠어.
>
> 나: 내 생각에는 너도 너희 아빠와 비슷한 것 같은데?
>
> 주민: (놀라며) 내가? 그럼 안 되는데! 나는 아빠를 닮지 않아야겠다고 생각했거든.
>
> 나: (밝게 웃으며) 내 눈에는 너도 친절왕이야.
>
> 주민: (엄살을 떨며) 그럼 정말 안 되는데. 아빠의 바이러스가 나한테 옮았나?
>
> 나: (궁금한 듯이) 아빠의 바이러스?
>
> 주민: 내가 아빠께 친절왕이 옮기고 간 바이러스가 있다고 그랬거든. 아빠와 같이 사니까 나한테도 옮았나 봐.

11 주민이가 아빠가 자신에게만 관심을 가져 주셨으면 하고 바란 까닭은 무엇인지 쓰시오.

_____

_____

12 '나'와 주민이가 대화를 즐겁게 할 수 있었던 까닭은 무엇입니까? (   )

① 서로 웃으면서 이야기해서
② 크고 즐거운 목소리로 대화를 해서
③ 주민이의 아빠가 재미있으신 분이라서
④ 주민이의 아빠에 대하여 서로 잘 알고 있어서
⑤ 서로의 감정이나 생각을 받아 주며 이야기해서

13 기분 좋은 대화로 알맞지 <u>않은</u> 것은 어느 것입니까?
(   )

① 내 이야기를 잘 들어 줄 때
② 내 속마음을 잘 이해해 줄 때
③ 내가 말하는 의도를 잘 알아 줄 때
④ 내 말을 듣고 맞장구를 잘 쳐 줄 때
⑤ 내 말에 계속 해결 방법을 제시해 줄 때

14~15 다음 그림을 보고 물음에 답하시오.

> ㉮ 내가 상을 받아서 기쁘지만 정우도 평소에 연습을 많이 했는데 ㉠.
> 시현
>
> 상을 못 받아서 아쉬워. 그래도 친한 친구가 상을 받았으니 축하해 줘야겠지.
> 정우
>
> ㉯ 오늘은 유라가 그림을 늦게 그리네. 도와준다고 할까? 평소에 나보다 더 잘하는데 기분 나빠 할까?
> 정아
>
> 좀 도와 달라고 할까? 지난번 미술 시간에 정아에게 스스로 완성해 보라고 했는데……
> 유라

14 ㉠에 담길 말로 알맞은 것은 어느 것입니까?
(   )

① 고맙겠다.   ② 미안하겠다.   ③ 속상하겠다.
④ 민망하겠다.   ⑤ 행복하겠다.

서술형

15 그림 ㉯에서 어떻게 대화를 주고받으면 좋을지 생각하여 쓰시오.

정아: _____

_____

유라: _____

_____

16~17 다음 그림을 보고 물음에 답하시오.

책을 읽고 싶은데 조용히 해달라고 할까? 쉬는 시간인데 말도 못 하게 한다고 기분 나빠 하면 어떻게 하지? 내가 다른 곳으로 갈까?

16 그림 속 상황으로 알맞은 것은 어느 것입니까?

( )

① 책을 함께 읽고 싶지만 소심해서 말하지 못하는 상황

② 친구들이 혼잣말을 하고 있어서 무슨 내용인지 알아들을 수 없는 상황

③ 책 내용을 이해하지 못했는데 수업 시간이 끝나 버려서 아쉬워하는 상황

④ 같이 이야기를 하고 싶지만 둘만 말하고 있어서 쉽게 끼어들 수 없는 상황

⑤ 책을 읽는 데 방해가 되지만 쉬는 시간이라서 조용히 해 달라고 말하지 못하는 상황

17 책을 읽고 있는 여자아이가 다음과 같이 말을 했다면 친구들의 반응은 어떠하겠습니까? ( )

너희는 왜 매일 떠들기만 하니? 책 읽는 데 방해 되니까 조용히 좀 해 줄래?

① 기분 나빠 할 것이다.

② 크게 웃으며 기뻐할 것이다.

③ 고마운 마음을 느낄 것이다.

④ 함께 책을 읽자고 할 것이다.

⑤ 미안하다며 다른 곳으로 갈 것이다.

18~20 다음 쪽지를 보고 물음에 답하시오.

〈나의 고민은?〉

저는 요즘 자꾸 늦잠을 잡니다. 그래서 부모님께 꾸지람을 많이 듣지만 잘 고쳐 지지 않아요. 아침에 일찍 일어나고 싶 은데 어떻게 하면 좋을까요?

〈해결 쪽지〉

저도 그런 적이 있었어요. 그래서 저녁에 일찍 잠자리에 들었더니 늦잠 자는 일이 많이 줄어들었어요. 저녁에 좀 더 일찍 잠을 자는 것이 좋겠어요. 일찍 자면 아침에 일찍 일어날 수 있을 거예요. 그리고 자는 시간과 일어나는 시간을 정해 놓고 지키려고 노력 해야 해요.

18 '나'의 고민은 무엇입니까? ( )

① 자꾸 늦잠을 자는 것

② 밤에 잠이 오지 않는 것

③ 저녁에 잠을 많이 자는 것

④ 규칙적으로 행동하지 못하는 것

⑤ 어머니께 꾸지람을 많이 듣는 것

19 '나'의 고민에 대한 해결 방법은 무엇인지 쓰시오.

(1) ( )

(2) ( )

서술형

20 요즘 자신의 고민은 무엇인지 쓰시오.

_____

_____

_____

창의서술형 평가 · 1. 대화와 공감

1~2

도움말

⭐ 모모의 고민을 듣고 마법사가 조언을 해 주는 내용입니다.

1 마법사가 모모가 기분이 좋아진 다음에 말한 까닭은 무엇인지 쓰시오.

_____

_____

1 기분이 좋지 않은 상태에서는 상대방의 말에 집중하기가 힘듭니다.

2 이 그림 다음에 마법사가 모모에게 해 줄 말은 무엇일지 쓰시오.

2 고민을 듣고 상대방이 받아들일 수 있는 내용을 조언해야 합니다.

도움말

⭐ 친구에게 자신의 고민을 말해보고, 친구의 고민을 듣고 조언하는 말을 해 봅니다.

3 그림 ❶에서 여자아이의 마음은 어떠할지 쓰시오.

_____

_____

3 친구와 다투고 났을 때 기분이 어떠할지 생각해 봅니다.

4 그림에서 남자아이가 잘한 점을 쓰시오.

_____

_____

4 상대를 배려하며 조언을 할 때에는 상대에게 고민을 말하도록 강요하지 않아야 합니다.

5 여자아이의 고민에 대하여 해 줄 수 있는 조언을 쓰시오.

5 상대에게 도움이 되는 내용을 말하고, 진심이 전해지도록 말하는 것이 좋습니다.

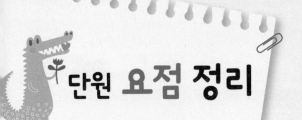

단원 요점 정리 2. 작품을 감상해요

핵심 1 경험을 떠올리며 작품을 읽을 때 좋은 점 알기
- 내용을 더 쉽게 이해할 수 있습니다.
- 내용을 더 생생하게 느낄 수 있습니다.
- 책이나 영상에서 본 것을 떠올리면 더욱 실감 나게 읽을 수 있습니다.
- 인물의 마음을 더 잘 이해할 수 있습니다.

경험을 떠올리며 이야기를 읽으면 좋은 점
- 내용을 더 쉽게 잘 이해할 수 있습니다.
- 이야기를 좀 더 생생하게 느낄 수 있습니다.
- 인물의 마음을 더 잘 이해할 수 있습니다.
- 글 내용을 더 깊이 있게 이해할 수 있습니다.
- 자신이 아는 내용과 비교하며 글을 읽을 수 있습니다.
- 작품 읽기의 즐거움을 더 잘 느낄 수 있습니다.

같은 이야기로 글을 쓰더라도 자기 지식이나 경험에 따라 생각이나 느낌이 다르게 나타날 수 있어요.

┌→ 시 속 인물이 겪은 일과 비슷하거나 겪은 일은 달라도
│   비슷한 생각이나 느낌을 가져 본 경험을 떠올려 봅니다.

핵심 2 경험을 떠올리며 시 읽기
- 시 내용을 잘 파악합니다.
- 시의 표현들을 잘 살펴봅니다.
- 시에서 말하는 이가 무슨 생각을 하는지 알아봅니다.
- 시에서 말하는 이의 경험이 무엇인지 파악해야 합니다.
- 시에서 말하는 이가 상상하는 것을 짐작해 봐야 합니다.

경험을 떠올려 시를 읽고 친구들과 생각이나 느낌을 나누면 좋은 점
- 시를 더 잘 이해할 수 있습니다.
- 시 속 인물에게 ★몰입할 수 있습니다.
- 자신의 경험을 다시 한번 생각하고 표현해 보고 싶은 마음이 듭니다.

핵심 4 ★상상한 이야기가 비슷하거나 다른 까닭
- 같은 이야기로 글을 쓰더라도 읽는 사람의 지식이나 경험, 상상력에 따라 생각이나 느낌은 다를 수 있기 때문입니다.
- 사람마다 경험이 다르기 때문에 이어질 이야기에 대한 상상력도 달라지기 때문입니다.
- 인상 깊은 장면이 다르기 때문입니다.

┌→ 이야기를 읽기 전에 내용을 예상하려면 책 제목,
│   책 표지, 이야기의 그림을 봅니다.

핵심 3 경험을 떠올리며 이야기 읽기
- 자신이 겪은 일이나 아는 것을 활용해 읽습니다.
- 작품 속 주인공이 겪는 일과 현실 속에서 내가 겪는 일을 비교하며 이야기를 읽습니다.
- 작품 속 인물이 겪은 일과 자신의 경험을 비교하며 읽으면 인물의 마음을 깊이 이해할 수 있습니다.
- 실제로 보고, 듣고, 배우고, 생각하고, 느낀 것을 떠올리며 시나 이야기를 읽으면 작품을 풍부하게 감상할 수 있습니다.

핵심 5 경험을 떠올리며 시 쓰기
- 시의 장면을 떠올려 봅니다.
- 시와 관련 있는 경험을 떠올려 봅니다.
- 시와 관련 있는 경험을 이야기해 봅니다.
- 자신의 경험이 잘 드러나도록 시를 바꾸어 씁니다.
  - 시에서 말하는 이가 놓인 상황과 느낀 기분을 자신의 경험과 견주어 봅니다.
  - 대상을 바꾸어 표현할 수도 있습니다.
  - 시 내용이 바뀌면 제목도 바뀔 수 있습니다.

조금 더 알기

🎲 **경험을 떠올리며 시를 감상하는 방법**
- 시와 관련 있는 비슷한 경험을 떠올립니다.
- 시 내용을 파악합니다.
- 시에서 말하는 이의 마음을 나타내는 표현을 찾아봅니다.

🎲 **「덕실이가 말을 해요」의 작품 속 세계와 우리가 살고 있는 현실 세계의 다른 점**
- 작품 속 세계에서는 강아지가 말을 할 수 있지만 현실 세계에서는 그럴 수 없습니다.
- 현실 세계에서는 일어날 수 없지만 작품 속 세계에서는 손톱을 쥐에게 먹여 가짜 수일이를 만들 수 있습니다.

🎲 **작품 속 세계와 현실 세계 비교하기**
- 작품 속 세계는 현실 세계와 비슷하거나 같은 점도 있습니다.
- 작품 속 세계는 현실 세계에 일어나지 않는 일들이 일어날 수 있도록 상상해 만든 세계입니다.

낱말 사전

★ **몰입** 깊이 파고들거나 빠짐.
★ **상상** 실제로 경험하지 않은 현상이나 사물에 대하여 마음속으로 그려 봄.

개념을 확인해요

1 경험을 떠올리며 글을 읽을 때 내용을 더 ☐☐ 이해할 수 있습니다.

2 경험을 떠올려 글을 읽을 때 내용을 더 ☐☐☐ ☐ 느낄 수 있습니다.

3 경험을 떠올리며 시를 읽을 때에는 시에서 말하는 이의 ☐ ☐ 이 무엇인지 파악해야 합니다.

4 경험을 떠올려 시를 읽으면 시 속 인물에게 ☐☐ 할 수 있습니다.

5 경험을 떠올리며 이야기를 읽으면 인물의 ☐☐ 을 더 잘 이해할 수 있습니다.

6 경험을 떠올리며 이야기를 읽으면 글의 내용을 더 ☐☐ 있게 이해할 수 있습니다.

7 경험을 떠올리며 이야기를 읽을 때에는 작품 속 주인공이 겪는 일과 현실 속에서 자신이 겪는 일을 ☐☐ 하며 읽습니다.

8 작품 속 세계는 현실 세계와 ☐☐ 하거나 다른 점이 있습니다.

9 작품 속 세계는 현실 세계에서는 일어나지 않는 일들이 일어날 수 있도록 ☐☐ 해 만든 세계입니다.

10 상상한 이야기가 같거나 다른 까닭은 같은 이야기를 읽더라도 읽는 사람의 지식이나 경험, ☐☐☐ 에 따라 생각이나 느낌은 다를 수 있기 때문입니다.

개념을 다져요

2. 작품을 감상해요

도움말

1. 유관순은 일본에 빼앗긴 우리나라를 되찾기 위해 목숨을 바쳐 싸운 인물입니다.

핵심 1

1 다음 인물과 관련된 경험을 말한 것으로 알맞은 것에 ○표를 하시오.

(1) 가족과 텔레비전을 본 경험이 떠올랐어. ( )
(2) 우리나라를 세운 일화를 다룬 글을 읽은 생각이 났어. ( )
(3) 일제 강점기에 벌어진 일을 다룬 영화를 본 적이 있어. ( )

2. 작품을 읽을 때 자신이 아는 것이나 겪은 일을 떠올리면 글의 내용을 더 쉽게 이해할 수 있습니다.

핵심 1

2 글을 읽을 때 자신의 경험을 떠올리며 읽으면 좋은 점이 **아닌** 것은 어느 것입니까? ( )

① 글을 더 빠르게 읽을 수 있다.
② 인물의 마음을 더 잘 이해할 수 있다.
③ 글의 내용을 더 쉽게 이해할 수 있다.
④ 이야기를 더욱 실감 나게 읽을 수 있다.
⑤ 이야기의 생생한 즐거움을 느낄 수 있다.

3. 시와 관련된 경험을 떠올리려면 우선 어떤 시인지 자세히 살펴보아야 합니다.

핵심 2

3 시와 관련 있는 여러 경험을 떠올리기 위해 해야 할 일로 알맞은 것을 모두 고르시오. (,)

① 시 내용을 잘 파악한다.
② 시를 언제 쓴 것인지 알아본다.
③ 시를 쓴 사람이 누구인지 알아본다.
④ 재미있는 표현, 반복되는 말을 찾아본다.
⑤ 시에서 말하는 이의 경험이 무엇인지 파악한다.

핵심 3

4 이야기를 읽기 전에 내용을 예상하는 방법으로 알맞은 것을 골라 기호를 쓰시오.

> ㉠ 제목을 보고 짐작한다.
> ㉡ 책 표지를 보고 예상한다.
> ㉢ 이야기의 그림을 보고 짐작한다.
> ㉣ 책을 쓴 사람의 이름을 보고 예상한다.
> ㉤ 책을 쓴 날짜를 보고 내용을 짐작한다.

(   )

4. 이야기를 읽기 전에 무엇을 보면 내용을 미리 짐작할 수 있는지 생각해 봅니다.

핵심 3

5 상상한 이야기가 같거나 다른 까닭이 바르게 되도록 **보기** 에서 찾아 각각 알맞은 말을 쓰시오.

> **보기**
>
> 인상   지식   경험   상상력

> • 같은 이야기로 글을 쓰더라도 읽는 사람의 ((1)   )이나 경험,
>   ((2)   )에 따라 생각이나 느낌이 다를 수 있기 때문이다.
> • 사람마다 ((3)   )이 다르기 때문에 이어질 이야기에 대한
>   상상력도 달라지기 때문이다.
> • ((4)   ) 깊은 장면이 다르기 때문이다.

5. 상상해 쓴 이야기는 글쓴이의 경험과 관점에 따라 생각이나 느낌이 다를 수 있다는 것을 이해합니다.

핵심 4

6 작품 속 세계와 우리가 살고 있는 현실 세계의 다른 점은 무엇입니까?

(   )

① 강아지를 기른다.
② 고양이가 사람과 대화를 한다.
③ 할머니의 어깨를 주물러 드린다.
④ 부모님께 잔소리를 듣기도 한다.
⑤ 친구들과 같이 숙제를 하고 놀기도 한다.

6. 작품 속 세계는 실제 있는 일을 다루기도 하지만, 꾸며 낸 이야기를 다루기도 합니다.

1~2 다음 글을 읽고 물음에 답하시오.

　유관순은 1902년 12월 16일, 충청남도 천안의 작은 마을에서 태어났다. 유관순의 아버지는 대를 이어 그 마을에서 살아온 선비 집안의 후손이었다. 유관순의 집은 그리 넉넉하지 못했지만, 늘 웃음소리가 끊이지 않는 화목한 가정이었다.

　어느 날, 아버지께서는 유관순에게 평소 마음에 둔 이야기를 들려주셨다.

　"우리나라가 일본의 침략을 받고 시달리는 것은 나라의 힘이 약한 까닭이다. 나라의 힘을 기르려면 서양 문물을 받아들이고 신학문을 배워야 한다."

　아버지께서는 엄숙한 표정으로 말씀을 이으셨다.

　"여자들도 집안일만 할 것이 아니라 더 배워서 나라의 일꾼이 되어야 한다."

　아버지께서는 젊은이들을 잘 가르쳐야 빼앗긴 나라를 되찾을 수 있다고 생각해 유관순을 서울로 보내어 신학문을 배우게 하셨다.

1 유관순에 대한 설명으로 알맞지 <u>않은</u> 것은 어느 것입니까? (　　　)

① 넉넉한 형편에서 자랐다.
② 1902년 12월 16일에 태어났다.
③ 충청남도 천안시에서 태어났다.
④ 유관순의 아버지는 선비 집안의 후손이다.
⑤ 늘 웃음소리가 끊이지 않은 화목한 가정에서 자랐다.

2 유관순 아버지의 생각으로 알맞은 것에 ○표를 하시오.

(1) 젊은이들을 잘 가르쳐야 빼앗긴 나라를 되찾을 수 있다.　　　　　　　　　(　　　)
(2) 여자들은 집안일을 열심히 배워 나라의 일꾼이 되어야 한다.　　　　　　　(　　　)

3~5 다음 글을 읽고 물음에 답하시오.

　1916년에 유관순은 서울 정동에 있는 이화학당에 입학했다. 유관순은 아버지의 가르침을 따라 방학 동안에는 고향에 내려가 우리글을 모르는 마을 사람들에게 열심히 글을 가르쳤다. 그러나 일본은 우리나라 사람들이 우리글을 배우는 것을 싫어했다. 우리글에는 우리 민족의 얼이 담겼다고 생각했기 때문이다. 일본 헌병이 몇 번이고 훼방을 놓았지만, 유관순은 굽히지 않고 마을 사람들에게 정성껏 우리글을 가르쳤다.

　이 무렵, 우리 겨레는 내 나라, 내 땅에서 마음 놓고 사는 것조차 힘들었다. 그래서 하루하루 고통 속에서 살았으며 모두 독립을 애타게 바랐다. 그리하여 온 겨레가 한마음으로 목청껏 독립을 외쳤다. 1919년 3월 1일, 서울 탑골 공원에서 시작된 독립 만세 운동이 바로 그것이었다.

3 일본이 우리나라 사람들이 우리글을 배우는 것을 싫어한 까닭은 무엇인지 쓰시오.

_____

4 유관순이 한 일은 무엇입니까? (　　　)

① 탑골 공원에서 태극기를 팔았다.
② 장터에서 국밥을 만들어 팔았다.
③ 이화학당에서 태극기를 만들었다.
④ 사람들에게 신학문을 알려 주었다.
⑤ 마을 사람들에게 우리글을 가르쳤다.

5 독립 만세 운동이 시작된 때는 언제인지 쓰시오.

(　　　　　　　　　　　　)

6~8 다음 시를 읽고 물음에 답하시오.

이러다 지각하겠다 싶을 때, 있는 힘껏 길을 잡
아당기면 출렁출렁, 학교가 우리 앞으로 온다

춥고 배고파 죽겠다 싶을 때, 있는 힘껏 길을 잡
아당기면 출렁출렁, 저녁을 차린 우리 집이 버스
정류장 앞으로 온다

갑자기 니가 보고 싶을 때, 있는 힘껏 길을 잡아
당기면 출렁출렁, 그리운 니가 내게 안겨 온다

「출렁출렁」, 박성우

6 1연에서 말하는 이가 한 상상은 무엇인지 쓰시오.

_____

_____

_____

7 2연에서 말하는 이가 있는 힘껏 길을 잡아당기는 까
닭은 무엇입니까? (　　　)

① 친구와 놀려고
② 집에 빨리 가려고
③ 학교에 빨리 가려고
④ 그리운 친구를 보려고
⑤ 친구와 버스를 타려고

8 3연에서 말하는 이의 마음은 어떠합니까? (　　　)

① 그리움　　　② 망설임
③ 미안함　　　④ 서글픔
⑤ 불안함

9~11 다음 시를 읽고 물음에 답하시오.

할머니 아픈 허리는 왜 밟아야 시원할까요?
아이쿠! 아이쿠! 하면서도 "꼭꼭 밟아라." 하십
니다
그래도 나는 겁이 나 자근자근 밟습니다.

9 '나'는 무엇을 하고 있습니까? (　　　)

① 할머니의 허리를 밟고 있다.
② 할머니와 대화를 하고 있다.
③ 할머니와 놀아 드리고 있다.
④ 할머니께 책을 읽어 드리고 있다.
⑤ 할머니가 왜 편찮으신지 궁금해하고 있다.

서술형

10 할머니께서 "꼭꼭 밟아라."라고 말씀하신 까닭은 무
엇인지 쓰시오.

_____

_____

응용

11 시에 나타난 인물의 마음을 잘 말한 친구의 이름을
쓰시오.

수연: '나'는 할머니보다 할아버지를 더 좋아하는 것
　　같아.
성열: '나'는 할머니의 아픈 허리가 나으셨으면 좋겠
　　다고 생각하는 것 같아.
은우: 힘들게 안마를 하고 있는 '나'에게 미안해하시
　　는 할머니의 마음이 느껴져.

(　　　　　　　　)

12~14 다음 이야기를 읽고 물음에 답하시오.

> 컴퓨터 바깥의 세상은 수일이 마음대로 할 수 없는 세상이다. 주로 수일이가 이끌려 다녀야 하는 세상이다.
>
> "이게 뭐야. 에이, 방학 동안 학원에만 왔다 갔다 했어!"
>
> 컴퓨터를 끄자마자 맥이 탁 풀리며 짜증부터 났다. 달력을 보니 방학이 일주일도 안 남아 있다. 오늘이 8월 25일이니까 정확하게 6일 남았다.
>
> "엄마 때문이야. 우리 엄마 시키는 대로 다 하려면 내가 둘은 있어야 해."
>
> 수일이는 걸상 옆에 앉아 있는 덕실이가 엄마라도 되는 듯이, 덕실이를 곁눈질로 흘겨보며 말했다. 그러고는 ㉮영어 학원 가방을 집어서 퍽 소리가 나도록 방바닥에 떨어뜨렸다.
>
> "으으, 진짜 내가 하나 더 있었으면 좋겠어! 그래야 ㉠하나는 학원에 가고 ㉡하나는 마음껏 놀 수가 있지."
>
> 「덕실이가 말을 해요」, 김우경

12 컴퓨터 바깥의 세상은 어떤 곳이라고 했는지 쓰시오.

_____

_____

13 ㉮에서 알 수 있는 수일이의 마음은 무엇입니까? (　　　)

① 설렘　　　　② 짜증남
③ 지루함　　　④ 당황스러움
⑤ 조마조마함

14 ㉠과 ㉡ 가운데에서 수일이가 원하는 인물은 누구인지 기호를 쓰시오.

(　　　　　　　)

15~16 다음 이야기를 읽고 물음에 답하시오.

> ㈎ 수일이는 눈을 커다랗게 뜨고 덕실이를 보았다.
>
> "말이야 벌써부터 했지. 지금껏 네가 못 알아들었을 뿐이야. 나는 말하면 안 되니?"
>
> 덕실이가 꼬리를 흔들며 말했다. 아주 잠깐 동안 수일이는 입이 벌어져서 나물어시지 않았다.
>
> "엄마! 덕실이가 말을 해요!"
>
> 수일이가 방에서 뛰쳐나오며 소리쳤다.
>
> "덕실이가 말을 했어요!"
>
> ㈏ "엄마, 덕실이가요!"
>
> "얘, 너 또 학원 가기 싫으니까 엉뚱한 소리로 빠져나가려고 그러지?"
>
> 엄마가 안방에서 나오며 말했다. 손에 걸레를 들고 있었다.
>
> "아니에요, 정말로 말을 했어요!"
>
> "개들도 무슨 말인가 하기는 하겠지. 사람이 못 알아들어서 그렇지."
>
> "나하고 말을 했다니까요. 나는 알아들었어요. 덕실이가 나한테, '나는 말하면 안 되니?' 그랬어요."
>
> "얘가 더위를 먹었나? 아, 쓸데없는 소리 그만하고 얼른 학원에나 가. 늦겠다!"
>
> 엄마가 눈살을 찌푸리며 말했다.

15 '덕실이'는 누구인지 쓰시오.

(　　　　　　　) 개

16 엄마가 덕실이가 말을 한다는 것을 믿지 않은 까닭은 무엇입니까? (　　　)

① 덕실이와 친하지 않기 때문에
② 덕실이는 소리를 못 내기 때문에
③ 있을 수 없는 일이라고 생각했기 때문에
④ 수일이가 한 말은 모두 거짓말이기 때문에
⑤ 수일이가 학원을 가지 않겠다고 했기 때문에

17~18 다음 이야기를 읽고 물음에 답하시오.

"우, 내가 둘이었으면 좋겠어. 누가 나 대신 학원
에 좀 다녀 줬으면!"
수일이가 걸상 다리를 발로 차며 말했다. 걸상은
아무렇지도 않고 발바닥만 아팠다.
"정말 네가 둘이었으면 좋겠어?"
"그래!"
"그럼 너를 하나 더 만들면 되지."
"하나 더? 어떻게?"
"말해 주면 나한테도 가끔 공을 물어뜯을 수 있
도록 해 주는 거지?"
"그래. 못 쓰는 공 너 하나 줄게."
"어떻게 하느냐 하면, 네 손톱을 깎아서 쥐한테
먹이는 거야."
"뭐어?"
"그러면 그 쥐가 너하고 똑같은 모습으로 바뀔지
도 몰라."
"그건 옛날이야기일 뿐이야."

17 덕실이가 말한 가짜 수일이를 만드는 방법은 무엇인
지 쓰시오.

_____

_____

18 관련 있는 것끼리 선으로 이으시오.

| (1) | 인상 깊은 장면 | · | · ㉠ | 덕실이와 수일이가 대화를 나누는 장면이 기억에 남는다. 강아지와 대화를 나누면 사이가 좋아질 것 같다. |
| (2) | 비슷한 경험 | · | · ㉡ | 수일이처럼 나와 똑같이 생긴 누군가가 나 대신 내 일을 해줬으면 생각한 적이 있다. |

19~20 다음 시를 읽고 물음에 답하시오.

꽃이 얼굴을 내밀었다

내가 먼저 본 줄 알았지만
봄이 쫓아가던 길목에서
내가 보아 주기를 날마다 기다리고 있었다

내가 먼저 말 건 줄 알았지만
바람과 인사하고 햇살과 인사하며
날마다 내게 말을 걸고 있었다

내가 먼저 웃어 준 줄 알았지만
떨어질 꽃잎도 지켜 내며
나를 향해 더 많이 활짝 웃고 있었다

내가 더 나중에 보아서 미안하다.

「꽃」, 정여민

19 이 시를 읽고 떠오르는 모습으로 알맞은 것은 어느
것입니까? (   )

① 꽃을 바라보고 있는 모습
② 새색시가 고개를 숙이고 있는 모습
③ 강아지가 풀밭을 뛰어 다니는 모습
④ 아이가 팔을 벌리고 눈을 감고 있는 모습
⑤ 참새 여러 마리가 전깃줄 위에 앉아 있는 모습

20 시 속 인물들의 마음을 파악하기 위한 물음으로 알
맞은 것은 어느 것입니까? (   )

① 누가 꽃씨를 심나요?
② 꽃의 마음은 어떠할까요?
③ 해바라기는 어떤 꽃인가요?
④ 꽃씨를 심어 본 적이 있나요?
⑤ 꽃이 자라는 동안 어떤 일이 일어났을까요?

1~2 다음 글을 읽고 물음에 답하시오.

1919년 3월 10일, 일본은 학교를 강제로 닫았다. 그래서 기숙사에 있던 학생들은 뿔뿔이 흩어졌고, 유관순도 고향으로 돌아왔다.

고향으로 돌아온 유관순은 독립 만세를 부를 준비를 했다. 유관순은 사촌 언니와 함께 동지들을 모으고, 독립 만세를 부를 계획을 치밀하게 세웠다. 날마다 이 마을 저 마을을 찾아다니며 독립 만세를 부르는 일에 함께 참여할 것을 부탁했다. 하루 종일 돌아다니다가 집에 돌아오면 몸은 말할 수 없이 피곤했다. 그렇지만 잠시 찬물에 발을 담그고, 곧바로 가족과 함께 밤새워 태극기를 만들었다. 보통 사람들로서는 생각할 수 없을 만큼 놀라운 지혜와 용기로 일을 추진했다.

독립 만세를 부르기로 약속한 날이 하루 앞으로 다가왔다. 밤이 되자 유관순은 횃불을 가지고 매봉에 올랐다. 횃불에 불을 붙여 높이 쳐들자 여기저기 다른 산봉우리에서도 횃불이 올랐다. 그 횃불들은 이튿날 있을 일을 다짐하는 약속이었다.

1 유관순이 고향으로 돌아와 한 일로 알맞은 것을 모두 고르시오. (,   ,   )

① 가족과 함께 태극기를 만들었다.
② 독립 만세를 부를 계획을 세웠다.
③ 마을 사람들에게 우리글을 가르쳤다.
④ 기숙사에서 독립 만세 운동에 대한 공부를 했다.
⑤ 사람들에게 독립 만세를 부르는 일에 함께 참여할 것을 부탁했다.

서술형

2 이 글을 읽고 어떤 생각이나 느낌이 들었는지 쓰시오.

_____

_____

3~5 다음 글을 읽고 물음에 답하시오.

순식간에 독립 만세 소리가 온 천지를 뒤흔들었다. 깜짝 놀라 달려온 일본 헌병들은 총과 칼을 휘두르면서 평화롭게 독립 만세를 부르며 나아가는 사람들을 막았다. 많은 사람이 죽거나 다쳤다. 유관순의 아버지와 어머니도 일본 헌병의 손에 쓰러지고 말았다. 사람들은 흩어지고, 일본 헌병들은 유관순을 찾느라고 온 마을을 샅샅이 뒤졌다. 유관순은 부모님의 시신을 두고 눈물을 흘리며 피할 수밖에 없었다.

그러나 결국 유관순은 일본 현병들에게 붙잡혀 끌려갔다. 그리고 일본 헌병대에서 온갖 고문을 당한 뒤에 재판을 받았다. 유관순은 재판을 받을 때 조금도 굽히지 않고 당당했다. 유관순은 3년 형을 받고 감옥에 갇혔지만 우리나라가 독립을 해야 한다는 유관순의 신념은 누구도 꺾을 수 없었다.

3 이 글의 종류는 무엇입니까? (   )

① 동화
② 수필
③ 희곡
④ 전기문
⑤ 독서 감상문

4 이 글을 읽고 알 수 있는 내용은 무엇입니까?
(   )

① 인물의 나이
② 인물의 가치관
③ 인물의 성장 과정
④ 인물이 태어난 때
⑤ 인물의 가족 관계

5 유관순의 신념은 무엇인지 쓰시오.
(   )

[6~8] 다음 시를 읽고 물음에 답하시오.

이러다 지각하겠다 싶을 때, 있는 힘껏 길을 잡아당기면 출렁출렁, 학교가 우리 앞으로 온다

춥고 배고파 죽겠다 싶을 때, 있는 힘껏 길을 잡아당기면 출렁출렁, 저녁을 차린 우리 집이 버스 정류장 앞으로 온다

갑자기 니가 보고 싶을 때, 있는 힘껏 길을 잡아당기면 출렁출렁, 그리운 니가 내게 안겨 온다

6 이 시에 대한 설명으로 알맞은 것에 ○ 표를 하시오.

⑴ 실제 일어난 일을 바탕으로 하여 썼다. ( )

⑵ 누군가에게 들어 본 경험을 바탕으로 하여 썼다. ( )

⑶ 현실에서 이루어질 수 없는 것을 상상한 경험을 바탕으로 하여 썼다. ( )

7 이 시에서 떠오르는 장면으로 알맞지 <u>않은</u> 것은 어느 것입니까? ( )

① 길을 잡아당기는 장면
② 지각할까 봐 안절부절못하는 장면
③ 그리운 사람의 얼굴이 아른거리는 장면
④ 버스 정류장에서 버스를 기다리는 장면
⑤ 집에서 텔레비전을 보며 웃고 있는 장면

서술형

8 자신의 경험을 떠올려 이 시의 새로운 연을 쓰시오.

_____

_____

[9~11] 다음 시를 읽고 물음에 답하시오.

할머니 아픈 허리는 왜 밟아야 시원할까요?
아이쿠! 아이쿠! 하면서도 "꼭꼭 밟아라." 하십니다
그래도 나는 겁이 나 자근자근 밟습니다.

9 '내'가 겁이 난 까닭은 무엇입니까? ( )

① 할머니의 성격이 무서워서
② 할머니의 허리가 너무 얇아서
③ 할머니께서 자꾸 소리를 내셔서
④ 할머니께서 천천히 밟으라고 하셔서
⑤ 할머니께서 너무 아프다고 화를 내셔서

10 이 시에서 '나'의 목소리로 알맞은 것은 어느 것입니까? ( )

① 슬픈 목소리   ② 궁금한 목소리
③ 우렁찬 목소리   ④ 억울한 목소리
⑤ 시끄러운 목소리

11 이 시를 읽고 비슷한 경험을 말하지 <u>않은</u> 친구는 누구입니까? ( )

① 지현: 철봉에서 떨어져 다리를 다친 적이 있어.
② 민규: 아버지의 흰머리를 뽑아 드린 적이 있어.
③ 혁수: 할아버지의 어깨를 주물러 드렸던 생각이 났어.
④ 다나: 동생이 다리에 쥐가 나서 주물러 준 적이 있어.
⑤ 태리: 내가 다리가 아팠을 때 어머니께서 다리를 주물러 주셨어.

12~14 다음 이야기를 읽고 물음에 답하시오.

　　게임을 시작하면 뿔뿔이 흩어진 사람들을 모아 마을을 만들고, 논밭을 일구어 곡식을 심고, 공장을 세우고, 산에는 성을 쌓아 군사들을 훈련시켜 귀신들을 물리쳐야 하는데, 그 일이 만만치 않아서 한번 시작하면 시간 가는 줄 모른다. 갖가지 귀신들을 만나 하나씩 쓰러뜨리며 사람들을 구해 내는 일이 손에 땀이 날 만큼 아슬아슬하고 짜릿짜릿하다.

　　온갖 도술을 부리는 대왕 귀신을 물리쳤을 땐 한편으로 뿌듯하기도 하다. 게임 속 세상에서는 수일이가 주인이어서 모든 일을 수일이가 정한다. 수일이 생각대로 컴퓨터 속 사람들을 이끌고 다니며 귀신들을 물리치고 새로운 세상을 만들어 간다.

　　그러다가 게임 속 나라에서 빠져나와 컴퓨터를 끄면, 아주 다른 세상이 수일이를 기다리고 있다. 컴퓨터 바깥의 세상은 수일이 마음대로 할 수 없는 세상이다. 주로 수일이가 이끌려 다녀야 하는 세상이다.

12 게임 속 세상이 아닌 것은 어느 것입니까? (　　)

① 어른들에게 이끌려 다닌다.
② 새로운 세상을 만들어 간다.
③ 논밭을 일구어 곡식을 심는다.
④ 마을을 만들고 공장을 세운다.
⑤ 갖가지 귀신들을 만나 쓰러뜨린다.

13 게임을 할 때의 수일이의 기분은 어떠한지 쓰시오.

(　　　　　　　　　　　　　　)

서술형

14 자신의 경험을 떠올리며 이야기를 읽으면 좋은 점을 쓰시오.

_____

_____

15~16 다음 이야기를 읽고 물음에 답하시오.

　　"으으, 진짜 내가 하나 더 있었으면 좋겠어! 그래야 하나는 학원에 가고 하나는 마음껏 놀 수가 있지."
　　"정말 네가 둘이었으면 좋겠니?"
　　"둘이었으면 좋겠어."
　　"참말이야?"
　　"그래, 참말이야! 혼자서는 너무 힘들어. 어, 그런데 네가 말을 했니?"
　　㉠수일이는 눈을 커다랗게 뜨고 덕실이를 보았다.
　　"말이야 벌써부터 했지. 지금껏 네가 못 알아들었을 뿐이야. 나는 말하면 안 되니?"
　　덕실이가 꼬리를 흔들며 말했다. ㉡아주 잠깐 동안 수일이는 입이 벌어져서 다물어지지 않았다.
　　"엄마! 덕실이가 말을 해요!"
　　수일이가 방에서 뛰쳐나오며 소리쳤다.
　　"덕실이가 말을 했어요!"

15 ㉠과 ㉡에서 알 수 있는 마음은 무엇입니까?

(　　)

① 놀람　　　　　　② 즐거움
③ 속상함　　　　　④ 안타까움
⑤ 조마조마함

16 이 작품 속 세계와 현실 세계의 다른 점은 무엇입니까? (　　)

① 강아지를 기른다.
② 강아지가 말을 한다.
③ 엄마께 잔소리를 듣는다.
④ 아이들이 학원에 다닌다.
⑤ 아들이 엄마와 대화를 한다.

(가) "㉠우, 내가 둘이었으면 좋겠어. 누가 나 대신 학원에 좀 다녀 줬으면!"
수일이가 걸상 다리를 발로 차며 말했다. 걸상은 아무렇지도 않고 발바닥만 아팠다.
"정말 네가 둘이었으면 좋겠어?"
"그래!"
"그럼 너를 하나 더 만들면 되지."

(나) "어떻게 하느냐 하면, 네 손톱을 깎아서 쥐한테 먹이는 거야."
"뭐어?"
"그러면 그 쥐가 너하고 똑같은 모습으로 바뀔지도 몰라."
"그건 옛날이야기일 뿐이야."
"옛날에 있었던 일이니까 지금도 있을 수 있지."
"옛날에 있었던 일이 아니라 옛날이야기래도. 어떤 아이가 손톱을 함부로 버렸는데, 그걸 쥐가 먹고는 사람이 돼 가지고 그 아이를 집에서 쫓아 내고……. 그 이야기 말하는 거지?"

17 수일이가 ㉠과 같이 말한 까닭은 무엇인지 쓰시오.

_____

_____

18 수일이에게 어떤 일이 일어났을지 생각해 보고, 다음 물음에 알맞은 답으로 알맞은 것의 번호를 쓰시오.

수일이와 가짜 수일이에게 어떤 일이 일어났을까?

① 가짜 수일이가 진짜 행세를 할 것 같아.
② 엄마가 가짜 수일이를 혼내 줄 것 같아.
③ 가족들이 진짜 수일이를 다 알아볼 것 같아.

(   )

꽃이 얼굴을 내밀었다

내가 먼저 본 줄 알았지만
봄이 쫓아가던 길목에서
내가 보아 주기를 날마다 기다리고 있었다

내가 먼저 말 건 줄 알았지만
바람과 인사하고 햇살과 인사하며
날마다 내게 말을 걸고 있었다

내가 먼저 웃어 준 줄 알았지만
떨어질 꽃잎도 지켜 내며
나를 향해 더 많이 활짝 웃고 있었다

내가 더 나중에 보아서 미안하다.

19 이 시의 분위기는 어떠합니까? (   )

① 따뜻하고 정답다.
② 어둡고 불안하다.
③ 조용하고 지루하다.
④ 조마조마하고 무섭다.
⑤ 시끄럽고 어수선하다.

20 경험을 떠올리며 다음 연을 바꾸어 쓰시오.

> 꽃이 얼굴을 내밀었다.
>
> _____

> 봄이 쫓아가던 길목에서
> 내가 보아 주기를 날마다 기다리고 있었다
>
> _____
>
> _____

1~3

> 할머니 아픈 허리는 왜 밟아야 시원할까요?
> 아이쿠! 아이쿠! 하면서도 "꼭꼭 밟아라." 하십니다
> 그래도 나는 겁이 나 자근자근 밟습니다.

도움말

> ☆ '나'는 할머니의 허리를 밟아드리면서도 혹시 아프실까 걱정을 하는 내용입니다.

1 이 시에서 '시원하다'의 뜻은 무엇인지 쓰시오.

_____

_____

1 '시원하다'는 여러 가지 뜻으로 쓰일 수 있습니다.

2 할머니나 할아버지와 시간을 보낸 경험을 쓰시오.

_____

_____

2 시와 관련 있는 경험을 떠올리기 위해서는 먼저 시의 내용을 파악하고, 시에서 말하는 이가 무슨 생각을 하는지, 말하는 이의 경험이 무엇인지 파악합니다.

3 '나'의 마음을 상상해 보고, 어떤 말을 할지 쓰시오.

3 시에서 말하는 이의 마음을 짐작해 봅니다.

4~6

"엄마, 덕실이가요!"

"얘, 너 또 학원 가기 싫으니까 엉뚱한 소리로 빠져나가려고 그러지?"

엄마가 안방에서 나오며 말했다. 손에 걸레를 들고 있었다.

"아니에요, 정말로 말을 했어요!"

"개들도 무슨 말인가 하기는 하겠지. 사람이 못 알아들어서 그렇지."

"나하고 말을 했다니까요. 나는 알아들었어요. 덕실이가 나한테, '나는 말하면 안 되니?' 그랬어요."

"얘가 더위를 먹었나? 아, 쓸데없는 소리 그만하고 얼른 학원에나 가. 늦겠다!"

㉠엄마가 눈살을 찌푸리며 말했다. 그러고는 이야기를 더 듣지도 않겠다는 듯이 욕실로 걸레를 빨러 들어가 버렸다.

도움말

⭐ '내'(수일이)가 키우는 개(덕실)가 말을 하는데 엄마는 믿지 않는다는 내용입니다.

2 단원

4 글에 나타난 사건을 한 가지 쓰시오.

_____

_____

4 글을 읽고 내용을 파악합니다.

5 ㉠에서 알 수 있는 엄마의 마음은 무엇인지 쓰시오.

_____

_____

5 엄마의 말과 행동을 살펴봅니다.

6 엄마의 반응에 '나'의 기분은 어떠하겠는지 쓰시오.

_____

_____

6 엄마의 말과 행동에 나라면 어떤 기분이 들었는지 생각해 봅니다.

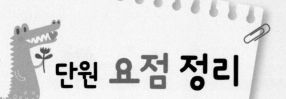

단원 요점 정리 3. 글을 요약해요

핵심 1 설명하는 글을 읽은 경험 나누기 예

• 국어 숙제를 하려고 인터넷이나 백과사전을 찾아 읽었습니다.

• 장난감 로봇을 조립하려고 설명서를 읽었습니다.

• 현장 체험학습을 간 박물관에서 본 유물이 어떤 것인지 궁금해서 설명하는 글을 읽었습니다.

설명하는 글의 필요성

• 필요한 정보를 얻을 수 있습니다. → 잘 모르는 것을 알게 해 줍니다.

• 어떤 일을 할 때 그 일의 차례를 알 수 있습니다.

• 일의 방법과 규칙을 알 수 있습니다.

핵심 2 여러 가지 설명 방법 알기

• 대상을 설명하는 방법에 따라 내용을 정리합니다.
 – 두 가지 이상의 대상에서 공통점과 차이점을 찾아 설명합니다.

비교	두 가지 이상의 대상에서 공통점을 찾아 설명하는 방법
대조	두 가지 이상의 대상에서 차이점을 찾아 설명하는 방법

 – 주제 하나에 특징 몇 가지나 보기를 들어 설명합니다.

열거	대상 하나가 가진 여러 가지 정보를 쉽게 설명하기에 좋은 방법

• 글의 내용에 알맞은 틀을 골라 내용을 정리합니다.
 예 여러 가지 틀

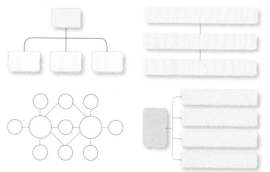

핵심 3 ★구조를 생각하며 글 요약하기

• 각 문단의 중심 문장을 찾습니다. → 대상을 설명하는 방법이 무엇인지 확인합니다.

• 중요하지 않은 내용은 지우고, 세부 내용은 대표적인 말로 바꾸어 중심 내용을 정리합니다.

• 글의 구조에 알맞게 틀을 그려 내용을 정리합니다.

글을 요약하면 좋은 점

• 글에서 중요한 부분만을 쉽게 알 수 있습니다.

• 중요한 내용을 더 쉽게 기억할 수 있게 해 줍니다.

• 읽는 사람이 이해할 수 있는 말을 사용해야 합니다.

핵심 4 대상을 생각하며 설명하는 글 쓰기

• 확실하지 않은 정보를 제공하면 안 됩니다.

• ★추측하는 말이나 주장하는 말은 설명하는 글에 어울리지 않습니다.

• 읽는 사람이 이해할 수 있는 낱말을 사용해야 합니다.

설명하는 글을 읽으면 좋은 점

• 이전에 몰랐던 사실을 새롭게 알아서 좋습니다.

• 글의 구조를 알고 글을 읽으면 중요한 내용을 더 잘 알 수 있습니다.

• 설명하는 대상에 따라 적절한 글의 구조를 먼저 생각하고 글을 쓰면 좀 더 대상을 잘 설명할 수 있습니다.

핵심 5 자료를 찾아 읽고 요약하기

• 여러 가지 자료를 찾아 읽고 친구들과 함께 어떤 글을 쓸 것인지 계획을 세워 봅니다.

주제를 중심으로 여러 가지 자료를 함께 찾아 글 쓰는 방법

• 모둠 친구들이 함께 설명할 주제 정하기

• 주제와 관련 있는 자료 함께 찾기

• 자료를 함께 읽고 설명하고 싶은 내용 정하기

• 내용에 알맞은 설명 방법 정하기

• 알맞은 설명 방법으로 내용 정리하기

• 내용과 자료에 따라 설명하는 글 쓰기

🎲 설명하는 글의 종류

- 장난감을 조립하는 설명서
- 약을 먹을 때 주의할 점을 알려 주는 글
- 놀이 방법을 알려 주는 설명서
- 요리사들의 요리 방법을 설명해 주는 글

🎲 설명하는 글을 읽을 때 생각할 점

- 어떤 것을 설명하는지 생각하며 읽습니다.
- 자신에게 도움이 되는 정보가 들어 있는지 찾아보며 읽습니다.

🎲 설명할 대상을 정하고 적절한 자료 수집하기

- 인터넷을 검색하거나 책을 찾아볼 수 있습니다.
- 대상을 잘 아는 사람에게 궁금한 점을 물어볼 수 있습니다.

낱말 사전

★ **구조** 부분이나 요소가 어떤 전체를 짜 이룸.

★ **추측** 미루어 생각하여 헤아림.

✏️ 개념을 확인해요

1 설명하는 글을 읽으면 필요한 ☐☐ 를 얻을 수 있습니다.

2 설명하는 글을 읽으면 일의 ☐☐ , 방법과 규칙을 알 수 있습니다.

3 설명하는 방법 가운데에서 두 가지 이상의 대상에서 공통점을 찾아 설명하는 방법을 ☐☐ 라고 합니다.

4 ☐☐ 란 주제 하나에 특징 몇 가지나 보기를 들어 설명하는 방법으로, 대상 하나가 가진 여러 가지 정보를 쉽게 설명하기에 좋습니다.

5 글의 구조를 알며 글을 요약하려면 각 ☐☐ 의 중심 문장을 찾습니다.

6 글을 요약할 때 중요하지 않은 내용은 ☐☐☐ 대표적인 말로 중심 내용을 정리합니다.

7 글을 요약하면 중요한 내용을 더 쉽게 ☐☐ 할 수 있게 해 줍니다.

8 설명하는 글을 읽을 때에는 자신에게 도움이 되는 ☐☐ 가 들어 있는지 찾아보며 읽습니다.

9 설명하는 글을 쓸 때에는 읽는 사람이 ☐☐ 할 수 있는 말을 사용해야 합니다.

10 설명하는 글을 읽으면 이전에 몰랐던 ☐☐ 을 새롭게 알아서 좋습니다.

3
단원

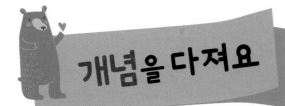

개념을 다져요

3. 글을 요약해요

도움말

1. 설명하는 글은 다양한 정보, 일의 알맞은 차례와 규칙, 방법 등을 알려 줍니다.

핵심 1

1 설명하는 글이 필요한 상황으로 알맞은 것은 어느 것입니까? (　　　)

① 전학 간 친구가 보고 싶을 때
② 현장 체험 학습을 가서 점심을 먹을 때
③ 줄넘기를 잘한 친구에게 칭찬을 해 줄 때
④ 어린이 전교 회장 선거에서 후보 연설을 할 때
⑤ 부모님께서 생일에 사 주신 새로운 로봇을 조립할 때

2. '과일 카드 놀이 방법'은 놀이를 어떻게 하는지 설명하는 글입니다.

핵심 2

2 다음 설명하는 글로 알 수 있는 것은 무엇입니까? (　　　)

> **과일 카드 놀이 방법**
> ❶ 책상 가운데에 종을 놓고 과일 카드를 똑같이 나누어 가진다.
> ❷ 차례에 맞게 각자 카드를 한 장씩 펼쳐 내려놓는다.
> ❸ 펼친 카드 가운데에서 같은 과일이 다섯 개가 되면 재빨리 종을 친다.
> ❹ 먼저 종을 친 사람이 바닥에 모인 카드를 모두 가져간다.
> ❺ ❷~❹를 되풀이해서 마지막까지 카드를 가지고 있는 사람이 이긴다.

① 놀이를 하는 까닭　　　　② 놀이를 하는 사람
③ 놀이 방법과 규칙　　　　④ 놀이 유래와 차례
⑤ 놀이를 하면 좋은 점

3. 설명하는 글은 도움이 되는 정보가 들어 있습니다.

핵심 2

3 설명하는 글이 아닌 것은 어느 것입니까? (　　　)

① 장난감 조립 설명서
② 놀이 방법을 알려 주는 설명서
③ 나무를 심자는 내용의 주장하는 글
④ 약을 먹을 때 주의할 점을 알려 주는 글
⑤ 요리사들의 요리 방법을 설명해 주는 글

핵심 4

4 다음에서 설명하는 방법은 무엇입니까? (   )

> 다보탑과 석가탑은 공통점이 있습니다. 두 탑은 모두 통일 신라 시대에 만든 탑으로서 불국사 대웅전 앞뜰에 나란히 서 있습니다. 또 두 탑은 그 가치를 인정받아 우리나라 국보로 지정되었습니다.

① 두 대상의 공통점을 중심으로 설명했다.
② 두 대상의 서로 다른 점을 중심으로 설명했다.
③ 주제 하나를 몇 가지 특징이나 예시로 설명했다.
④ 전체를 여러 부분으로 나누어 부분별로 설명했다.
⑤ 일정한 기준에 따라 같은 것끼리 묶어서 설명했다.

핵심 5

5 글을 요약하는 방법에 맞게 빈칸에 각각 알맞은 말을 **보기** 에서 찾아 쓰시오.

> **보기**
>
> 구조   중심 문장   대표적인

> • 각 문단의 ((1)   )을/를 찾는다.
> • 중요하지 않은 내용은 지우고 ((2)   ) 말로 중심 내용을 정리한다.
> • 글의 ((3)   )에 알맞게 틀을 그려 내용을 정리한다.

핵심 5

6 설명하는 글을 쓸 때 주의할 점으로 알맞지 <u>않은</u> 것은 어느 것입니까?
(   )

① 확실하지 않은 정보를 제공하지 않는다.
② 읽는 사람이 이해할 수 있는 말을 사용한다.
③ 추측하는 말이나 주장하는 말을 쓰지 않는다.
④ 읽는 사람에게 가치 있는 정보를 주어야 한다.
⑤ 다른 사람의 생각을 조금씩 다듬어 내 것처럼 쓴다.

도움말

4. 두 가지 이상의 대상에서 공통점을 찾아 설명하는 것을 비교, 차이점을 찾아 설명하는 것을 대조라고 합니다.

5. 글을 요약하면 글에서 중요한 부분만을 쉽게 알 수 있고, 중요한 내용을 더 쉽게 기억할 수 있습니다.

6. 다른 사람의 생각이나 글을 활용할 때에는 출처를 표시해야 합니다.

1~2 다음 설명을 보고 물음에 답하시오.

씨앗을 미지근한 물에 담가 놓는다.

준비한 그릇에 부드러운 헝겊을 깔고, 불린 씨앗을 서로 겹치지 않게 촘촘히 깔아 준다.

종이로 덮어 햇빛을 가리고 물기가 마르지 않게 물뿌리개로 물을 뿌려 준다.

싹이 나오면 종이를 벗겨 그늘에 두고, 수분이 마르지 않도록 물을 준다.

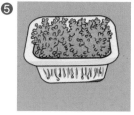
5~6일이 지나면 새싹 채소를 얻을 수 있다.

1 새싹 채소를 얻을 수 있는 시기는 언제인지 쓰시오.

( )

2 이 글을 읽고 설명이 더 필요한 부분을 질문한 것으로 알맞지 <u>않은</u> 것은 어느 것입니까? ( )

① 씨앗은 왜 새싹이 되지?
② 물은 얼마나 자주 주어야 하지?
③ 용기에 헝겊을 얼마나 깔아야 하지?
④ 물뿌리개로 얼마나 자주 물을 뿌려 주어야 하지?
⑤ 씨앗을 미지근한 물에 얼마나 담가 놓아야 하지?

3~5 다음 안내문을 읽고 물음에 답하시오.

국립중앙박물관 이용 안내

▲국립중앙박물관은 1월 1일, 설날(당일), 추석(당일)에는 쉽니다.
▲6세 이하 어린이는 보호자와 함께해야 합니다.

■ 관람 시간
• 월 · 화 · 목 · 금요일: 10:00~18:00
• 수 · 토요일: 10:00~21:00
• 일요일 · 공휴일: 10:00~19:00

■ 관람료: 무료(상설 전시관, 어린이 박물관, 무료 특별 전시)

3 무엇에 대하여 설명하는 글인지 쓰시오.

( )

4 이 글을 읽고 알 수 <u>없는</u> 내용은 무엇입니까?

( )

① 관람료　　　　② 휴무일
③ 관람 시간　　　④ 주의할 점
⑤ 가는 방법

응용

5 이 글이 도움이 되는 친구는 누구인지 이름을 쓰시오.

시언: 운동을 잘하는 방법을 알고 싶어.
나래: 우리나라 전통 유물에 대해 공부하고 싶어.
기안: 태권도의 유래와 방법에 대해 조사하려고 해.
혜진: 집에서 간단히 도넛을 만드는 방법을 배우고 싶어.

( )

6~8 다음 글을 읽고 물음에 답하시오.

우리나라에는 화강암을 쪼아 만든 석탑이 많습니다. 그 가운데에서 가장 유명한 탑은 다보탑과 석가탑입니다. 다보탑과 석가탑에는 공통점과 차이점이 있습니다.

다보탑과 석가탑은 공통점이 있습니다. 두 탑은 모두 통일 신라 시대에 만든 탑으로서 불국사 대웅전 앞뜰에 나란히 서 있습니다. 또 두 탑은 그 가치를 인정받아 우리나라 국보로 지정되었습니다.

두 탑의 모습은 매우 다릅니다. 다보탑은 장식이 많고 화려합니다. 십자 모양의 받침 주변에 돌계단을 만들고 그 위에 사각·팔각·원 모양의 돌을 쌓아 올렸습니다.

6 다보탑과 석가탑의 공통점으로 알맞지 <u>않은</u> 것은 어느 것입니까? (   )

① 장식이 많고 화려하다.
② 화강암을 쪼아 만들었다.
③ 통일 신라 시대에 만들어졌다.
④ 불국사 대웅전 앞뜰에 서 있다.
⑤ 우리나라의 국보로 지정되어 있다.

7 2문단의 중심 문장을 찾아 쓰시오.

_____

_____

8 이 글의 제목으로 가장 어울리는 것은 어느 것입니까? (   )

① 불국사
② 우리나라
③ 아름다운 탑
④ 우리나라 국보
⑤ 다보탑과 석가탑

9~10 다음 글을 읽고 물음에 답하시오.

사람들은 다양한 목적으로 탑을 세웁니다. 종교나 군사 목적으로 탑을 만들 뿐만 아니라 무엇인가를 기념하려고 탑을 짓습니다. 세계 여러 도시에 있는 유명한 탑을 알아봅시다.

이탈리아 토스카나주에는 피사의 사탑이 있습니다. 피사의 사탑은 종교 목적으로 만들어졌습니다. 55미터 높이로 세운 이 탑은 완성한 뒤 조금씩 한쪽으로 기울기 시작해 현재 모습이 되었습니다. 그 아슬아슬한 모습은 눈길을 많이 끕니다.

프랑스 파리에는 에펠 탑이 있습니다. 에펠 탑은 1889년에 프랑스 혁명 100주년을 기념해 세웠습니다. 에펠 탑의 높이는 324미터이고, 해마다 세계 여러 나라에서 수백만 관광객이 찾을 만큼 유명합니다. 현재는 파리뿐만 아니라 프랑스 전체를 상징하는 건축물이기도 합니다.

중국 상하이에는 높이가 468미터인 동방명주 탑이 있습니다. 이 탑은 1994년에 방송을 송신하려고 세웠습니다. 동방명주 탑은 높은 기둥을 중심축으로 하여 구슬 세 개를 꿰어 놓은 것 같은 독특한 외형 때문에 '동양의 진주'라고 불립니다.

9 다음과 같은 특징을 가진 탑은 무엇인지 쓰시오.

• 방송을 송신하려고 세움.
• '동양의 진주'라고 불림.

(   )

10 이 글에서 설명하는 방법은 무엇입니까? (   )

① 두 대상의 공통점과 차이점을 중심으로 설명했다.
② 전체를 여러 부분으로 나누어 부분별로 설명했다.
③ 정해진 규칙에 상관없이 생각나는 대로 설명했다.
④ 일정한 기준에 따라 같은 것끼리 묶어서 설명했다.
⑤ 하나의 주제를 몇 가지 특징이나 예시로 설명했다.

3 단원

11~12 다음 글을 읽고 물음에 답하시오.

어류는 아가미가 있는 척추동물입니다. 어류는 물속 환경에 적응할 수 있도록 다양한 기관이 발달했습니다.

어류 피부는 대부분 비늘로 덮여 있습니다. 비늘은 어류 몸을 보호합니다. 비늘은 짠 바닷물이 몸속으로 들어오지 못하게 막아 줍니다. 또 저마다 비늘 무늬가 달라 몸을 쉽게 숨길 수 있게 합니다.

어류는 아가미로 물속에 녹아 있는 산소를 흡수합니다. 입으로 물을 삼키고 아가미로 다시 내뱉는 과정에서 산소를 얻습니다.

어류의 몸통에 옆줄이 있습니다. 어류는 옆줄로 물 흐름이나 떨림 같은 환경 변화를 알아냅니다.

11 어류에 대한 설명으로 알맞은 것은 어느 것입니까?

( )

① 피부 호흡을 한다.
② 색이 하나로 통일되어 있다.
③ 아가미를 가진 무척추동물이다.
④ 피부는 얇은 막이 있어 몸을 보호한다.
⑤ 아가미는 물속에 녹아 있는 산소를 흡수한다.

중요

12 다음은 이 글을 읽고 중요한 내용만 알기 쉽게 정리한 것입니다. 빈칸에 각각 알맞은 말을 쓰시오.

어류 피부는 ((1))로 덮여 있어 몸을 보호해 주고, 아가미는 물속에 녹아 있는 ((2))를 흡수한다. 또 어류는 ((3))로 환경 변화를 알아낸다.

13~15 다음 글을 읽고 물음에 답하시오.

사람은 직업에 따라 고유한 색깔 옷을 입기도 한다. 직업의 특성에 따라 특정 색깔의 옷이 일을 하는 데 도움이 되기 때문이다.

의사나 간호사는 보통 흰색 옷을 입는다. 감염에 민감한 환자들이 있는 병원에서는 위생이 매우 중요한 문제이기 때문이다. 흰색 옷은 옷이 더러워졌을 때 이를 쉽게 알아차릴 수 있게 해 준다. 약사나 위생사, 요리사와 같이 청결을 유지해야 하는 일을 하는 사람들도 마찬가지로 흰색 옷을 입는다.

「직업과 옷 색깔」, 박영란 · 최유성

13 무엇에 대하여 설명하는 글입니까? ( )

① 직업의 종류
② 직업의 특성
③ 옷의 다양한 역할
④ 신분에 따른 직업
⑤ 직업과 옷의 색깔

14 흰색 옷을 입지 않아도 되는 사람은 누구입니까?

( )

① 약사   ② 의사
③ 위생사   ④ 변호사
⑤ 간호사

서술형

15 사람들이 직업에 따라 상징적인 색깔의 옷을 입는 까닭은 무엇인지 쓰시오.

_____

16~17 다음 글을 읽고 물음에 답하시오.

법관은 검은색 옷을 입는다. 예전 서양에서는 신분에 따라 입을 수 있는 옷 색깔이 정해져 있었지만, 검은색 옷은 누구나 입을 수 있었다. 법관의 검은색 옷은 법 앞에서 모든 사람이 평등하다는 뜻을 나타내며, 다른 것에 물들지 않고 공정하게 재판해야 한다는 의미를 담고 있다.

군인은 주변 환경과 상황에 따라 옷의 색깔을 달리하여 입는다. 전투를 벌일 때 적군 눈에 쉽게 띄면 안 되기 때문이다. 예전의 화약 무기는 한번 사용하면 연기가 자욱하여 적군과 아군을 구분하기가 힘들었다. 따라서 당시에는 강한 원색의 군복을 입었다. 오늘날에는 기술이 발달하여 군인은 대부분 주변 환경과 구별하기 힘든 색의 옷을 입는다.

16 법관이 입는 검은색 옷의 의미는 무엇입니까?
( )

① 누구나 입을 수 있다.
② 범죄를 저질러서는 안 된다.
③ 법 앞에서 모든 사람이 평등하다.
④ 모든 사람은 하나로 연결되어 있다.
⑤ 법 앞에서 거짓말을 해서는 안 된다.

17 이 글의 중심 내용으로 알맞은 것의 번호를 쓰시오.

① 옷은 신체를 보호해 주는 역할을 한다.
② 사람들은 누구나 다양한 직업을 가질 수 있다.
③ 사람들은 직업에 따라 다양한 색깔의 옷을 입는다.

( )

18~20 다음 글을 읽고 물음에 답하시오.

글의 내용	고양이 기르기와 강아지 기르기의 공통점과 차이점
수집할 내용	㉠
수집할 곳	• 고양이 기르기 관련 서적 • 강아지 기르기 관련 서적 • 백과사전 • 고양이나 강아지를 기르고 있는 사람의 블로그

3단원

18 ㉠에 들어갈 내용으로 알맞지 않은 것은 어느 것입니까? ( )

① 먹이 주는 방법
② 내가 좋아하는 색깔
③ 잘 기를 수 있는 환경
④ 고양이와 강아지의 성격
⑤ 좋아하는 것과 싫어하는 것

19 어떤 방법으로 설명하는 글을 쓰면 좋을지 알맞은 것에 ○표를 하시오.
⑴ 두 가지 이상의 대상의 공통점과 차이점을 찾아 설명한다. ( )
⑵ 전체를 여러 부분으로 나누어 부분별로 설명한다. ( )
⑶ 일정한 기준에 따라 같은 것끼리 묶어서 설명한다. ( )
⑷ 주제 하나에 몇 가지 특징이나 예시로 설명한다. ( )

서술형

20 설명하고 싶은 대상을 정할 때 고려해야 할 점을 쓰시오.

_____

_____

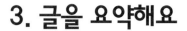

국어 92~121쪽

1~2 다음 글을 읽고 물음에 답하시오.

(가)
국립중앙박물관 이용 안내

▲국립중앙박물관은 1월 1일, 설날(당일), 추석(당일) 에는 쉽니다.
▲6세 이하 어린이는 보호자와 함께해야 합니다.

■ **관람 시간**
• 월 · 화 · 목 · 금요일: 10:00~18:00
• 수 · 토요일: 10:00~21:00
• 일요일 · 공휴일: 10:00~19:00

■ **관람료**: 무료(상설 전시관, 어린이 박물관, 무료 특별 전시)

(나)
과일 카드 놀이 방법
❶ 책상 가운데에 종을 놓고 과일 카드를 똑같 이 나누어 가진다.
❷ 차례에 맞게 각자 카드를 한 장씩 펼쳐 내려 놓는다.
❸ 펼친 카드 가운데에서 같은 과일이 다섯 개 가 되면 재빨리 종을 친다.
❹ 먼저 종을 친 사람이 바닥에 모인 카드를 모 두 가져간다.
❺ ❷~❹를 되풀이해서 마지막까지 카드를 가 지고 있는 사람이 이긴다.

1 글 (가)와 (나)는 무엇을 설명하고 있는지 쓰시오.
(1) 글 (가): (   )
(2) 글 (나): (   )

2 글 (나)에서 카드를 얻으려면 어떻게 해야 합니까?
(   )
① 과일 카드를 최대한 빨리 내서
② 같은 과일 카드를 모두 찾아 종을 쳐서
③ 여러 종류의 과일 카드 다섯 개를 빨리 모아서
④ 과일 카드를 최대한 많이 모으면 빨리 종을 쳐서
⑤ 같은 과일 카드가 다섯 개가 되면 빨리 종을 쳐서

3~5 다음 글을 읽고 물음에 답하시오.

㉠다보탑과 석가탑은 공통점이 있습니다. ㉡두 탑은 모두 통일 신라 시대에 만든 탑으로서 불국사 대웅전 앞뜰에 나란히 서 있습니다. 또 ㉢두 탑은 그 가치를 인정받아 우리나라 국보로 지정되었습 니다.

두 탑의 모습은 매우 [   ]. 다보탑은 장 식이 많고 화려합니다. 십자 모양의 받침 주변에 돌계단을 만들고 그 위에 사각, 팔각, 원 모양의 돌 을 쌓아 올렸습니다. 반면 석가탑은 단순하면서도 세련된 멋이 있습니다. 사각 평면 받침 위에 돌을 삼 층으로 쌓아 올려 매우 균형 있는 모습을 자랑 합니다.

3 무엇에 대하여 쓴 글입니까? (   )
① 다보탑과 석가탑의 재료
② 다보탑과 석가탑을 만든 까닭
③ 다보탑이 석가탑보다 아름다운 까닭
④ 다보탑과 석가탑의 공통점과 차이점
⑤ 우리나라의 국보로 지정된 탑의 종류

4 빈칸에 들어갈 알맞은 말은 어느 것입니까?
(   )
① 큽니다   ② 같습니다
③ 다릅니다   ④ 비슷합니다
⑤ 화려합니다

5 ㉠~㉢ 가운데에서 중심 문장은 무엇인지 기호를 쓰시오.
(   )

다음 글을 읽고 물음에 답하시오.

이탈리아 토스카나주에는 피사의 사탑이 있습니다. 피사의 사탑은 종교 목적으로 만들어졌습니다. 55미터 높이로 세운 이 탑은 완성한 뒤 조금씩 한쪽으로 기울기 시작해 현재 모습이 되었습니다. 그 아슬아슬한 모습은 눈길을 많이 끕니다.

프랑스 파리에는 에펠 탑이 있습니다. 에펠 탑은 1889년에 프랑스 혁명 100주년을 기념해 세웠습니다. 에펠 탑의 높이는 324미터이고, 해마다 세계 여러 나라에서 수백만 관광객이 찾을 만큼 유명합니다. 현재는 파리뿐만 아니라 프랑스 전체를 상징하는 건축물이기도 합니다.

중국 상하이에는 468미터 높이의 동방명주 탑이 있습니다. 이 탑은 1994년에 방송을 송신하려고 세웠습니다. 동방명주 탑은 높다란 기둥을 중심축으로 하여 구슬 세 개를 꿰어 놓은 것 같은 독특한 외형 때문에 '동양의 진주'라고 부릅니다.

6 이 글을 설명하는 방법으로 알맞은 것은 무엇입니까? ( )

① 비교　　　　　② 열거
③ 대조　　　　　④ 추측
⑤ 분류

7 이 글에 대한 설명으로 알맞은 것은 무엇입니까?
( )

① 동방명주 탑은 1889년에 세웠다.
② 피사의 사탑의 높이는 324미터이다.
③ 에펠 탑은 방송을 송신하려고 세웠다.
④ 피사의 사탑은 이탈리아 토스카나주에 있다.
⑤ 에펠 탑은 독특한 외형 때문에 '동양의 진주'라고 부른다.

8 서로 관련 있는 것끼리 선으로 이으시오.

(1)	(2)	(3)
이탈리아	중국	프랑스
·	·	·
㉠	㉡	㉢
피사의 사탑	에펠 탑	동방명주 탑
·	·	·
㉮	㉯	㉰
기념 목적	방송 송신 목적	종교 목적

3 단원

9 다음 글이 들어갈 곳으로 알맞은 것에 ○표를 하시오.

사람들은 다양한 목적으로 탑을 세웁니다. 종교나 군사 목적으로 탑을 만들 뿐만 아니라 무엇인가를 기념하려고 탑을 짓습니다. 세계 여러 도시에 있는 유명한 탑을 알아봅시다.

(1) 글의 맨 앞부분　　　　　( )
(2) 글의 맨 끝부분　　　　　( )
(3) 글의 중간 부분　　　　　( )

10 글을 읽고 내용을 요약하면 좋은 점으로 알맞지 않은 것을 모두 고르시오. (,)

① 내용을 빨리 외울 수 있다.
② 요약할 때 구조는 중요하지 않다.
③ 많은 내용을 공부할 때 도움이 된다.
④ 글에서 중요한 부분만을 쉽게 알 수 있다.
⑤ 중요한 내용을 더 쉽게 기억할 수 있게 해 준다.

11~13 다음 글을 읽고 물음에 답하시오.

어류는 아가미가 있는 척추동물입니다. 어류는 물속 환경에 적응할 수 있도록 다양한 기관이 발달했습니다.

㉠어류 피부는 대부분 비늘로 덮여 있습니다. 비늘은 어류 몸을 보호합니다. 비늘은 짠 바닷물이 몸속으로 들어오지 못하게 막아 줍니다. ㉡또 저마다 비늘 무늬가 달라 몸을 쉽게 숨길 수 있게 합니다.

㉢어류는 아가미로 물속에 녹아 있는 산소를 흡수합니다. ㉣입으로 물을 삼키고 아가미로 다시 내뱉는 과정에서 산소를 얻습니다.

어류는 몸통에 옆줄이 있습니다. 어류는 옆줄로 물 흐름이나 떨림과 같은 환경 변화를 알아냅니다.

11 이 글의 제목으로 알맞은 것은 어느 것입니까?

(   )

① 어류의 종류
② 어류가 사는 환경
③ 어류와 공생 관계
④ 어류의 여러 기관
⑤ 어류를 보호해야 하는 까닭

12 ㉠~㉣ 가운데에서 글을 요약할 때 가장 필요한 두 문장을 골라 기호를 쓰시오.

(   )

13 이 글을 요약해 쓰시오.

_____

_____

14~15 다음 글을 읽고 물음에 답하시오.

사람은 직업에 따라 고유한 색깔 옷을 입기도 한다. 직업의 특성에 따라 특정 색깔의 옷이 일을 하는 데 도움이 되기 때문이다.

의사나 간호사는 보통 흰색 옷을 입는다. 감염에 민감한 환자들이 있는 병원에서는 위생이 매우 중요한 문제이기 때문이다. 흰색 옷은 옷이 더러워졌을 때 이를 쉽게 알아차릴 수 있게 해 준다. 약사나 위생사, 요리사와 같이 청결을 유지해야 하는 일을 하는 사람들도 마찬가지로 흰색 옷을 입는다.

14 글에 나타난 옷의 역할로 알맞은 것은 무엇입니까?

(   )

① 신체를 보호해 준다.
② 청결을 유지시켜 준다.
③ 몸을 건강하게 해 준다.
④ 다양한 직업을 갖게 해 준다.
⑤ 직업의 특성에 따라 특정 색깔의 옷이 일을 하는 데 도움이 된다.

서술형

15 1문단과 2문단의 중심 문장을 찾아 쓰시오.

⑴ 1문단의 중심 문장: _____

_____

⑵ 2문단의 중심 문장: _____

16~19 다음 글을 읽고 물음에 답하시오.

법관은 검은색 옷을 입는다. 예전 서양에서는 신분에 따라 입을 수 있는 옷의 색깔이 정해져 있었지만, 검은색 옷은 누구나 입을 수 있었다. 법관의 검은색 옷은 법 앞에서 모든 사람이 [   ]하다는 뜻을 나타내며, 다른 것에 물들지 않고 공정하게 재판해야 한다는 의미를 담고 있다.

군인은 주변 환경과 상황에 따라 옷의 색깔을 달리하여 입는다. 전투를 벌일 때 적군 눈에 쉽게 띄면 안 되기 때문이다. 예전의 화약 무기는 한번 사용하면 연기가 자욱하여 적군과 아군을 구분하기가 힘들었다. 따라서 당시에는 강한 원색의 군복을 입었다. 오늘날에는 기술이 발달하여 군인은 대부분 주변 환경과 구별하기 힘든 색의 옷을 입는다.

사람들은 직업에 따라 옷 색깔이 다양하다. 옷 색깔이 무엇을 뜻하는지 안다면 그 직업을 더 잘 이해할 수 있다.

16 법관이 검은색 옷을 입는 이유는 무엇입니까?
(   )

① 다른 것에 물들기 위해서
② 적군 눈에 쉽게 띄면 안 되어서
③ 검은색 옷은 아무나 입을 수 없는 옷이어서
④ 공정하게 재판해야 한다는 의미를 담고 있어서
⑤ 신분에 따라 입을 수 있는 옷의 색깔이 정해져 있어서

17 [   ] 안에 들어갈 알맞은 말은 무엇입니까?
(   )

① 평등   ② 사랑
③ 정확   ④ 우정
⑤ 소중

18 군인이 주변 환경과 상황에 따라 옷의 색깔을 달리하여 입는 까닭은 무엇입니까? (   )

① 화약 무기 색과 비슷해야 하기 때문에
② 적군과 아군을 구분하기가 힘들기 때문에
③ 다른 직업보다 군인의 옷 색깔이 화려하기 때문에
④ 전투를 벌일 때 상대방의 눈에 쉽게 띄면 안 되기 때문에
⑤ 주변 환경과 구별하기 힘든 만큼 기술이 발달하였기 때문에

3 단원

서술형

19 위와 같은 글을 가장 잘 설명할 수 있는 설명 방법과 그 방법의 특징을 한 가지 쓰시오.

(1) 설명 방법: (   )

(2) 특징:

_____

_____

_____

20 글의 내용을 요약하는 방법으로 알맞지 <u>않은</u> 것은 무엇입니까? (   )

① 중요하지 않은 내용은 지운다.
② 각 문단의 중심 문장을 찾는다.
③ 중요하지 않은 내용도 함께 정리한다.
④ 글의 구조에 알맞게 틀을 그려 내용을 정리한다.
⑤ 세부 내용은 대표적인 말로 바꾸어 중심 내용을 정리한다.

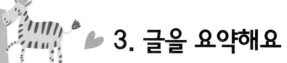
1~3

  우리나라에는 화강암을 쪼아 만든 석탑이 많습니다. 그 가운데에서 가장 유명한 탑은 다보탑과 석가탑입니다. 다보탑과 석가탑에는 공통점과 차이점이 있습니다.
  다보탑과 석가탑은 공통점이 있습니다. 두 탑은 모두 통일 신라 시대에 만든 탑으로서 불국사 대웅전 앞뜰에 나란히 서 있습니다. 또 두 탑은 그 가치를 인정받아 우리나라 국보로 지정되었습니다.
  두 탑의 모습은 매우 다릅니다. 다보탑은 장식이 많고 화려합니다. 십자 모양의 받침 주변에 돌계단을 만들고 그 위에 사각·팔각·원 모양의 돌을 쌓아 올렸습니다. 반면 석가탑은 단순하면서도 세련된 멋이 있습니다. 사각 평면 받침 위에 돌을 삼 층으로 쌓아 올려 매우 균형 있는 모습을 자랑합니다.

도움말

☆ 다보탑과 석가탑의 특징을 설명하는 글입니다.

1 이 글은 대상을 어떻게 설명하였는지 쓰시오.

_____

1 두 가지 이상의 대상에서 공통점을 찾아 설명하는 것을 비교, 차이점을 찾아 설명하는 것을 대조라고 합니다.

2 각 문단의 중심 문장을 쓰시오.

문단	중심 문장
1	(1)
2	(2)
3	(3)

2 중심 문장과 뒷받침 문장의 관계를 생각하여 각 문단의 중심 문장을 찾아봅니다.

3 주어진 틀의 빈 부분에 들어갈 내용으로 알맞은 것을 한 가지 쓰시오.

다보탑

석가탑

• 장식이 많고 화려하다.
• 십자 모양의 받침 주변에 돌계단을 만들고 그 위에 사각·팔각·원 모양의 돌을 쌓았다.

• 단순하면서도 세련된 멋이 있다.
• 사각 평면 받침 위에 돌을 삼 층으로 쌓아 올려 매우 균형있는 모습이다.

3 글에 어울리는 틀을 알면 글 내용을 한눈에 알기 쉽게 정리할 수 있습니다.

_____

어류는 아가미가 있는 척추동물입니다. 어류는 물속 환경에 적응할 수 있도록 다양한 기관이 발달했습니다.

어류 피부는 대부분 비늘로 덮여 있습니다. 비늘은 어류 몸을 보호합니다. 비늘은 짠 바닷물이 몸속으로 들어오지 못하게 막아 줍니다. 또 저마다 비늘 무늬가 달라 몸을 쉽게 숨길 수 있게 합니다.

어류는 아가미로 물속에 녹아 있는 산소를 흡수합니다. 입으로 물을 삼키고 아가미로 다시 내뱉는 과정에서 산소를 얻습니다.

어류는 몸통에 옆줄이 있습니다. 어류는 옆줄로 물 흐름이나 떨림과 같은 환경 변화를 알아냅니다.

도움말

☆ 어류의 특징을 설명하는 글입니다.

4 이 글을 요약하려면 어떤 활동을 해야 하는지 쓰시오.

_____

_____

4 글을 요약하는 방법을 생각해 봅니다.

5 이 글의 내용을 요약하여 쓰시오.

_____

_____

5 글을 읽고 중요한 내용이 무엇인지 파악합니다.

6 글을 요약하면 좋은 점은 무엇인지 쓰시오.

_____

_____

6 각 문단의 중심 문장을 찾아 정리하면 좋은 점을 생각해 봅니다.

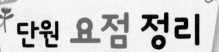

단원 요점 정리

4. 글쓰기의 과정

핵심 1 문장을 구성하는 성분 알기 → 주어, 목적어, 서술어는 문장에 반드시 필요한 성분입니다.

주어	• 문장에서 동작이나 상태의 *주체가 됩니다. • 무엇이 뛰는지, 누가 공을 던지는지 알 수 있도록 해 줍니다. 예 토끼가, 아이가
서술어	• 문장에서 주어의 움직임, 상태, 성질 따위를 풀이해 줍니다. • 문장에서 주체가 되는 대상이 무엇인지, 어찌하는지, 상태가 어떠한지를 알 수 있게 해 줍니다. 예 새입니다, 앉았습니다, 귀엽습니다
목적어	• 문장에서 동작의 대상이 됩니다. • 무엇에 대한 것인지를 알 수 있도록 해 줍니다. 예 음식을, 강아지를

핵심 2 쓸 내용 떠올리기

• 글을 쓰게 된 상황이나 목적을 생각합니다.
• 누가 읽을 것인지 예상합니다.
• 쓸 내용을 마련하기 위해 여러 가지 경험을 떠올립니다.
 – 겪은 일을 자유롭게 떠올립니다.
 – 주제를 나누어 떠올립니다.
• 힘들었던 일, 신기했던 일, 즐거웠던 일 등 비슷한 주제별로 떠올려 봅니다.

핵심 3 떠올린 내용을 조직하고 글로 나타내기

• 일어난 일과 일에 대한 생각이나 느낌을 처음-가운데-끝으로 묶습니다.
• 시간 흐름과 장소 변화에 따라 일어난 일을 정리합니다. → 흐름에 맞게 생각이나 느낌을 묶는 것을 '다발 짓기'라고 합니다.

예 「상쾌한 아침」 내용으로 다발 짓기

일어난 일		생각이나 느낌
• 아빠께서 잠을 깨움. • 아빠께서 말씀하심.	처음	• 더 자고싶어서 툴툴거림.
• 공원까지 걸음. • 맨손 체조를 함. • 턱걸이를 다섯 개나 성공함.	가운데	• 생각보다 사람이 많아서 놀람. • 칭찬을 들어 기분이 좋음. • 물을 마시니 배 속까지 시원함.
• 이웃 어른들께 반갑게 인사함. • 아빠를 앞질러 집으로 달림.	끝	• 기분이 참 상쾌함.

• 일어난 일에 따라 생각이나 느낌을 정리합니다.

핵심 4 *호응 관계가 알맞은 문장 쓰기

높임의 대상을 나타내는 말과 서술어의 호응	예 할머니께서 떡을 주셨다. 아버지께 선물을 드렸다.
시간을 나타내는 말과 서술어의 호응	예 내일 도서관에 갈 거야. 나는 어제 동화책을 읽었다.
동작을 당하는 주어와 서술어의 호응	예 동생이 누나에게 업혔다. 도둑이 경찰에게 잡혔다.

핵심 5 자신의 생각을 글로 나타내기

• 쓸 내용을 마련할 수 있게 여러 가지 경험을 떠올려 봅니다.
• 떠올린 경험 가운데 한 가지를 정해 자세하게 떠올려 봅니다.
• 쓸 내용을 처음-가운데-끝의 다발 짓기로 나타내어 봅니다.
• 글에 알맞은 제목을 붙여 봅니다.
• 정리한 내용을 생각하며 글로 써 봅니다.
• 쓴 글을 문장의 호응 관계를 생각하며 고쳐 써 봅니다.
• 친구들과 바꾸어 읽고 잘한 점을 칭찬해 봅니다.
 → 친구가 쓴 글을 진지하게 읽고 잘 쓴 부분을 중심으로 칭찬합니다. 부족한 부분에 대해서는 적절한 해결 방안을 함께 제안해 줍니다.

조금 더 알기

🎲 쓸 내용을 마련하기 위해 경험을 떠올리고 정리하는 방법
- 요즘 있었던 일을 중심으로 겪은 일을 떠올립니다.
- 힘들거나 즐거웠던 일 또는 신기했던 일과 같이 기분이나 감정을 중심으로 내용을 떠올립니다.
- 관련 있는 일이나 생각을 한데 묶어서 나타냅니다.
- 겪은 일과 관련 있는 생각을 가지를 치듯이 이어 나갑니다.

🎲 생각이 잘 조직된 글의 특징
- 잘 읽힙니다.
- 글 내용을 이해하기도 쉽습니다.
- 내용을 이해하기 쉬우니 기억하기도 쉽습니다.

🎲 쓸 내용을 떠올리기 위한 물음
- 어떤 일이 있었지?
- 어떤 말을 들었지?
- 무엇 때문이었지?
- 어떤 생각을 했지?
- 어떤 느낌이 들었지?

낱말 사전

★ 주체 문장 내에서 술어의 동작을 나타내는 대상이나 술어의 상태를 나타내는 대상.

★ 호응 문장에서 앞에 어떤 말이 나오면 거기에 대응하는 말이 따라오는 것.

---

1 문장 성분 가운데에서 ▢▢, ▢▢▢, ▢▢▢는 문장에 반드시 필요한 성분입니다.

2 주어는 문장에서 동작이나 상태의 ▢▢가 됩니다.

3 서술어는 문장에서 주어의 움직임, 상태, 성질 따위를 ▢▢ 해 줍니다.

4 목적어는 문장에서 ▢▢의 대상이 됩니다.

5 문장 성분 가운데에서 목적어는 ▢▢▢ 대한 것인지를 알게 해 줍니다.

6 쓸 내용을 떠올릴 때에는 글을 쓰게 된 상황이나 ▢▢을 생각합니다.

7 시간 흐름과 장소 변화에 따라 일어난 일을 정리하고, 이것을 흐름에 맞게 생각이나 느낌을 묶는 것을 ▢▢▢ 라고 합니다.

8 문장 '할머니께서 떡을 주셨다.'는 ▢▢의 대상을 나타내는 말과 서술어의 호응 관계에 있습니다.

9 문장 '어제 친구집에서 늦게까지 놀았다.'는 ▢▢을 나타내는 말과 서술어의 호응 관계에 있습니다.

10 자신의 ▢▢을 글로 쓸 때에는 어떤 일이 있었는지, 어떤 말을 들었는지, 일의 원인은 무엇이었는지, 느낌은 어떠했는지를 생각해 봅니다.

4

단원

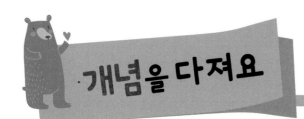

개념을 다져요

4. 글쓰기의 과정

도움말

1. 무엇이 뛰고 있는지 그림을 잘 살펴봅니다.

핵심 |

1 빈칸에 들어갈 말로 알맞은 것은 어느 것입니까? (　　　)

무엇이? ➡ ☐☐☐ 뜁니다.

① 토끼가　　　　　　　② 고양이가
③ 폴짝폴짝　　　　　　④ 둥둥둥둥
⑤ 엄청 빨리

2. 서술어는 문장의 맨 끝에 들어갑니다.

핵심 |

2 서술어에 대한 설명으로 알맞은 것은 어느 것입니까? (　　　)

① 문장에서 동작의 대상이 된다.
② 문장에서 동작이나 상태의 주체가 된다.
③ 무엇에 대한 것인지를 알 수 있도록 해 준다.
④ 문장에서 주어의 움직임, 상태, 성질 따위를 풀이해 준다.
⑤ 무엇이 뛰는지, 누가 공을 던지는지 알 수 있도록 해 준다.

3. 문장에서 반드시 필요한 부분은 '주어', '서술어', '목적어'에 해당하는 부분입니다.

핵심 |

3 다음 문장에서 반드시 필요한 낱말을 찾아 쓰시오.

매콤한　　　　떡볶이가　　　　익은

고추처럼　　　　빨갛다

(

핵심 2

4 민재가 글을 쓰게 된 상황이나 목적은 무엇인지 쓰시오.

민재야, 이번 학급 신문에 실을 글을 한 편 써 줘.

어떤 글을 쓸까? 그래, 내가 지난달에 겪은 일을 소개하는 글을 써 보자.

민재

_____

_____

4. 글을 쓰는 목적과 대상에 따라 글의 주제도 달라집니다.

핵심 3

5 겪은 일을 주제별로 바르게 나눈 것은 어느 것인지 기호를 쓰시오.

> ㉠ 슬펐던 일: 강아지가 아픈 일, 할머니 댁에 놀러간 일
> ㉡ 즐거웠던 일: 가족 여행을 간 일, 친한 친구가 전학을 간 일
> ㉢ 힘들었던 일: 딸꾹질이 멈추지 않았던 일, 오래달리기를 한 일
> ㉣ 신기했던 일: 보름달을 보며 소원 빈 일, 부모님께 꾸중을 들은 일

(   )

5. 자신이 겪은 슬펐던 일, 신기했던 일, 힘들었던 일, 즐거웠던 일을 떠올려 봅니다.

핵심 4

6 생각이 잘 조직된 글을 읽으면 좋은 점으로 알맞지 <u>않은</u> 것을 모두 고르시오. (,   )

① 글이 잘 읽힌다.
② 글의 내용을 이해하기 쉽다.
③ 글의 내용을 잘 지어낼 수 있다.
④ 글의 내용을 오래 기억할 수 있다.
⑤ 글의 내용을 자유롭게 떠올릴 수 있다.

6. 생각을 잘 조직하려면 일어난 일을 차례대로 정리하고 생각이나 느낌을 잘 정리합니다.

1~2 다음 그림을 보고 물음에 답하시오.

㉠ 엄마께 선물을.   ㉡ 선수가 잡았습니다.

1 ㉠의 문장이 어색한 까닭은 무엇입니까? (   )

① 문장이 너무 길어서
② 그림과 문장이 어울리지 않아서
③ 아이가 엄마께 선물을 드리지 않아서
④ 선물을 어떻게 했다는 내용이 나오지 않아서
⑤ 누구에게 무엇을 주었다는 내용이 나오지 않아서

2 ㉡을 그림과 어울리도록 바르게 쓰시오.

_____

3 그림에 어울리는 문장이 완성되도록 빈칸에 알맞은 말을 쓰시오.

무엇을?	여자아이가 ( ) 합니다.

4 다음 그림을 보고 질문에 알맞은 내용을 빈칸에 쓰시오.

무엇인가요?	이것은 (1) _____
어찌하나요?	강아지가 (2) _____
어떠한가요?	강아지가 (3) _____

5 다음을 보고, 문장에서 하는 역할을 바르게 설명한 것을 모두 찾아 기호를 쓰시오.

| 매콤한 | 떡볶이가 | 익은 | 고추처럼 | 빨갛다 |

㉠ '매콤한'은 '떡볶이가'를 꾸며 주는 말이다.
㉡ 반드시 있어야 하는 부분은 '매콤한', '익은', '고추처럼'이다.
㉢ '고추처럼'은 '빨갛다'를 꾸며 주는 말이다.
㉣ '빨갛다'를 꾸며 주는 말은 '떡볶이가'이다.

(   )

6~7 다음 만화를 보고 물음에 답하시오.

6 민재가 겪은 일에 맞게 빈칸에 각각 알맞은 말을 쓰시오.

누구와 함께 겪은 일인가요?	삼촌과 함께 겪은 일
민재에게 어떠한 일이 일어났나요?	(1)
민재의 기분은 어떠한가요?	(2)

7 ㉠에 들어갈 인물은 누구인지 쓰시오.

( )

8~10 다음 글을 읽고 물음에 답하시오.

아침 일찍, 아빠께서 공원에 가자며 나를 깨우셨다.
"일찍 일어나는 새가 벌레를 잡는다는 말이 있어. 얼른 일어나자."
아빠 말씀에 난 억지로 일어나 세수를 하고 옷을 입었다. 공원에 갈 준비가 끝날 때까지도 난 계속 툴툴거렸다. / 대문을 나서니, 찬 바람에 코 끝이 시려 손으로 코를 가렸다.
"왜? 춥니? 좀 걸으면 괜찮아질 거야."
아빠께서는 물통을 들고 뚜벅뚜벅 걸어가셨다. 아빠 발걸음이 어찌나 빠른지 나는 그 뒤를 따라 뛰어야 했다. ㉠뒷산 시민 공원에 도착하니 벌써 운동하는 사람이 많아 깜짝 놀랐다.
"준비 운동부터 하자."
나는 아빠를 따라 맨손 체조를 했다. 체조를 하고 나니 정말 추위가 달아나는 것 같았다. ㉡철봉에서 턱걸이를 다섯 번이나 해서 아빠께 칭찬을 들었다. 아침 일찍 일어나기는 힘들었지만 아빠께 칭찬을 들으니 기분이 좋았다. 운동으로 땀을 흘린 뒤에 마시는 물은 배 속까지 시원하게 했다.

8 이 글을 쓴 목적은 무엇입니까?

_____

9 이 글에 대한 설명으로 알맞지 않은 것은 어느 것입니까? ( )

① '나'는 공원에 빨리 가고 싶었다.
② 운동을 하고 나니 추위가 달아났다.
③ 공원에서 아빠와 맨손 체조를 했다.
④ '나'는 아빠를 따라가기 위해 뛰었다.
⑤ 아침 일찍부터 운동하는 사람이 많았다.

서술형

10 ㉠과 ㉡에서 알 수 있는 '나'의 생각이나 느낌은 무엇인지 쓰시오.

(1) ㉠: _____

(2) ㉡: _____

4

단원

1회 단원 평가 도전 **4. 글쓰기의 과정**

11~12 다음 글을 읽고 물음에 답하시오.

학교 공부가 끝나고 집으로 갔다. 오늘은 어려운 내용을 배워 머리가 아팠다. 그런데 집에 오니 할머니께서 계셨다. 늘 내 편이 되어 주시는 할머니께서 계시니 갑자기 기분이 좋아졌다.

할머니께서 공부하느라 고생했다며 맛있는 떡볶이를 해 주셨다. 동생과 함께 먹다 보니 어느새 떡볶이를 다 먹었다. 정말 맛있었다. 짝과 함께 수학 공부를 하기로 해서 할머니께 인사드리고 친구 집으로 갔다. 할머니께 공부를 열심히 한다고 칭찬을 들었지만 할머니와 함께 있지 못해 아쉬운 마음이 들었다. 수학 공부를 하는 동안 할머니께서 일찍 가시지 않았으면 좋겠다고 생각했다. 공부를 마치자마자 집으로 왔다. 다행히 할머니께서 아직 집에 계셨다. 할머니와 함께 만화 영화도 보고, 과일과 피자도 먹었다.

11 글쓴이가 머리가 아프다가 집에 오자 기분이 좋아진 까닭은 무엇입니까? (   )

① 할머니 댁에 놀러 간다고 해서
② 할머니와 과일과 피자를 먹어서
③ 가장 좋아하는 떡볶이를 먹어서
④ 늘 자기 편인 할머니가 집에 오셔서
⑤ 할머니께서 공부를 하지 말라고 하셔서

12 일어난 일을 정리한 것으로 알맞지 않은 것은 어느 것입니까? (   )

① 할머니께서 오심.
② 할머니께서 일찍 집에 가심.
③ 할머니께서 떡볶이를 해 주심.
④ 친구 집에 수학 공부를 하러 감.
⑤ 할머니와 함께 즐거운 시간을 보냄.

13 짝을 이루었을 때 자연스러운 문장이 되도록 선으로 이으시오.

(1) | 내일 | • | • ㉠ | 친구를 만났어.
| | | • ㉡ | 친구를 만날 거야.

(2) | 할아버지께서 | • | • ㉠ | 잔다.
| | | • ㉡ | 주무신다.

(3) | 바다가 | • | • ㉠ | 보였다.
| | | • ㉡ | 보았다.

14 높임의 대상을 나타내는 말과 서술어의 호응 관계가 들어 있는 문장은 어느 것입니까? (   )

① 내일 도서관에 갈 거야.
② 동생이 누나에게 혼이 났다.
③ 할아버지께서 진지를 잡수신다.
④ 창문을 여니 저 멀리 바다가 보였다.
⑤ 친구와 만화 영화를 보며 신나게 웃었다.

15 다음 글에서 호응이 잘못 이루어진 부분을 모두 찾아 고쳐 쓰시오.

할머니께서는 저녁을 드시고 나서 집으로 가셨다. 생각보다 오래 있었지만 그래도 헤어질 때가 되니 섭섭했다. 우리 집에 더 자주 왔으면 좋겠다고 생각하다가 다음부터 내가 할머니 댁에 자주 찾아가야겠다고 생각했다.

(1) (   ) ➡ (   )
(2) (   ) ➡ (   )
(3) (   ) ➡ (   )

16 문장의 밑줄 그은 부분에 나타난 호응 관계의 종류를 보기 에서 찾아 기호를 쓰시오.

> 보기
> ㉠ 동작을 당하는 주어와 서술어의 호응
> ㉡ 시간을 나타내는 말과 서술어의 호응
> ㉢ 높임의 대상을 나타내는 말과 서술어의 호응

(1) <u>아버지께</u> 선물을 드렸다.　　　(　　　　)
(2) 동생이 누나에게 <u>업혔다</u>.　　　(　　　　)
(3) <u>어제</u> 친구와 영화를 봤어.　　　(　　　　)

17 문장의 호응 관계가 바른 것은 어느 것입니까?
　　　　　　　　　　　　　　　　　(　　　)

① 나는 먹었습니다.
② 아버지가 운전을 한다.
③ 나는 어제 빵을 먹겠다.
④ 골키퍼가 날아온 공을 잡혔다.
⑤ 나는 배가 고파서 얼른 우유를 마셨다.

18 주어와 서술어가 바르게 호응하는 문장은 어느 것입니까?(　　　)

① 어젯밤에 비와 바람이 세차게 불었다.
② 가족이 모두 모여 춤과 노래를 불렀다.
③ 내 친구 수호는 그림과 글씨를 잘 쓴다.
④ 나는 동생보다 키와 몸무게가 더 무겁다.
⑤ 나는 이제 동시집과 동화책을 읽을 것이다.

19~20 다음 그림을 보고 물음에 답하시오.

19 그림에 어울리는 문장으로 알맞은 것은 어느 것입니까? (　　　)

① 숲속에 저녁이 찾아왔습니다.
② 참새가 짝을 지어 노래합니다.
③ 숲속에서 아이들이 즐겁게 뛰어놉니다.
④ 숲속에는 수많은 동물이 살고 있습니다.
⑤ 다람쥐 두 마리가 즐겁게 놀고 있습니다.

20 주어와 서술어가 호응하도록 다음 문장을 바르게 고쳐 쓰시오.

> 숲속에서 다람쥐와 새가 지저귑니다.

_____

_____

1~2 다음 그림을 보고 물음에 답하시오.

야구 선수가 잡았습니다.　아이가 던집니다.

1 그림 **가**와 **나**를 보고 만든 문장의 공통점은 무엇입니까? (　　)

① 주어가 빠져 있다.
② 목적어가 빠져 있다.
③ 서술어를 잘못 썼다.
④ 주어와 목적어를 잘못 썼다.
⑤ 문장이 그림과 어울리지 않는다.

2 그림에 어울리는 문장이 되도록 바르게 고쳐 쓰시오.

(1) | 야구 선수가 잡았습니다. |

➡ _____

(2) | 아이가 던집니다. |

➡ _____

3 파란색으로 쓴 낱말이 다음과 같은 역할을 하는 문장은 어느 것입니까? (　　)

문장에서 동작이나 상태의 주체가 된다.

① 새가 나뭇가지에 앉아 있다.
② 영수는 맛있는 음식을 먹었다.
③ 내 친구는 강아지를 좋아한다.
④ 토끼가 풀밭을 깡충깡충 뛰어간다.
⑤ 민경이는 음악에 맞춰 춤을 추었다.

4 목적어가 들어 있지 <u>않은</u> 문장은 어느 것입니까? (　　)

① 닭이 달걀을 낳았다.
② 할머니께서 텃밭을 가꾸신다.
③ 이슬이는 노래와 춤을 좋아한다.
④ 비가 그치고 아름다운 무지개가 떴다.
⑤ 나영이가 정류장에서 은주를 기다리고 있다.

5 다음 문장을 꼭 필요한 부분만 남기고 짧게 줄인 것은 어느 것입니까? (　　)

예쁜 꽃이 들판에 피었습니다.

① 꽃이 피었습니다.
② 들판에 피었습니다.
③ 예쁜 꽃이 피었습니다.
④ 꽃이 들판에 피었습니다.
⑤ 예쁜 꽃이 들판에 피었습니다.

6 주어, 목적어, 서술어가 모두 들어간 문장을 모두 찾아 기호를 쓰시오.

㉠ 가을이 가고 겨울이 왔다.
㉡ 공으로 하는 운동을 좋아한다.
㉢ 파란 하늘이 눈부시게 아름답다.
㉣ 부모님께서는 우리를 사랑하신다.
㉤ 동생이 오래전부터 갖고 싶어 하던 장난감을 샀다.

(　　)

7~8 다음 만화를 보고 물음에 답하시오.

① 민재야, 이번 학급 신문에 실을 글을 한 편 써 줘.

② 어떤 글을 쓸까? 그래, 내가 지난달에 겪은 일을 소개하는 글을 써 보자.

③ 우리 반 친구들이 읽을 글이니 친구들이 재미있어 할 내용으로 써야겠어.

④ 지난달에 어떤 일이 있었지?

7 민재가 글을 쓰게 된 목적은 무엇입니까? (   )

① 겪은 일을 소개하는 글을 학급 신문에 싣기 위해서

② 학교에서 일어난 새로운 소식을 학급 신문에 소개하기 위해서

③ 선생님에 대한 고마운 마음을 담은 글을 학급 신문에 싣기 위해서

④ 겪은 일을 소개하는 글이 실렸다고 같은 반 친구들에게 자랑하기 위해서

⑤ 학급 신문이 새롭게 태어난다는 내용을 담은 글을 학급 신문에 싣기 위해서

8 그림 ❸에서 민재가 글을 쓰기 위해 한 일은 무엇입니까? (   )

① 글을 쓰는 목적을 생각했다.

② 글을 읽을 사람을 예상했다.

③ 겪은 일을 자유롭게 떠올렸다.

④ 떠오른 생각을 비슷한 주제별로 묶었다.

⑤ 힘들었던 일, 신기했던 일, 즐거웠던 일로 나누어 떠올렸다.

9~10 다음 만화를 보고 물음에 답하시오.

9 달걀말이를 만드는 방법은 누가 가르쳐 주었는지 쓰시오.

(   )

 서술형

10 그림 ❻에서 남자아이의 기분은 어떠할지 쓰시오.

_____

_____

_____

4. 글쓰기의 과정 **59**

11~15 다음 글을 읽고 물음에 답하시오.

나는 달걀말이를 정말 좋아한다. 날마다 달걀말이를 반찬으로 먹어도 투정하지 않을 자신이 있다. 지난 주말에 삼촌 댁에 갔더니 삼촌께서 내가 좋아하는 달걀말이를 해 주셨다. 삼촌은 요리를 정말 잘하시는 것 같다. 달걀말이가 너무 맛있어서 만드는 방법을 배워 왔다.

먼저 재료로 달걀 여섯 알, 다진 파 한 줌, 소금, 식용유를 준비한다. 그런 다음 달걀을 큰 그릇에 깨뜨려 넣고 다진 파 한 줌과 소금 적당량을 넣어서 골고루 잘 저어 준다. 삼촌께서 이때 달걀을 젓가락으로 싹둑싹둑 잘라 주어야 좋다고 하셨다. 덩어리진 것을 가위로 자르듯 끊어 주면 된다고 하셨다. 그런 다음 약한 불에 준비된 지짐 판을 얹고 식용유를 골고루 두른 뒤 달걀물을 넓게 붓는다. 그리고 조금씩 익으면 끝에서부터 뒤집개로 살살 말아 준다.

내가 음식을 만든다고 하니 아버지께서 걱정하시며 조금 도와주셨다.

11 어떤 경험을 글로 썼는지 쓰시오.

( )

12 달걀말이를 할 때 가장 먼저 할 일은 무엇입니까? ( )

① 끝에서부터 주걱으로 살살 말아 준다.
② 달궈진 지짐판에 달걀물을 넓게 붓는다.
③ 달걀, 소금, 식용유 등 재료를 준비한다.
④ 약한 불에 지짐 판을 얹고 식용유를 두른다.
⑤ 달걀을 큰 그릇에 깨뜨려 넣고 다진 파와 소금을 넣는다.

13 글쓴이가 달걀말이를 만든 까닭은 무엇입니까?

( )

① 달걀말이를 처음 먹어 봐서
② 달걀말이를 만드는 방법이 너무 신기해서
③ 삼촌께서 달걀말이를 같이 만들자고 하셔서
④ 삼촌께서 해 주신 달걀말이가 너무 맛있어서
⑤ 부모님께서 달걀말이를 만드실 때 도와 드려서

14 삼촌께서 가르쳐 주신 방법 가운데에서 특히 중요한 부분은 무엇인지 쓰시오.

_____

_____

15 주어, 서술어, 목적어가 모두 들어간 문장이 <u>아닌</u> 것은 어느 것입니까? ( )

① 내가 음식을 만들었다.
② 나는 달걀말이를 정말 좋아한다.
③ 달걀을 큰 그릇에 깨뜨려 넣는다.
④ 할머니께서 달걀말이를 해 주셨다.
⑤ 부모님께서 나를 조금 도와주셨다.

아침 일찍, 아빠께서 공원에 가자며 나를 깨우셨다.
"일찍 일어나는 새가 벌레를 잡는다는 말이 있어. 얼른 일어나자."
아빠 말씀에 난 억지로 일어나 세수를 하고 옷을 입었다. 공원에 갈 준비가 끝날 때까지도 난 계속 툴툴거렸다.
대문을 나서니, 찬 바람에 코끝이 시려 손으로 코를 가렸다.
"왜? 춥니? 좀 걸으면 괜찮아질 거야."
아빠께서는 물통을 들고 뚜벅뚜벅 걸어가셨다. 아빠 발걸음이 어찌나 빠른지 나는 그 뒤를 따라 뛰어야 했다. 뒷산 시민 공원에 도착하니 벌써 운동하는 사람이 많아 깜짝 놀랐다.
"준비 운동부터 하자."
나는 아빠를 따라 맨손 체조를 했다. 체조를 하고 나니 정말 추위가 달아나는 것 같았다. 철봉에서 턱걸이를 다섯 번이나 해서 아빠께 칭찬을 들었다. 운동으로 땀을 흘린 뒤에 마시는 물은 배 속까지 시원하게 했다.
이웃 어른들께 반갑게 인사를 하며 아빠와 함께 공원을 나왔다. 나는 아빠를 앞질러 집으로 달렸다. 아빠와 함께 아침 운동을 하니 기분이 참 상쾌했다.

할머니께서 공부하느라 고생했다며 맛있는 떡볶이를 해 ㉠줬다. 동생과 함께 먹다 보니 어느새 떡볶이를 다 먹었다. 정말 맛있었다. 짝과 함께 수학 공부를 하기로 해서 할머니께 인사드리고 친구 집으로 갔다. 할머니께 공부를 열심히 한다고 칭찬을 들었지만 할머니와 함께 있지 못해 아쉬운 마음이 들었다. 수학 공부를 하는 동안 할머니께서 일찍 가시지 않으면 좋겠다고 생각했다. 공부를 마치자마자 집으로 왔다. 다행히 할머니께서 아직 집에 ㉡있었다. 할머니와 함께 만화 영화도 보고, 과일과 피자도 먹었다.

18 '내'가 경험한 일로 알맞은 것을 모두 고르시오.

(, ,)

① 할머니와 함께 할머니 댁으로 갔다.
② 수학 공부를 하러 친구 집으로 갔다.
③ 할머니께 맛있는 떡볶이를 해 드렸다.
④ 할머니께서 맛있는 떡볶이를 해 주셨다.
⑤ 할머니와 만화 영화도 보고 과일과 피자도 먹었다.

16 운동을 가기 전과 가고 난 다음의 '나'의 기분 변화를 쓰시오.

➡

19 ㉠과 ㉡을 호응 관계에 맞게 고쳐 쓰시오.

(1) 줬다 ➡ ( )
(2) 있었다 ➡ ( )

17 이 글의 가운데 부분에서 일어난 일에 대한 생각이나 느낌을 묶은 것입니다. 빈칸에 각각 알맞은 말을 쓰시오.

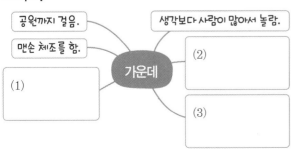

공원까지 걸음.
맨손 체조를 함.
생각보다 사람이 많아서 놀람.
가운데
(1)
(2)
(3)

20 할머니와 함께 많은 것을 했을 때 '나'의 기분은 어떠했을지 쓰시오.

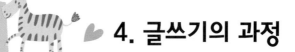
1 글 ❶~❸에서 설명하는 문장 성분이 모두 들어간 문장을 한 가지 쓰시오.

> ❶ 문장에서 동작이나 상태의 주체가 됩니다.
> ❷ 문장에서 주어의 움직임, 상태 따위를 풀이해 줍니다.
> ❸ 문장에서 동작의 대상이 됩니다.

_____

_____

도움말

⭐ 주어, 서술어, 목적어가 각각 문장에서 어떤 역할을 하는지 알아봅니다.

1 꼭 필요한 문장 성분이 들어가야 문장의 뜻을 정확히 알 수 있습니다.

2~3

| 경찰이 | 번개처럼 | 빠르게 | 도둑을 | 잡았다 |

2 '번개처럼', '빠르게'가 문장에서 하는 역할은 무엇인지 쓰시오.

_____

2 문장 성분에는 주어, 서술어, 목적어 외에 뒤에 오는 말을 꾸며 주는 관형어나 부사어도 있습니다.

3 꼭 필요한 낱말만 넣어 문장을 쓰시오.

_____

3 꾸며 주는 말을 쓰지 않아도 의미가 전달되는 문장을 만들어 봅니다.

아침 일찍, 아빠께서 공원에 가자며 나를 깨우셨다.

"㉠일찍 일어나는 새가 벌레를 잡는다는 말이 있어. 얼른 일어나자."

아빠의 말씀에 난 억지로 일어나 세수를 하고 옷을 입었다. 공원에 갈 준비가 끝날 때까지도 난 계속 툴툴거렸다.

대문을 나서니, 찬 바람에 코끝이 시려 손으로 코를 가렸다.

"왜? 춥니? 좀 걸으면 괜찮아질 거야."

아빠께서는 물통을 들고 뚜벅뚜벅 걸어가셨다. 아빠 발걸음이 어찌나 빠른지 나는 그 뒤를 따라 뛰어야 했다. 뒷산 시민 공원에 도착하니 벌써 운동하는 사람이 많아 깜짝 놀랐다.

"준비 운동부터 하자."

나는 아빠를 따라 맨손 체조를 했다. 체조를 하고 나니 정말 추위가 달아나는 것 같았다.

> ☆ 아빠와 함께 아침 운동을 하고 공원에 간 이야기입니다.

4 ㉠의 뜻은 무엇일지 쓰시오.

4 '부지런함'과 관련된 속담입니다.

5 이 글의 목적은 무엇인지 쓰시오.

5 내용을 조직하기 위해서는 글을 읽고 내용을 파악하여 '다발짓기'를 통해 생각을 묶어야 합니다.

6 어떤 일이 있었는지 두세 문장으로 요약하여 쓰시오.

6 시간 흐름과 장소 변화에 따라 일어난 일을 정리할 수 있습니다.

4 단원

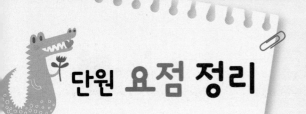

단원 요점 정리 5. 글쓴이의 주장

핵심 1 상황에 따라 여러 가지로 *해석되는 낱말 알기
- 우연히 형태는 같지만 뜻이 서로 다른 낱말을 형태가 같은 낱말 또는 동형어라고 합니다.
- 한 낱말이 여러 가지 뜻을 가진 경우에 그 낱말을 다의어라고 합니다.
- 동형어인 낱말은 뜻이 서로 관련이 없지만 다의어의 뜻은 서로 관련이 있습니다.

예 동형어나 다의어의 예

동형어나 다의어	동형어나 다의어를 써서 만든 문장
타다	마른 나뭇가지는 불에 잘 탄다.
	나는 그네를 타고, 친구는 시소를 탄다.
병	의사는 병이 난 사람을 낫게 한다.
	빈 병이 많이 쌓였다.
적다	답안지에 답을 적다.
	관심이 적다.

핵심 2 동형어나 다의어를 사용할 때 주의할 점
- 낱말의 뜻을 정확하게 파악해야 합니다.
- 어떤 뜻으로 쓰인 낱말인지 알려면 낱말의 앞뒤 내용을 잘 살펴보아야 합니다.
- 문장의 내용에 어울리게 적절한 낱말을 사용해야 합니다.

핵심 3 글을 읽고 상황에 따라 여러 가지로 해석되는 낱말의 뜻 확인하기
- 문장에서 그 낱말 대신 어떤 낱말을 쓸 수 있는지 생각해 봅니다.
- 국어사전에서 어울리는 뜻을 찾아 확인할 수 있습니다.
- 문장 앞뒤 내용을 살펴 보고 관련 있는 뜻을 찾을 수 있습니다.

핵심 4 글을 읽고 글쓴이의 주장 파악하기
- 각 문단의 중심 내용을 확인합니다.
- 글쓴이의 의견이 무엇인지 알아보고, 어떤 근거를 제시했는지 살펴봅니다.
- 글쓴이가 여러 번 *강조해 사용하는 낱말이 무엇인지 확인합니다.
- 글 제목을 생각해 봅니다.

> 글에서 글쓴이가 내세우는 생각을 주장이라고 합니다. 주장할 때에는 이를 뒷받침하는 내용인 근거도 제시해야 합니다.

핵심 5 근거의 적절성을 파악하며 글 읽기
- 글을 읽고 가장 많이 사용된 낱말은 무엇인지 알아봅니다.
- 각 문단의 중심 내용을 살펴보고 글쓴이의 주장을 파악합니다.
- 제시한 근거가 주장과 관련이 있는지 알아봅니다.
- 제시한 근거가 주장을 더욱 설득력 있게 만들어 주는지 확인합니다.
- 제시한 근거에 알맞은 낱말을 썼는지 알아봅니다.

> **글을 읽을 때 근거의 적절성을 판단해야 하는 까닭**
> - 적절한 근거가 많을수록 글쓴이의 주장이 더욱 설득력 있게 느껴지기 때문입니다.
> - 근거에 알맞지 않은 낱말을 사용한 것을 보면 주장도 적절하지 않을 것이라고 생각하기 때문입니다.
> - 근거가 적절하지 않으면 주장하는 내용도 믿을 수 없기 때문입니다.

핵심 6 주장에 대한 찬반 의견 나누기
- 글을 읽고 글쓴이의 주장과 근거를 찾아봅니다.
- 글쓴이의 주장에 대해 찬성 또는 반대 의견을 정합니다.
- 왜 그렇게 정했는지 근거를 생각해 봅니다.
- 떠올린 내용을 바탕으로 하여 처음, 가운데, 끝으로 나누어 글을 씁니다.

조금 더 알기

동형어와 다의어가 생긴 까닭

- 낱말 하나를 비슷한 상황에서 사용하다 보니 다의어가 된 것 같습니다.
- 동형어나 다의어가 없다면 낱말이 너무 많아서 힘들 것 같기 때문입니다.
- 다의어는 본디 뜻과 관련 있는 부분을 조금씩 바뀌면서 만들어진 것 같습니다.

자신의 의견을 글로 쓸 때 주의할 점

- 읽는 사람을 생각하며 주장에 대한 근거를 잘 설명합니다.
- 알맞은 낱말을 사용해 글을 써야 합니다.
- 처음, 가운데, 끝이 잘 구분되게 써야 합니다.

의견에 대한 글의 내용 조직하기

- 처음–주장에 대한 소개와 함께 주장의 중요성에 대한 언급을 합니다.
- 가운데–주장에 대한 근거를 설명합니다.
- 끝–주장을 다시 한 번 강조합니다.

낱말 사전

★ **해석** 문장이나 사물 따위로 표현된 내용을 이해하고 설명함. 또는 그 내용.
★ **강조** 어떤 부분을 특별히 강하게 주장하거나 두드러지게 함.

개념을 확인해요

1 우연히 형태는 같지만 뜻이 서로 다른 낱말을 □□ □ 라고 합니다.

2 한 낱말이 여러 가지 뜻을 가진 경우에 그 낱말을 □□ □ 라고 합니다.

3 □□□ 인 두 낱말은 서로 관련이 없습니다.

4 동형어나 다의어를 사용할 때 어떤 뜻으로 쓰인 낱말인지 알려면 낱말의 □□ 내용을 잘 살펴보아야 합니다.

5 글에서 글쓴이가 내세우는 생각을 □□ 이라고 합니다.

6 글쓴이의 주장을 파악하려면 글쓴이가 여러 번 □□ 해 사용하는 낱말이 무엇인지 확인합니다.

7 글쓴이의 주장을 파악하기 위해서는 글의 □□ 을 생각해 봅니다.

8 글을 읽고 가장 □□ 사용된 낱말이 무엇인지 알아보면 근거의 적절성을 파악하는 데 도움이 됩니다.

9 근거의 적절성을 파악할 때에는 제시한 근거가 주장을 □ □□ 있게 만들어 주는지 살펴봅니다.

10 의견에 대한 글을 쓸 때 처음 부분에는 주장에 대한 소개와 함께 주장의 □□□ 에 대한 언급을 합니다.

5
단원

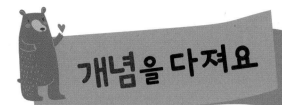

개념을 다져요

5. 글쓴이의 주장

도움말

1. 신체 부위인 배와 바다 위에 떠다니는 배는 형태가 같을 뿐이지 서로 다른 낱말입니다.

2. 모양은 같지만 뜻이 서로 다른 낱말을 형태가 같은 낱말 또는 동형어라고 합니다.

3. '말'과 '창'의 뜻을 사전에서 찾아봅니다.

핵심 1

1 '배'의 뜻이 다르게 쓰인 문장은 어느 것입니까? (   )

① 우리 아빠는 배가 볼록하다.
② 저녁을 굶었더니 배가 몹시 고팠다.
③ 사공이 많으면 배가 산으로 간다 했어.
④ 어젯밤에 갑자기 배가 아파서 병원에 갔다.
⑤ 할머니께서 잠을 자는 동생의 배를 만져 주셨다.

핵심 2

2 동형어를 사용하면 좋은 점을 말한 친구의 이름을 쓰시오.

글을 읽다 보면 동형어가 어떤 것인지 몰라 헷갈릴 때가 있어.

전혀 다른 뜻이 전해져 의사소통이 안 될 수가 있어.

동형어를 사용하면 글의 의미를 재미있게 표현할 수 있어.

동현   미정   태서

(   )

핵심 3

3 그림에 알맞은 동형어를 사용한 문장으로 알맞지 <u>않은</u> 것은 어느 것입니까? (   )

①  제주도에서 말을 보았다.

②  친구에게 책의 내용을 말해주었다.

③  아침에 창을 열고 환기를 시켰다.

④ ━━━━ 옛날에는 전쟁터에서 창을 들고 싸웠다.

도움말

핵심 4

4 동형어나 다의어의 뜻을 확인하는 방법으로 알맞지 <u>않은</u> 것은 어느 것입니까? (   )

① 친구의 의견에 따라 뜻을 확인한다.
② 사전에서 어울리는 뜻을 찾아 확인한다.
③ 대신 어떤 낱말을 쓸 수 있는지 생각한다.
④ 그림을 보면서 동형어나 다의어의 뜻을 떠올려 본다.
⑤ 문장의 앞뒤 내용을 살펴보고 관련 있는 뜻을 찾는다.

4. 동형어나 다의어는 정확한 뜻을 알아야 글의 내용을 이해할 수 있습니다.

핵심 5

5 글쓴이의 주장을 파악하는 방법에 맞게 빈칸에 각각 알맞은 말을 쓰시오.

> • 각 문단의 ((1)   )을/를 확인한다.
> • 글쓴이의 의견이 무엇인지 알아보고, 어떤 ((2)   )을/를 제시했는지 살펴본다.
> • 글쓴이가 여러 번 ((3)   ) 사용하는 낱말이 무엇인지 확인한다.
> • 글 ((4)   )을/를 살펴본다.

5. 글쓴이가 여러 번 사용한 낱말이 무엇인지 살펴보고, 글에서 글쓴이가 어떤 말을 하고 싶어 하는지 파악해 봅니다.

5
단원

핵심 6

6 근거의 적절성을 파악하며 글을 읽는 방법으로 알맞지 <u>않은</u> 것은 무엇입니까? (   )

① 제시한 근거가 주장과 관련이 있는지 알아본다.
② 제시한 근거에 알맞은 낱말을 썼는지 알아본다.
③ 글을 읽고 가장 적게 사용된 낱말은 무엇인지 알아본다.
④ 각 문단의 중심 내용을 살펴보고 글쓴이의 주장을 파악한다.
⑤ 제시한 근거가 주장을 더욱 설득력 있게 만들어 주는지 확인한다.

6. 주장을 잘 뒷받침하려면 적절한 근거가 있어야 합니다.

[1~2] 다음 대화를 보고 물음에 답하시오.

1 남자아이가 그림 ❷와 같이 걱정하는 표정을 지은 까닭은 무엇입니까? (　　　)

① 여자아이가 낱말을 잘못 사용했기 때문에
② 여자아이가 너무 작은 목소리로 말했기 때문에
③ 여자아이가 남자아이를 쳐다보지 않고 말했기 때문에
④ 여자아이가 말한 '다리'의 의미를 헷갈려 했기 때문에
⑤ 여자아이가 '다리'라는 낱말을 너무 많이 말했기 때문에

응용

2 '다리'를 여자아이가 말한 것과 같은 뜻으로 쓴 문장은 어느 것입니까? (　　　)

① 다리 건너편에 놀이터가 있다.
② 달리기를 했더니 다리가 아팠다.
③ 친구와 구름다리를 타고 놀았다.
④ 사과 값이 작년에 비해 두 배가 넘는다.
⑤ 안경을 떨어뜨렸더니 안경다리가 부러졌다.

주의

3 다음과 같은 뜻을 가진 낱말을 쓴 문장은 어느 것입니까? (　　　)

> 혀로 느끼는 맛이 한약이나 소태, 씀바귀의 맛과 같다.

① 보고 싶은 친구에게 편지를 썼다.
② 약이 너무 써서 얼굴을 찡그렸다.
③ 힘이 센 너를 일꾼으로 쓰고 싶다.
④ 햇볕이 너무 뜨거워서 모자를 썼다.
⑤ 바람이 너무 불어서 우산을 쓸 수가 없다.

4 보기 와 같이 동형어를 사용해 문장을 만드시오.

보기

동형어	동형어를 사용한 문장
병	• 의사는 병이 난 사람을 낫게 한다. • 빈 병이 많이 쌓였다.

동형어	동형어를 사용한 문장
적다	•　　　　　　　 •

5 다음 문장에 쓰인 낱말의 뜻으로 알맞은 것은 어느 것입니까? (　　　)

> 할머니의 머리카락이 하얗게 세서 꼭 눈이 내린 것 같다.

① 힘이 많다.
② 털이 희어지다.
③ 사물이 수효를 헤아리거나 꼽다.
④ 어떤 성격으로 여기거나 간주하다.
⑤ 행동하거나 밀고 나가는 기세가 강하다.

6~8 다음 글을 읽고 물음에 답하시오.

㉮ 자동차가 많아지면서 교통사고는 심각한 사회 문제가 되었다. 신문 기사나 방송으로 교통사고 소식을 자주 접할 수 있다. 그중에서도 어린이 교통사고는 가벼운 사고로도 심각한 결과를 가져올 수 있기 때문에 주의가 필요하다. 어린이가 교통사고로 사망하는 유형을 보면 보행 중에 교통사고로 사망하는 경우의 비율이 매우 높다. 어린이의 생명을 지키려면 보행 중인 어린이의 교통사고를 줄일 수 있는 방법을 찾아야 한다.

㉯ 이제부터라도 어린이 보행 중 교통사고를 줄이는 일에 모두 힘써야 한다. 어린이 보행 안전은 남에게 미룰 수도 없고, 남이 대신해 줄 수도 없다. ㉠우리 모두 노력해 어린이 보행 중 교통사고가 일어나지 않도록 하자.

6 글쓴이의 주장은 무엇인지 쓰시오.

_____

_____

7 ㉠의 뜻으로 알맞은 것에 ○표를 하시오.

⑴ 짐승을 가두어 기르는 곳. ( )

⑵ 말하는 사람과 듣는 사람을 포함한 여러 사람. ( )

8 상황에 따라 여러 가지로 해석되는 낱말의 뜻을 확인하는 방법으로 알맞은 것을 모두 고르시오.

(, ,)

① 그 낱말을 빼고 읽는다.

② 국어사전에 나온 첫 번째 뜻을 확인한다.

③ 국어사전에서 어울리는 뜻을 찾아 확인한다.

④ 문장 앞뒤 내용을 살펴보고 관련 있는 뜻을 찾는다.

⑤ 문장에서 그 낱말 대신 어떤 낱말을 쓸 수 있는지 생각해 본다.

9~10 다음 글을 읽고 물음에 답하시오.

어린이 보행 중 교통사고를 줄이는 방법은 무엇일까? ㉠운전자에게 어린이 보행 안전 교육을 철저히 해야 한다. 전체 교통사고 가운데에서 보행 중에 발생한 사고의 나이대별 분포를 살펴보면, ㉡초등학생이 다른 나이대보다 상대적으로 높게 나타나는 것을 알 수 있다. 이는 초등학생들이 바깥 활동이 잦은 데다 위험 상황을 판단하고 그에 대처하는 능력이 부족하기 때문이다. 그러므로 운전자에게 어린이 보행자를 보호할 수 있는 안전 교육을 실시해 어린이 보행 중 교통사고가 ㉮일어나지 않도록 해야 한다.

㉢어린이를 고려한 보행 안전시설도 더 필요하다. 학교 앞길에는 과속 차량을 단속하는 장치를 마련해야 한다. ㉣그리고 학교 근처의 어린이 보호 구역을 현재 반지름 300미터보다 더 넓게 하여 어린이들이 안전하게 다닐 수 있게 해야 한다. 그뿐만 아니라 어린이가 많이 다니는 길에는 과속 방지 턱을 만들어 차량 속도를 낮추도록 해야 한다. ㉤이와 같은 안전시설은 어린이 교통사고를 줄이는 데 많은 도움이 될 것이다.

5
단원

9 글쓴이의 의견이 아닌 문장은 무엇입니까?

( )

① ㉠ ② ㉡ ③ ㉢

④ ㉣ ⑤ ㉤

10 ㉮와 같은 뜻으로 쓴 낱말이 들어 있는 문장은 어느 것입니까? ( )

① 곧이어 물보라가 일어났다.

② 순식간에 큰 소란이 일어났다.

③ 산불이 일어나 큰 피해를 입었다.

④ 발표를 하려고 자리에서 일어났다.

⑤ 잠을 푹 자고 상쾌한 마음으로 일어났다.

11~12 **다음 글을 읽고 물음에 답하시오.**

㉮ 인공 지능 기술의 개발 속도는 우리가 예상할 수 없을 만큼 빨라지고 있습니다. 많은 사람이 다음 세기에는 인공 지능이 인간을 뛰어넘을 것이라고 말합니다. 앞으로 인공 지능은 우리의 삶 곳곳에 영향을 미칠 것입니다. 그런 미래는 편리함이라는 빛만큼이나 위험하고 어두운 그림자 또한 있을 것이라고 생각합니다. 그러므로 인공 지능이 일으킬 위험을 막을 방법도 생각해야 합니다.

㉯ 첫째, 인공 지능을 가졌느냐 아니냐에 따라 부자는 더 부자가 되고 가난한 사람은 더욱 가난해질 것입니다. 이로써 사회적·경제적 불평등은 더욱 심해질 것입니다.

㉰ 둘째, 힘이 강한 나라나 집단이 힘이 약한 나라나 사람들을 지배할 수도 있습니다. 인공 지능이 발달하면 힘 있는 사람들의 지배력이 지금과 비교가 안 될 정도로 강해질 것입니다. 즉, 나라 사이에 새로운 지배 관계가 생길 위험이 매우 크다고 생각합니다.

「인공지능, 인류의 희망일까 재앙일까?」, 황연성

11 **글쓴이의 주장은 무엇입니까? (　　　)**

① 인공 지능의 힘은 강하다.
② 인공 지능은 위험성이 크다.
③ 인공 지능을 서둘러 개발해야 한다.
④ 인공 지능은 우리 삶 곳곳에 존재한다.
⑤ 인공 지능은 인류의 미래를 밝게 해 준다.

서술형

12 **문단 ㈏와 ㈐의 중심 내용을 각각 쓰시오.**

(1) 문단 ㈏의 중심 내용: _____

_____

(2) 문단 ㈐의 중심 내용: _____

_____

13~14 **다음 글을 읽고 물음에 답하시오.**

❶ 영국의 어느 대학교에서 펼친 '킬러 로봇 반대 운동'을 들어 보았습니까? 이 운동은 로봇을 개발할 때 돈을 우선할 것이 아니라 사회에 끼칠 위험도 함께 생각해야 한다고 말합니다. 이처럼 우리 사회 곳곳에서는 인공 지능을 개발하거나 이용할 때 사회에 질 책임을 강조하려는 움직임이 활발히 일어나고 있습니다. 인공지능에는 위험이 있긴 하지만 우리는 인공 지능을 개발하는 것을 ㉠포기할 수 없습니다. 인공 지능은 인류 미래에 꼭 있어야 할 기술입니다.

❷ 인공 지능 개발을 연구하는 학자들은 인공 지능으로 세상을 더 살기 좋게 만들 수 있도록 다양한 분야에서 노력할 것이라고 말했습니다. 앞으로 인공 지능은 인간의 생활을 이롭게 하는 생활 속 기술로 자리 잡을 것입니다. 인간에게 나쁜 영향을 줄 수 있는 인공 지능은 철저히 통제하고, 인간을 보호하고 도울 수 있는 인공 지능을 활용하면 인공 지능은 인류의 미래를 희망으로 가득하게 만들어 줄 것입니다.

13 **㉠의 뜻으로 알맞은 것은 어느 것입니까? (**

① 단단하게 다져 꾸밈.
② 물거품처럼 부풀어 오름.
③ 겉으로만 그럴듯하게 꾸밈.
④ 하려던 일을 도중에 그만두어 버림.
⑤ 뿌리를 단위로 한 낱개를 세는 단위.

중요

14 **이 글에서 많이 사용된 낱말로 볼 수 없는 것은 어느 것입니까? (　　　)**

① 인류　　　　　② 미래
③ 인간　　　　　④ 책임
⑤ 인공 지능

15~17 다음 글을 읽고 물음에 답하시오.

지금까지 쓰기 윤리를 지켜야 하는 까닭을 알아보았다. 쓰기 윤리를 존중하는 것은 우리나라의 미래 발전에 영향을 미칠 정도로 중요하다. 우리가 쓰기 윤리를 존중하지 않으면 우리 스스로 피해를 보는 일이 생길 수도 있다. 그러므로 글을 ⊙쓸 때 출처를 정확히 밝히고, 자신을 속이지 않으며 거짓된 내용은 쓰지 않아야 한다. 또 다른 사람 글에도 예의 있게 반응하고 읽는 사람을 배려하며 글을 써서 쓰기 윤리를 지켜야 한다.

15 이 글 바로 앞에 들어갈 내용으로 알맞은 것은 어느 것입니까? (   )

① 글을 쓰는 과정
② 쓰기의 좋은 점
③ 쓰기 윤리의 뜻
④ 쓰기와 읽기의 비교
⑤ 쓰기 윤리를 지켜야 하는 까닭

16 쓰기 윤리를 지키지 <u>않은</u> 태도는 어느 것입니까?
(   )

① 글을 쓸 때 출처를 밝힌다.
② 거짓된 내용은 쓰지 않는다.
③ 읽는 사람을 배려하는 글을 쓴다.
④ 다른 사람의 글에 예의 있게 반응한다.
⑤ 진실이 아닌 내용을 진실인 것처럼 쓴다.

17 ⊙과 바꾸어 쓸 수 있는 말은 어느 것입니까?
(   )

① 싫을
② 이용할
③ 쓸쓸할
④ 작성할
⑤ 발휘할

18~19 다음 글을 읽고 물음에 답하시오.

주장	교실이나 복도에서 큰 소리로 떠들지 말자.
근거	① 교실의 쓰레기를 줄일 수 있다. ② 넘어지거나 부딪혀 다칠 수 있다. ③ 소음 때문에 다른 사람에게 피해를 입힐 수 있다. ④ 안전하고 질서 있는 생활을 할 수 있다.

18 근거 ①~④ 가운데에서 주장에 대한 근거가 적절한 것의 번호를 쓰시오.

(   )

서술형

19 위에서 제시한 근거 외에 주장을 뒷받침할 적절한 근거를 쓰시오.

_____

_____

중요

20 글쓴이의 주장과 근거를 파악할 때 근거가 적절한지 살펴야 하는 까닭으로 알맞은 것을 모두 고르시오.
(,   )

① 근거와 주장이 서로 관련이 없기 때문에
② 근거가 적절하지 않으면 주장이 많아지기 때문에
③ 근거가 많을수록 주장을 쓰지 않아도 되기 때문에
④ 근거가 많을수록 주장이 설득력 있게 느껴지기 때문에
⑤ 근거가 적절하지 않으면 주장하는 내용도 믿을 수 없기 때문에

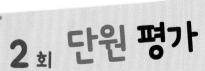 
1 다음 대화에 나타난 '다리' 같이 형태는 같지만 뜻이 서로 다른 낱말을 무엇이라고 합니까? (　　　)

① 은어　　　　　　② 다의어
③ 서술어　　　　　④ 동형어
⑤ 꾸며 주는 말

2 '배'가 다른 뜻으로 쓰인 문장은 어느 것입니까? (　　　)

① 배보다 배꼽이 더 크다.
② 어머니께서 배를 깎아 주셨다.
③ 밥을 많이 먹었더니 배가 부르다.
④ 할머니께서 아픈 배를 만져 주셨다.
⑤ 이모 배 속에 아기가 있다고 하셨다.

3 관련 있는 것끼리 선으로 이으시오.

(1) ・

(2) ・

(3) ・

(4)  ・

・ ㉠ 햇빛을 막으려고 발을 쳤다.

・ ㉡ 축구를 하다가 발을 다쳤다.

・ ㉢ 우리 가족은 차를 타고 여행을 갔다.

・ ㉣ 친구와 차를 마시며 이야기를 나누었다.

4~5 다음 글을 읽고 물음에 답하시오.

(가) 어린이 스스로도 보행 중 교통사고를 당하지 않도록 노력해야 한다. 도로에서 발생하는 수많은 비극은 교통 법규를 무시하고 조금 빨리 가려다가 발생한다. 운전자와 보행자 모두 도로에서 시간적 여유를 가지는 마음이 필요하다. 보행 신호가 초록색으로 바뀌지도 않았는데 보행자가 무리하게 길을 건너면 사고를 당할 수 있다. 그리고 신호가 바뀌자마자 좌우를 살피지 않고 출발하다가 사고를 당하기도 한다. 또 신호가 바뀐 뒤에도 신호 위반을 하는 차가 있을 수 있기 때문에 늘 조심해야 한다. 따라서 운전자와 보행자가 모두 도로에서 조급하게 서두르지 말고 교통 법규와 안전 수칙을 지키며 생활해야 한다.

(나) 이제부터라도 어린이 보행 중 교통사고를 줄이는 일에 모두 힘써야 한다. 어린이 보행 안전은 남에게 미룰 수도 없고, 남이 대신해 줄 수도 없다. 우리 모두 노력해 어린이 보행 중 교통사고가 일어나지 않도록 하자.

4 (가)는 무엇에 대하여 쓴 글입니까? (　　　)

① 어린이 놀이터를 지어야 한다.
② 어린이 보호 구역을 확대해야 한다.
③ 교통사고 비율이 점점 늘어나고 있다.
④ 어린이들은 교통사고를 잘 당하지 않는다.
⑤ 어린이 스스로도 보행 중 교통사고를 당하지 않도록 노력해야 한다.

5 글에 쓰인 낱말 가운데 동형어나 다의어를 한 가지 찾아 빈칸에 알맞게 쓰시오.

쓰인 낱말	(1)
쓰인 문장	(2)
사전에서 찾은 뜻	(3)
이 문장에 어울리는 뜻	(4)

6 동형어나 다의어의 뜻을 확인하는 방법을 한 가지 쓰시오.

_____

_____

_____

7 보기 를 보고 국어사전을 활용해 빈칸에 들어갈 말을 쓰시오.

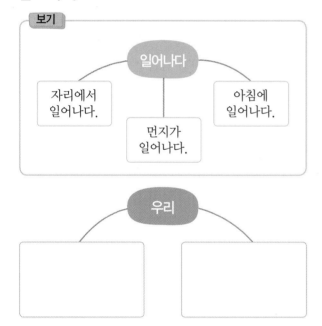

보기

일어나다

자리에서 일어나다.

먼지가 일어나다.

아침에 일어나다.

우리

8 파란색 낱말의 뜻으로 알맞은 것에 ○ 표를 하시오.

하늘에 구멍이 뚫렸는지 비가 세차게 내린다.

(1) 기념하기 위해 글을 새기어 세워 놓은 것.
( )

(2) 대기 중의 수증기가 높은 곳에서 찬 공기를 만나 식어서 엉기어 땅 위로 떨어지는 물방울.
( )

9 글쓴이의 주장은 무엇입니까? ( )

영국의 어느 대학교에서 펼친 '킬러 로봇 반대 운동'을 들어 보았습니까? 이 운동은 로봇을 개발할 때 돈을 우선할 것이 아니라 사회에 끼칠 위험도 함께 생각해야 한다고 말합니다. 이처럼 우리 사회 곳곳에서는 인공 지능을 개발하거나 이용할 때 사회에 질 책임을 강조하려는 움직임이 활발히 일어나고 있습니다. 인공 지능에는 위험이 있긴 하지만 우리는 인공 지능을 개발하는 것을 포기할 수 없습니다. 인공 지능은 인류 미래에 꼭 있어야 할 기술입니다.

첫째, 인공 지능에 제대로 된 규칙을 부여해 잘 통제하고 활용하면 인류의 삶은 더욱 편리하고 풍요로워질 것입니다. 예를 들어 움직임이 불편한 노인과 장애인들은 무인 자동차로 자유롭게 이동할 수 있습니다. 인류가 인공지능을 제대로 관리한다면 인공지능은 인류에게 많은 도움이 될 것입니다.

① 인공 지능을 포기해야 한다.
② 인공 지능의 위험성이 늘어나고 있다.
③ 인간이 인공 지능에게 지배를 받게 된다.
④ 인공 지능은 인류의 미래에 꼭 필요한 기술이다.
⑤ 인공 지능을 개발할 때 사회 책임을 강조해야 한다.

5
단원

10 글쓴이의 주장을 파악하는 방법은 무엇인지 쓰시오.

_____

_____

_____

11~13 다음 글을 읽고 물음에 답하시오.

일상생활에서 규칙과 질서를 잘 지키는 일이 중요한 것처럼, 글을 쓸 때에도 다른 사람에게 피해를 주지 않으려면 규범을 지켜야 한다. 글을 쓸 때 남의 글을 베껴 자신이 쓴 글인 양 속이는 사람이 있다. 그리고 진실이 아닌 내용을 진실인 것처럼 거짓으로 꾸며 글을 쓰는 사람도 있다. 또 읽는 사람이 크게 상처를 받을 수 있는 내용의 글을 함부로 쓰는 사람도 있다. 이것은 모두 글쓰기 과정에서 지켜야 할 규범과 예의를 지키지 않은 경우이다. 이처럼 글을 쓰는 과정에서 지켜야 하는 여러 가지 규범을 쓰기 윤리라고 한다. 글을 쓸 때 흔히 글만 잘 쓰면 된다고 생각하기 쉽지만 아무리 잘 쓴 글이라고 하더라도 쓰기 윤리에 벗어난 글이라면 아무 소용이 없다. 쓰기 윤리를 지켜야 하는 까닭을 살펴보자.

11 글을 쓰는 과정에서 예의를 지킨 사람은 누구입니까? (　　　)

① 조사한 내용을 거짓으로 꾸며 쓴 경민
② 자신이 연구한 결과를 부풀려서 쓴 소라
③ 친구의 글에 자신의 이름을 바꿔 쓴 기명
④ 글을 인용할 때 출처를 정확히 밝힌 민주
⑤ 진실이 아닌 내용을 재미있게 꾸며 쓴 서영

12 글쓴이의 주장은 무엇입니까? (　　　)

① 글을 잘 쓰자.
② 진실된 글을 쓰자.
③ 쓰기 윤리를 지키자.
④ 글쓰기 과정을 바로 알자.
⑤ 규칙과 질서를 잘 지키자.

13 이 글의 뒤에 이어질 내용으로 알맞은 것에 ○표를 하시오.

(1) 글을 쓸 때 필요한 준비물　　　(　　　)
(2) 쓰기 윤리를 지켜야 하는 까닭　(　　　)

14~15 다음 글을 읽고 물음에 답하시오.

㈎ 쓰기 윤리를 지키지 않으면 다른 사람에게 물질이나 정신 피해를 줄 수 있다. 글을 쓰려고 어떤 자료를 이용하는 경우, 자신이 직접 쓴 부분과 자료에서 인용한 부분을 명확하게 구분하지 않으면 표절이 될 수 있다. 너무도 뚜렷하게 의도가 있는 표절이면 저작권자에게 피해를 준다. 예를 들어 어떤 작가가 오랜 시간 힘들여 쓴 이야기책이 유명해졌는데, 어떤 사람이 비슷한 내용으로 다른 책을 만들어서 판다면 어떻게 될까? 이야기책의 원래 작가는 그만큼 돈을 못 벌게 되고, 또 마음에 큰 상처를 받게 될 것이다.

㈏ 쓰기 윤리를 지키지 않는 것은 문화 발전을 막는 일이다. 글쓰기는 사람들이 생각을 함께 나누게 함으로써 문화 발전에 큰 역할을 한다. 그런데 자신이 조사한 내용을 거짓으로 꾸미거나 허위로 글을 쓰는 사람이 많다면 글을 읽는 사람들은 글의 내용을 믿을 수 없게 된다. 또 여러 사람이 새로운 창작물을 만들려고 노력하는 대신 다른 사람의 글을 베끼려고만 한다면 인류의 문화 발전은 이루어지기 어렵다. 이런 일들이 반복되면 사회 전체에 혼란이 커지고, 우리나라의 신뢰에도 문제가 생길 것이다.

14 글을 통해 알 수 있는 글쓴이의 주장은 무엇입니까? (　　　)

① 남의 글을 베끼자.
② 쓰기 윤리를 지키자.
③ 받아 쓰기 연습을 하자.
④ 창작 활동을 열심히 하자.
⑤ 글을 쓸 때 조사한 내용을 거짓으로 꾸미자.

　서술형

15 '저작권을 지키고 저작물을 바르게 사용하자'는 내용의 광고 문구를 만들어 쓰시오.

_____

16~17 다음 글을 읽고 물음에 답하시오.

(가) 학교 안 스마트폰 사용을 법으로 금지해야 한다고 주장하는 사람들은 다음과 같은 근거를 ㉠듭니다.

"학교 안에서 스마트폰을 사용하면 학생들이 수업에 집중하지 못해 학업에 방해가 됩니다. 만약 학교 안에서 스마트폰을 사용하는 것을 법으로 금지한다면 학생들이 스마트폰에 정신을 빼앗기지 않아 좀 더 수업에 집중할 수 있을 것입니다."

(나) 하지만 학교 안 스마트폰 사용을 법으로 금지하면 안 된다고 주장하는 사람들도 있습니다. 이들의 생각은 다음과 같습니다.

"초등학생의 스마트폰 중독 문제를 강제적으로 해결할 수는 없습니다. 학교 안에서 스마트폰을 쓰지 못하게 한다면 오히려 ㉡역효과만 일어날 것입니다. 대부분의 학생은 방과 후에 스마트폰을 사용하기 때문에 법을 굳이 만들지 않아도 됩니다."

「학교 안에서 스마트폰 사용이 필요한가」

16 ㉠과 같은 뜻으로 쓴 문장은 어느 것입니까?

( )

① 창을 통해 볕이 들어 왔다.
② 알맞은 까닭을 들어 봅시다.
③ 칼이 잘 드니 조심해야 한다.
④ 살랑살랑 바람에 이마에 땀이 들었다.
⑤ 집안으로 물이 들어 가구가 다 젖었다.

17 ㉡의 현상으로 알맞은 것은 어느 것입니까?

( )

① 학생들의 성격이 느긋해진다.
② 학생들이 수업에 집중하게 된다.
③ 학생들이 스마트폰을 싫어하게 된다.
④ 학교 밖에서 스마트폰을 엄청 사용한다.
⑤ 학교 외에 다른 곳에서도 스마트폰을 사용하지 않는다.

18~19 다음 제목을 읽고 물음에 답하시오.

> 학교 내 휴대 전화 금지,
> 인권 침해인가 학교 교육의 일부인가

> 교내 휴대 전화 사용,
> 허용하면 안 되는 이유

> 학교 내 휴대 전화,
> 강제로 막을 수 있을까

18 위 기사의 제목은 모두 무엇에 대한 내용인지 쓰시오.

_____

_____

서술형

19 위의 기사 제목 가운데 다음과 같은 근거에 알맞은 기사는 무엇인지 쓰시오.

> • 학생들이 수업에 집중하지 못해 학업에 방해가 된다.
> • 난청, 시각장애, 거북목 증후군 등 여러 가지 질환에 걸릴 수 있다.

_____

20 자신의 의견을 글로 쓸 때 주의할 점으로 알맞지 않은 것은 어느 것입니까? ( )

① 알맞은 낱말을 사용해 글을 써야 한다.
② 처음, 가운데, 끝이 잘 구분되게 써야 한다.
③ 읽는 사람을 생각하며 주장에 대한 근거를 잘 설명한다.
④ 꾸며 주는 말을 사용하면 읽는 사람을 더 설득하기 쉽다.
⑤ 전문가의 의견 등 자료를 활용하면 설득력을 높일 수 있다.

5 단원

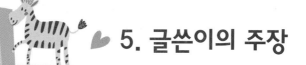

1~3

인공 지능 기술의 개발 속도는 우리가 예상할 수 없을 만큼 빨라지고 있습니다. 많은 사람이 다음 세기에는 인공 지능이 인간을 뛰어넘을 것이라고 말합니다. 앞으로 인공 지능은 우리의 삶 곳곳에 영향을 미칠 것입니다. 그런 미래는 편리함이라는 빛만큼이나 위험하고 어두운 그림자 또한 있을 것이라고 생각합니다. 그러므로 인공 지능이 일으킬 위험을 막을 방법도 생각해야 합니다.

첫째, 인공 지능을 가졌느냐 아니냐에 따라 부자는 더 부자가 되고 가난한 사람은 더욱 가난해질 것입니다. 이로써 사회적·경제적 불평등은 더욱 심해질 것입니다.

둘째, 힘이 강한 나라나 집단이 힘이 약한 나라나 사람들을 지배할 수도 있습니다. 인공 지능이 발달하면 힘 있는 사람들의 지배력이 지금과 비교가 안 될 정도로 강해질 것입니다. 즉, 나라 사이에 새로운 지배 관계가 생길 위험이 매우 크다고 생각합니다.

셋째, 지금보다 더 발달한 인공 지능이 등장하면 인간은 인공 지능에게 지배를 받게 될지도 모릅니다. 인공 지능은 인간보다 뛰어난 지적 능력이 있으면서 인간에게 있는 문제점은 없습니다. 인공 지능에게 독립성이 생긴다면 인공 지능은 인간의 통제에서 벗어나고 끝내 인간 사회는 비극을 맞게 될 것입니다.

세계적인 학자들이 공개한 '인공 지능에게 보내는 공개편지'에는 우리 사회가 인공 지능으로 엄청난 이득을 얻을 수도 있지만, 숨어 있는 위험을 막을 방법을 깊게 연구해야 한다는 내용이 담겨 있습니다. 인간이 편리함에 눈이 멀어 인공 지능을 계속 개발한다면 인간은 스스로에게 덫을 놓는 실수를 저지르게 될지도 모릅니다.

도움말

미래 사회의 변화 가운데 인공지능이 미래에 미칠 영향에 대해 쓴 글입니다.

1 글에서 가장 많이 쓴 낱말을 찾아 쓰시오.

1 글을 읽고 글에서 가장 많이 쓴 낱말을 찾아봅니다.

2 이 글에서 주장하는 내용은 무엇인지 쓰시오.

2 글쓴이의 주장을 파악하려면 글쓴이의 의견이 무엇인지, 어떤 근거를 제시했는지 살펴봅니다.

3 자신이 글쓴이라면 이 글에 어떤 제목을 붙였을지 쓰시오.

3 글쓴이는 자기 주장을 잘 드러내는 제목을 고를 것입니다.

학교 안 스마트폰 사용을 법으로 금지해야 한다고 주장하는 사람은 다음과 같은 근거를 듭니다.

"학교 안에서 스마트폰을 사용하면 학생들이 수업에 집중하지 못해 학업에 방해가 됩니다. 만약 학교 안에서 스마트폰을 사용하는 것을 법으로 금지한다면 학생들이 스마트폰에 정신을 빼앗기지 않아 좀 더 수업에 집중할 수 있을 것입니다. 아무리 학교에서 사용하지 않겠다고 다짐해도 스마트폰이 자신에게 있으면 손이 가기 마련입니다. 또 학교에서까지 스마트폰을 사용하면 난청, 시각 장애, 거북목 증후군 같은 여러 가지 병에 걸릴 수 있습니다. 따라서 학생이 스마트폰을 학교에서 사용하는 것을 막는 장치가 있어야 합니다."

하지만 학교 안 스마트폰 사용을 법으로 금지하면 안 된다고 주장하는 사람들도 있습니다. 이들의 생각은 다음과 같습니다.

"초등학생의 스마트폰 중독 문제를 강제적으로 해결할 수는 없습니다. 학교 안에서 스마트폰을 쓰지 못하게 한다면 오히려 역효과만 일어날 것입니다. 대부분의 학생은 방과 후에 스마트폰을 사용하기 때문에 법을 굳이 만들지 않아도 됩니다. 초등학생들에게 스마트폰을 올바르게 사용하도록 교육하는 것이 학교 안에서 스마트폰을 사용하지 못하도록 법으로 금지하는 것보다 훨씬 효과가 클 것입니다. 또 학생들은 수업에서 이해하지 못한 내용을 스마트폰으로 바로바로 찾아볼 수도 있습니다."

도움말

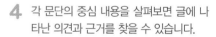
학교에서 스마트폰 사용을 법으로 금지하는 것에 대한 찬성과 반대 의견입니다.

5단원

4 '학교 안 스마트폰 사용을 허락해야 한다.'는 주장에 대해 글에 나타난 찬성 의견과 반대 의견을 각각 한 가지 쓰시오.

(1) 찬성: _____

(2) 반대: _____

4 각 문단의 중심 내용을 살펴보면 글에 나타난 의견과 근거를 찾을 수 있습니다.

5 '학교 안 스마트폰 사용을 허락해야 한다.'는 주장에 대해 자신의 의견을 정하고 그렇게 정한 근거를 한 가지 쓰시오.

_____
_____

5 제시한 근거가 주장을 설득력 있게 만들어 주는지 확인해 봅니다.

6 자신의 의견을 글로 쓸 때 주의해야 할 점을 한 가지 쓰시오.

_____
_____

6 설득을 목적으로 하는 글의 특성을 생각해 봅니다.

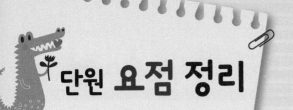

단원 요점 정리

6. 토의하여 해결해요

핵심 1 ★**토의 뜻과 필요성 알기**
• 토의의 뜻: 어떤 문제를 여러 사람이 ★협력해 해결하는 방법
• 토의가 필요한 경우 **예**
 – 가족 여행 장소를 정할 때
 – 모둠 과제의 역할을 정할 때
• 토의가 필요한 까닭
 – 적절한 문제 해결 방법을 찾을 수 있습니다.
 – 상황을 더 잘 이해할 수 있습니다.
 – 문제 해결에 직접 참여할 수 있습니다.

핵심 2 **토의** ★**절차와 방법 알기**
• 토의의 절차

| 문제 상황 | → | 토의 주제 정하기 | → | 의견 마련하기 |

| 의견 모으기 | → | 의견 결정하기 |

• 토의 주제를 정하는 방법
 – 토의하고 싶은 주제를 자유롭게 이야기합니다.
 – 이 주제들이 토의 주제로 알맞은지 판단해 봅니다.
 – 우리 모두와 관련이 있는 주제인가?
 – 해결 방법을 찾을 수 있는 주제인가?
 – 우리가 변화를 이끌어 낼 수 있는 주제인가?
 – 토의 주제로 알맞은지 판단하는 과정을 거쳐 토의 주제를 결정합니다.
• 의견을 마련하는 방법
 – 토의 주제에 맞는 의견이어야 합니다.
 – 실천할 수 있는 의견이어야 합니다.
 – 타당한 근거를 제시해야 합니다.→그 의견의 좋은 점을 설명합니다.
• 토의에서 의견을 모으는 방법
 – 의견을 주고받습니다.
 – 의견마다 장단점이 무엇인지 살펴봅니다.
 – 의견이 알맞은지 판단할 수 있는 기준을 세웁니다.
 – 기준에 따라 의견이 알맞은지 검토합니다.

• 의견 결정하기
 – 기준에 따라 가장 알맞은 의견을 선택합니다.
 – 토의 주제에 맞는 의견을 결정합니다.
 – 알맞은 주장과 근거를 든 의견을 결정합니다.
 – 실천할 수 있는 의견을 결정합니다.

의견이 알맞은지 판단한다는 것은 의견이 기준에 따라 알맞은지 또는 의견이 이치에 맞는지 살펴보는 것입니다.

→•좋은 의견이 많으면 여러 가지 의견을 정할 수 있습니다. 소수 의견이라도 문제 상황을 해결하는 데 도움이 되는 부분은 얼마든지 받아들일 수 있습니다.

핵심 3 **토의 주제를 파악하고 의견 나누기**
• 토의의 절차와 방법에 따라 토의해 봅니다.

토의 절차	토의 방법
주제 정하기	• 토의하고 싶은 주제를 자유롭게 이야기하기 • 토의 주제로 알맞은지 판단하기 • 토의 주제 결정하기
의견 마련하기	• 토의 주제에 맞게 자신의 의견 쓰기 • 그 의견의 좋은 까닭 쓰기
의견 모으기	• 친구들과 의견 주고받기 • 각 의견의 장단점 찾기 • 의견이 알맞은지 판단할 기준 세우기 • 기준에 따라 의견이 알맞은지 판단하기
의견 결정하기	• 기준에 따라 가장 알맞은 의견으로 결정하기

핵심 4 **글을 읽고 토의하기**
• 글을 읽고 문제 상황을 파악하여 토의 주제를 정합니다.
• 토의의 절차와 방법에 따라 토의해 봅니다.

의견을 모을 때 지켜야 할 점

- 알맞은 까닭을 들어 자신의 주장을 말합니다.
- 다른 사람의 의견을 존중하며 듣습니다.
- 다른 사람 의견을 끝까지 듣고 자신의 의견을 말합니다.
- 토의 주제와 관련한 이야기를 합니다.

토의가 잘 이루어지려면 필요한 태도

- 서로 의견을 존중하는 태도
- 친구의 의견을 끝까지 듣고 자신의 의견을 말하는 태도
- 의견을 말할 때 까닭을 자세히 말하는 태도

토의 주제에 대한 의견 마련하기 (예)

토의 주제	학급의 날을 어떻게 보내면 좋을까요?
의견	우리 학교의 역사를 찾아봅시다.
의견의 좋은 점	우리 학교의 역사를 알아보면 학교가 어떤 과정으로 바뀌어 왔는지 알 수 있습니다.

낱말 사전

★ 토의 어떤 문제를 여러 사람이 협력해 해결하는 방법.
★ 협력 힘을 합하여 서로 도움.
★ 절차 일을 치르는 데 거쳐야 하는 순서나 방법.

6단원

1 어떤 문제를 여러 사람이 협력해 해결하는 방법을 ☐☐ 라고 합니다.

2 토의의 절차는 문제 상황, 토의 ☐☐ 정하기, 의견 마련하기, 의견 모으기, 의견 결정하기의 차례입니다.

3 토의 주제를 정할 때에는 토의 주제로 적절한지 ☐☐ 하는 과정을 거쳐서 토의 주제를 정합니다.

4 토의에서 의견을 마련할 때에는 의견과 그 의견에 대한 ☐☐ 을/를 제시해야 합니다.

5 토의에서 의견을 모을 때에는 의견이 알맞은지 판단할 수 있는 ☐☐ 을/를 세워야 합니다.

6 토의 주제로 적절한지 알기 위해서는 주제가 우리 모두와 관련이 있는 문제인지, ☐☐ 할 수 있는 문제인지 살펴봅니다.

7 의견을 모을 때에는 다른 사람의 ☐☐ 을/를 끝까지 듣고 자신의 의견을 말합니다.

8 토의에서 의견을 모을 때에는 ☐☐ 보다 장점이 많은 의견을 골라 봅니다.

9 토의에서 의견을 결정할 때에는 토의 ☐☐ 에 맞는 의견을 선택합니다.

10 글을 읽고 토의할 때에는 글에 나타난 ☐☐ 상황을 파악해서 토의 주제를 정합니다.

도움말

1. 주변에서 일어난 문제를 여러 사람이 모여서 해결하려고 하는 것이 무엇인지 생각해 봅니다.

핵심 1

1 다음 그림과 같이 어떤 문제를 여러 사람이 협력해 해결하는 방법을 무엇이라고 하는지 쓰시오.

> 1학년을 안전하게 보호하는 것도 중요하지만 무조건 운동장을 못쓰게 하면 안 된다고 생각합니다.

> 하지만 우리가 축구를 하고 싶다고 해서 다른 사람을 위험하게 할 수는 없어요.

> 지난번에 1학년 동생이 운동장에서 축구공에 맞아 다쳤습니다. 이와 같은 사고를 막으면서 운동장을 안전하게 쓰려면 어떻게 해야 할까요?

> 1학년이 수업을 마치고 집으로 가는 시간을 피해 축구를 하는 시간을 정하면 어떨까요?

( )

핵심 2

2. 토의의 절차를 파악해 봅니다.

2 토의의 절차에 맞게 기호를 쓰시오.

> ㉮ 의견 모으기　　　　　㉯ 의견 결정하기
> ㉰ 의견 마련하기　　　　　㉱ 토의 주제 정하기

㉱ ➡ ( ) ➡ ( ) ➡ (

핵심 2

3. 다음의 기준들은 어떤 활동을 할 때 필요한 것인지 생각해 봅니다.

3 다음은 무엇을 판단할 때 필요한 기준인지 ○표를 하시오.

> • 우리 모두와 관련이 있는 주제인가?
> • 해결 방법을 찾을 수 있는 주제인가?
> • 우리가 변화를 이끌어 낼 수 있는가?

(1) 적절한 토의 주제　　　　　　　　　　　　(
(2) 적절한 문제 상황　　　　　　　　　　　　(
(3) 적절한 토의 시간　　　　　　　　　　　　(

핵심 2

4 토의 주제에 대한 자신의 의견을 마련하는 알맞은 방법은 어느 것입니까?

( )

① 자신의 의견만 말한다.
② 자신의 의견과 의견의 좋은 점을 말한다.
③ 자신의 의견과 의견의 고칠 점을 말한다.
④ 자신의 의견과 그렇게 생각한 때를 말한다.
⑤ 자신의 의견을 따르지 않으면 불리한 점을 말한다.

> **도움말**
>
> 4. 의견을 마련할 때 고려해야 할 점이 무엇인지 생각해 봅니다.

핵심 3

5 다음은 토의 절차 가운데에서 언제 해야 할 일인지 쓰시오.

- 친구들과 의견 주고받기
- 각 의견의 장단점 찾기
- 의견이 알맞은지 판단할 기준 세우기
- 기준에 따라 의견이 알맞은지 판단하기

( )

> 5. 의견을 주고 받으며 알맞은지 판단할 때는 언제인지 생각해 봅니다.

핵심 4

6 글을 읽고 토의할 때 가장 먼저 할 일에 ○표를 하시오.

⑴ 친구의 의견을 잘 듣는다. ( )
⑵ 글을 읽고 문제 상황을 파악한다. ( )
⑶ 여러 가지 의견의 타당성을 판단한다. ( )

> 6. 글을 읽고 토의의 절차에 따라 토의를 할 수 있습니다.

6. 토의하여 해결해요

국어 184~211쪽

1 그림에서 의견을 나누고 있는 문제는 무엇입니까?

( )

① 독서 시간 활용 방법
② 모둠 숙제 해결 방법
③ 체험 학습 장소 정하기 방법
④ 점심시간에 배식을 하는 방법
⑤ 점심시간에 운동장을 안전하게 쓰는 방법

2 그림 ②에서 문제를 해결한 과정에 ○표를 하시오.

(1) 공고문으로 결정 내용을 전달했다. ( )
(2) 학생들이 모여서 구체적으로 의논했다. ( )

중요

3 그림 ④와 같은 말하기를 무엇이라고 합니까?

( )

① 연설
② 발표
③ 토의
④ 토론
⑤ 자기소개

주의

4 토의가 필요한 까닭으로 알맞지 <u>않은</u> 것은 어느 것입니까? ( )

① 시간을 절약할 수 있다.
② 상황을 더 잘 이해할 수 있다.
③ 결정된 내용을 잘 받아들일 수 있다.
④ 문제 해결 방법에 직접 참여할 수 있다.
⑤ 적절한 문제 해결 방법을 찾을 수 있다.

5 생활 주변에서 토의가 필요한 경우로 알맞은 것은 어느 것입니까? ( )

① 숙제를 할 때
② 책을 읽을 때
③ 심부름을 할 때
④ 자신의 방 청소를 할 때
⑤ 모둠 과제 역할을 정할 때

6 토의 주제를 정하는 차례대로 번호를 쓰시오.

(1) 토의 주제 결정하기 (　　　)

(2) 토의 주제로 알맞은지 판단하기 (　　　)

(3) 토의하고 싶은 주제를 자유롭게 이야기하기

(　　　)

7 토의 주제로 알맞은 것을 두 가지 고르시오.

(　　,　　)

① 나만의 문제여야 한다.

② 자신만이 지킬 수 있는 주제여야 한다.

③ 해결 방법을 찾을 수 있는 주제여야 한다.

④ 토의 주제로 자주 사용하는 주제여야 한다.

⑤ 우리가 변화를 이끌어 낼 수 있는 주제여야 한다.

8 토의에서 다음과 같이 의견을 말할 때 어떤 문제가 있습니까? (　　　)

이번 개교기념일에 무조건 학교 상징을 바꿨으면 좋겠습니다.

① 실현하기 어렵다.

② 토의 주제와 맞지 않다.

③ 당연한 의견을 제시했다.

④ 타당한 근거를 제시하지 않았다.

⑤ 자신의 의견을 너무 여러 가지 제시했다.

9 다음 그림에서 의견을 모을 때 재우가 잘못한 점을 모두 고르시오. (　　,　　,　　)

① 말을 끝까지 하지 않았다.

② 친구의 말을 끝까지 듣지 않았다.

③ 손을 들고 말할 기회를 얻지 않았다.

④ 여러 개의 까닭을 들어 의견을 제시했다.

⑤ 반말로 이야기하며 친구의 의견을 존중하지 않았다.

서술형

10 토의 주제 '개교기념일을 의미 있게 보내는 방법'에 대한 다음 두 의견 가운데에서 어떤 의견이 타당한지 결정할 때 알맞은 기준을 한 가지 더 쓰시오.

의견 1	의견 2
삼행시 짓기 대회를 하자.	학교 역사 찾기 행사를 하자.

기준 1	단점보다 장점이 많은 의견인가?
기준 2	
기준 3	학생들이 많이 참여할 수 있는 의견인가?

중요

11 자신의 의견을 쓸 때 고려할 점을 모두 고르시오.
(, ,)

① 실천할 수 있어야 한다.
② 알맞은 근거를 들어야 한다.
③ 토의 주제를 벗어나지 않아야 한다.
④ 단점이 한 가지도 없는 의견이어야 한다.
⑤ 자신만이 생각할 수 있는 독특한 의견이어야 한다.

13 다음 의견에 알맞은 장점과 단점을 보기 에서 찾아 기호를 쓰시오.

> '찾아가는 선배들' 활동을 했으면 좋겠습니다.

보기

> ㉠ 우리끼리 즐겁게 노는 것으로 다 써 버리는 점은 아쉽다.
> ㉡ 우리의 장기를 활용해 후배들과 즐겁고 뜻깊은 시간을 보낼 수 있다.
> ㉢ 학급의 날을 재밌게 보낼 수 있으며 친구들을 좀 더 잘 알 수 있다.
> ㉣ 1~2학년 가운데 신청하는 학급을 조사해야 하고, 모둠을 나누어 연습하는 등 준비할 점이 많다.

⑴ 장점: ( )
⑵ 단점: ( )

12~14 다음 토의 주제를 보고 물음에 답하시오.

토의 주제	학급의 날을 어떻게 보내면 좋을까요?

서술형

12 이 토의 주제에 대해 하고 싶은 활동을 다음과 같이 제시했습니다. 이 의견의 좋은 점을 생각해 쓰시오.

자신의 의견	학교에서 우리가 도움을 줄 수 있는 곳을 찾아보면 좋겠습니다. 1~2학년 동생들이나 학교 곳곳에 우리 반이 도와줄 수 있는 부분이 있을 것이라고 생각합니다.
좋은 점	

14 토의 주제에 대한 다음 의견 가운데 어떤 의견이 알맞은지 판단할 수 있는 기준으로 알맞은 것을 두 가지 고르시오. (,)

의견 1	'찾아가는 선배들' 활동을 했으면 좋겠습니다.
의견 2	우리 반 장기 자랑을 했으면 좋겠습니다.

① 빨리 마칠 수 있는 의견인가?
② 집에서 할 수 있는 의견인가?
③ 혼자서도 할 수 있는 의견인가?
④ 즐거움과 보람을 함께 얻을 수 있는 의견인가?
⑤ 우리 반 친구들이 모두 참여할 수 있는 의견인가?

15~16 다음 글을 읽고 물음에 답하시오.

주장	㉠
근거	효과적인 안전 교육을 할 수 있고 안전하지 않은 곳을 널리 알릴 수 있기 때문이다.
좋은 점	학교 안전 지도를 만들기 위해서는 여러 친구가 학교 곳곳을 살펴봐야 하기 때문에 학생들의 참여를 높일 수 있다.

15 ㉠에 들어갈 주장은 무엇이겠습니까? (   )

① 안전 교육을 받자.
② 학교에서 지도를 판매하자.
③ 학교에서 보물 찾기를 하자.
④ 우리 학교 안전 지도를 만들자.
⑤ 지도에 우리 학교가 나왔는지 찾아보자.

16 위의 주장을 보고 자신이 생각한 좋은 점을 한 가지 쓰시오.

_____

_____

_____

17 의견 모으기 과정에서 친구의 의견이 알맞은지 살펴보는 기준으로 옳지 <u>않은</u> 것을 두 가지 고르시오.
(,   )

① 실천하기 쉬운지 살펴본다.
② 실천할 수 있는지 살펴본다.
③ 인기가 많은 의견인지 살펴본다.
④ 토의 주제에 맞는 내용인지 살펴본다.
⑤ 알맞은 주장과 근거를 들었는지 살펴본다.

18~20 다음 그림을 보고 물음에 답하시오.

18 이 그림에서 해결해야 할 문제 상황은 무엇입니까?
(   )

① 독서하는 시간이 부족하다.
② 도서관 이용 방법이 어렵다.
③ 도서관에서 떠드는 친구가 있다.
④ 도서관에 새로 들어온 책이 부족하다.
⑤ 책꽂이가 너무 높아서 도서관을 편리하게 이용하지 못한다.

서술형

19 이 문제 상황을 해결할 수 있는 토의 주제로 알맞은 것을 한 가지 쓰시오.

_____

_____

_____

20 문제 19번에서 정한 토의 주제에 대한 자신의 의견을 정리할 때 함께 제시해야 하는 것은 무엇입니까?
(   )

① 의견의 좋은 점
② 의견의 부족한 점
③ 의견에서 고칠 점
④ 다른 친구의 의견의 단점
⑤ 의견을 따르지 않았을 때의 문제점

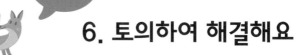

1~4 다음 그림을 보고 물음에 답하시오.

1 그림 ㉮에서 공고문의 내용은 무엇입니까?

( )

① 점심시간에 1학년부터 배식을 한다.
② 점심시간에 운동장을 사용하지 못한다.
③ 점심시간에 1학년만 운동장을 사용한다.
④ 점심시간에 6학년이 운동장을 먼저 사용한다.
⑤ 1학년이 수업을 마치고 집으로 갈 때에는 운동장을 사용 할 수 없다.

2 그림 ㉮와 ㉯에서 문제를 해결한 과정에 맞게 선으로 이으시오.

(1) 그림 ㉮ • • ㉠ 토의로 해결 방법을 찾음.

(2) 그림 ㉯ • • ㉡ 공고문으로 결정 내용을 전달함.

3 그림 ㉯에서 ㉮의 공고문과 반대되는 의견에 ○표를 하시오.

⑴ 우리가 축구를 하고 싶다고 해서 다른 사람을 위험하게 할 수는 없다. ( )
⑵ 1학년을 안전하게 보호하는 것도 중요하지만 무조건 운동장을 못 쓰게 하면 안 된다고 생각한다. ( )

4 그림 ㉯와 같이 문제를 해결하면 좋은 점을 모두 고르시오. (, ,)

① 문제 상황을 몰라도 된다.
② 상황을 잘 이해할 수 있다.
③ 문제 해결에 직접 참여할 수 있다.
④ 결정된 의견을 잘 받아들일 수 있다.
⑤ 문제가 해결되었는지 빨리 알 수 있다.

서술형

5 생활 주변에서 토의를 해서 문제를 해결한 경험을 떠올려 쓰시오.

_____

_____

다음 그림을 보고 물음에 답하시오.

6 그림 ㉮에서 토의를 해야 하는 문제 상황은 무엇입니까? (   )

① 어린이날 행사
② 자율 활동 결정
③ 개교기념일 행사
④ 학급의 당번 정하기
⑤ 체험학습 장소 결정

7 토의 주제를 정할 때 그림 ㉯에서 가장 먼저 한 일은 무엇입니까? (   )

① 토의의 필요성 이야기하기
② 토의하는 까닭 이야기하기
③ 누구 의견을 따를지 결정하기
④ 누가 먼저 의견을 말할지 정하기
⑤ 토의하고 싶은 주제를 자유롭게 이야기하기

8 토의 주제로 알맞은지 판단하는 기준을 말한 것으로 알맞지 않은 것에 ○표를 하시오.

(1) 우리 모두와 관련한 주제여야 하지 않을까요?   (   )

(2) 우리가 변화를 이끌어 낼 수 있는 주제인가요?   (   )

(3) 짧은 시간에 토의를 끝낼 수 있는 주제인가요?   (   )

9 토의 주제로 알맞은 것은 무엇입니까? (   )

① 개교기념일을 정한 의미
② 개교기념일에 만날 친구
③ 개교기념일에 입을 복장
④ 개교기념일에 집에서 할 일
⑤ 개교기념일을 의미 있게 보내는 방법

서술형

10 이 토의 주제에 대해 자신의 의견을 말할 때 아래 그림에서 어떤 문제가 있는지 쓰시오.

우리 학교의 자랑거리를 찾으면 좋겠습니다. 저는 우리 학교 도서관이 참 편리해서 자주 가거든요. 제가 지금까지 대출한 책만 해도 200권이 넘습니다.

_____

_____

11 다음 그림의 의견을 모으는 절차에서 남자아이가 잘못한 점은 무엇입니까? (   )

그냥 학교 안 오면 좋겠다.

개교기념일을 뜻깊게 보내는 방법을 발표해 주세요.

① 친구들을 바라보지 않고 말했다.
② 친구들을 무시하는 표정을 지었다.
③ 자신의 의견을 너무 여러 가지 제시했다.
④ 자신의 의견을 제시하는 까닭을 설명하지 않았다.
⑤ 자신의 의견을 제시하는 까닭을 너무 길게 설명했다.

서술형

12 다음 의견의 단점을 쓰시오.

학교 역사 찾기 행사를 하면 좋겠습니다. 학교 역사를 찾아보면 학교가 어떤 과정으로 바뀌어 왔는지 알 수 있기 때문입니다.

_____

_____

13 의견을 모을 때 주의할 점을 모두 고르시오.
(,   ,   )

① 토의 주제와 관련한 의견을 말한다.
② 다른 사람의 의견을 존중하며 듣는다.
③ 항상 자신의 주장을 가장 먼저 말한다.
④ 친구의 의견을 들을 때 자신의 의견을 생각한다.
⑤ 다른 사람의 의견을 끝까지 듣고 자신의 의견을 말한다.

14 다음 의견에 대한 장점을 말한 것의 기호를 쓰시오.

학교 이름으로 삼행시 짓기 대회를 열면 좋겠습니다. 삼행시 짓기는 학생들이 쉽게 참여할 수 있기 때문입니다.

㉮ 학교 옛 사진 찾기나 연대표 만들기 활동을 하면 학교 역사도 흥미롭게 알아볼 수 있어요.
㉯ 삼행시 짓기 활동을 대회로 열면 학생들의 관심을 높일 수 있어요.
㉰ 삼행시의 내용이 학교와 상관없을 수도 있어요.

(   )

15 토의에서 의견을 결정하는 방법을 두 가지 고르시오.
(,   )

① 알맞은 의견을 정한다.
② 장점보다 단점이 많은 의견을 택한다.
③ 단점이 비해 장점이 많은 의견을 택한다.
④ 선생님께서 좋아하실 만한 의견을 택한다.
⑤ 가장 많은 친구들이 여러 번 말한 의견을 택한다.

 다음 그림을 보고 물음에 답하시오.

18~19 다음 글을 읽고 물음에 답하시오.

b 단원

> 다음 주 가운데 하루를 학급의 날로 잡아서 여러분이 계획한 대로 보내려고 합니다.

> 무엇을 하면 좋을까?

체육 수업을 하러 운동장에 나가려고 줄을 설 때마다 친구들이 늦게 옵니다. 그래서 줄을 빨리 선 친구들은 매번 늦게 오는 친구들을 기다려야 합니다. 줄을 늦게 서서 체육 수업 시간이 줄어든 때도 있습니다.

그래서 저는   ⑤   으로 3분 모래시계 사용하기와 학급 칭찬 점수와 연결하기를 제안합니다.

가장 먼저 줄을 서는 친구가 모래시계를 뒤집어 놓고 친구들에게 줄 서는 시간임을 알려 줍니다. 이렇게 하면 남은 시간을 확인하기 쉬워서 친구들이 좀 더 빨리 준비할 수 있습니다. 그리고 정해진 시간 안에 줄을 섰을 때 학급 칭찬 점수가 오르면 칭찬 점수를 잘 받기 위해 친구들이 더욱 열심히 참여할 것입니다.

16 이 그림에 나타난 고민을 해결하는 토의 주제로 알맞은 것은 무엇입니까? (   )

① 학급 규칙을 어떻게 잘 지킬까요?
② 책을 많이 읽는 방법은 무엇일까요?
③ 학급의 날을 어떻게 보내면 좋을까요?
④ 학교에서 핸드폰을 어떻게 사용할까요?
⑤ 도움이 필요한 친구를 어떻게 도와줄까요?

18 토의의 절차와 방법 가운데 이 글에 나타나지 않은 것은 무엇입니까? (   )

① 내 의견   ② 문제 상황
③ 토의 주제   ④ 의견의 좋은 점
⑤ 의견의 나쁜 점

19 ⑤에 들어갈 토의 주제는 무엇이겠습니까?

(   )

① 친구를 기다리는 방법
② 줄다리기를 잘하는 방법
③ 우리 반 칭찬 점수를 올리는 방법
④ 운동회를 재미있게 참여하는 방법
⑤ 운동장에 나갈 때 빨리 줄을 설 수 있는 방법

서술형

17 이 주제에 대한 다음과 같은 의견에 알맞은 좋은 점은 무엇인지 쓰시오.

자신의 의견	'찾아가는 선배들' 활동을 했으면 좋겠다.
의견의 좋은 점	

20 토의할 때 지켜야 할 점을 모두 고르시오.

(,   ,   )

① 의견의 장단점을 생각하며 듣는다.
② 다른 사람 의견을 존중하며 말한다.
③ 의견이 생각날 때마다 바로 말한다.
④ 토의 주제를 벗어난 의견을 말하지 않는다.
⑤ 자신의 의견이 없을 때 토의에 참여하지 않는다.

창의서술형 평가

1~3

지난번에 1학년 동생이 운동장에서 축구공에 맞아 다쳤습니다. 이와 같은 사고를 막으면서 운동장을 안전하게 쓰려면 어떻게 해야 할까요?

1학년을 안전하게 보호하는 것도 중요하지만 무조건 운동장을 못 쓰게 하면 안 된다고 생각합니다.

하지만 우리가 축구를 하고 싶다고 해서 다른 사람을 위험하게 할 수는 없어요.

1학년이 수업을 마치고 집으로 가는 시간을 피해 축구를 하는 시간을 정하면 어떨까요?

1 이 그림에서 토의 주제는 무엇인지 쓰시오.

_____

2 이 그림에 나타난 의견을 보고, 자신의 의견을 좋은 점을 들어 쓰시오.

	그림의 의견	자신의 의견
의견	1학년이 수업을 마치고 집으로 가는 시간을 피해 축구를 하는 시간을 정하자.	(1)
의견의 좋은 점	축구를 할 수도 있고 1학년 동생이 안전하게 집에 갈 수 있다.	(2)

3 문제 **2**번에서 제시한 의견이 타당한지 검토할 수 있는 기준을 세 가지 쓰시오.

(1) 기준 1: _____

(2) 기준 2: _____

(3) 기준 3: _____

이번 조사 활동을 할 때 역할을 어떻게 나누면 좋을까?

도움말

⭐ 조사 활동을 할 때 역할을 정하고 있는 장면입니다.

4 이 그림에 나타난 문제 상황은 무엇인지 쓰시오.

_____

4 토의 주제를 정하려면 문제 상황을 파악 해야 합니다.

5 이 그림에 나타난 문제 상황을 해결하기 위한 토의 주제를 다음의 조건에 맞게 정해 쓰시오.

토의 주제 조건

- 우리 모두와 관련이 있는 주제여야 한다.
- 해결 방법을 찾을 수 있는 주제여야 한다.
- 우리가 변화를 이끌어 낼 수 있는 주제여야 한다.

_____

5 자유롭게 토의 주제를 생각해 본 뒤에 조 건에 맞는 토의 주제를 정합니다.

6 문제 **5**번에서 정한 토의 주제에 자신의 의견과 의견의 좋은 점을 쓰시오.

(1) 의견	
(2) 좋은 점	

6 토의 주제와 관련이 있는 자신의 의견을 알맞은 근거를 들어 씁니다.

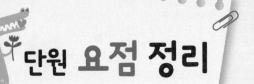

단원 요점 정리   7. 기행문을 써요

핵심 1 ★**기행문을 읽거나 쓴 경험 이야기하기**

- 여행 경험을 쓴 글을 읽은 경험 말하기 ⑩
  - 제주도로 여행을 가기 전에 여행 안내서를 찾아 보았습니다.
  - 어머니께서 가족 여행을 다녀와서 누리 사랑방에 올리신 여행 후기를 읽어 보았습니다.
  - 신라 시대 때 혜초 스님이 쓴 『왕오천축국전』을 읽었습니다.
- 여행 경험을 글로 쓴 경험 말하기
  ⑩ 아버지와 남도 순례를 하고 나서 일기를 쓴 적이 있습니다.

> **여행하면서 보고 느낀 점을 글로 쓰면 좋은 점**
> - 여행하면서 보고 들은 것을 나중에 알 수 있습니다.
> - 여행했을 때의 기분을 잘 간직할 수 있습니다.
> - 여행했던 경험을 다시 느낄 수 있습니다.

핵심 2 **기행문의 특성 파악하기** → 기행문은 일기, 편지, 생활문과 같은 여러 가지 형식으로 표현할 수 있습니다.

- 기행문: 여정을 기록하고, 여행으로 얻은 견문과 감상을 쓴 글

	뜻	⑩
★여정	여행하면서 다닌 곳	다음 날 우리는 한라산으로 향했다.
★견문	여행하면서 보고 들은 것	제주도와 연결된 서쪽을 제외한 성산 일출봉의 동·남·북쪽 외벽은 깎아 내린 듯한 절벽으로 바다와 맞닿아 있다.
★감상	여행하면서 생각하거나 느낀 것	오르면 오를수록 이 수직의 기암들이 점점 더 하늘로 치솟아 올라 신비스럽고도 웅장한 모습에 절로 감탄이 나온다.

핵심 3 **여정, 견문, 감상이 드러나게 기행문 쓰기** ← 여행할 때 메모를 하면 기행문을 쓸 때 유용합니다.

- 여행한 경험을 떠올립니다.
- 떠올린 여행 경험을 기행문으로 쓸 준비하기
  - 기행문을 쓰는 목적, 장소를 고른 까닭, 글을 읽을 사람, 필요한 자료 등
- 기행문은 친구에게 여행지를 알리거나 여행지에서 새로 느낀 감상을 오래 기억하려고 쓰기도 합니다.
- 글로 쓰고 싶은 여행 경험을 처음-가운데-끝의 구조에 따라 개요짜기를 합니다.

	뜻
처음	• 여행한 까닭이나 목적 • 여행을 떠나기 전의 기대와 설렘, 떠날 때 날씨와 교통편, 도착할 때까지 걸린 시간이나 여행 일정 소개 따위를 보태어 짤 수도 있음.
가운데	• 여행지에서 다닌 곳, 보고 들은 것, 생각하거나 느낀 것과 같이 여행하면서 있었던 일 • 인상 깊은 경험이나 이야기, 이동하면서 겪은 일이나 느낌, 새롭게 안 사실, 출발 전에 조사한 여행지 자료 따위를 보태어 짤 수도 있음.
끝	• 여행의 전체 감상 • 여행한 뒤에 한 다짐, 반성, 만족감, 아쉬운 점, 바라는 점, 앞으로 있을 계획이나 각오, 달라진 생각이나 태도 따위를 나타낼 수 있음.

- 기행문을 쓸 때의 표현
  - 시간과 장소가 잘 드러나게 나타냅니다.
  - 보고 들은 내용을 생생하고 자세히 풀어 나타냅니다.
  - 생각이나 느낌도 함께 나타냅니다.
- 기행문을 쓰는 방법
  - 기행문은 시간 순서대로 쓰며, 처음-가운데-끝의 구조, 여정을 중심으로 견문과 감상을 고루 씁니다.
  - 여행지를 다녀온 차례대로 글을 씁니다.
  - 여행할 때 적어두면 기행문을 쓸 때 좋습니다.

여정, 견문, 감상을 드러내는 표현

- 여정: '먼저, 이른 아침에' 따위와 같은 시간 표현, '~에 도착했다, ~(으)로 갔다' 따위의 장소 표현을 씁니다.
- 견문: 본 것은 '~을/를 보다, ~이/가 있다', 들은 것은 '~(이)라고 한다, 을/를 듣다.' 따위의 표현이 있습니다.
- 감상: '~처럼, 같이'와 같이 비유를 사용하는 경우가 많습니다. '느끼다, 생각하다'라는 낱말을 사용하기도 합니다.

여행지 안내장을 만드는 과정

- 소개하고 싶은 여행지를 정합니다.
- 여행지와 관련 있는 자료를 모읍니다.
- 여행지를 소개하는 안내장의 형태를 고릅니다.
- 여행지를 소개하는 안내장을 만듭니다.
- 박람회를 열고 감상합니다.

여행지 안내장을 만들기 위한 자료를 모으는 방법

- 여행지에서 찍은 사진이나 기록한 내용, 여행지에 대한 책, 지역 시(도), 구(군)청의 누리집, 여행지 관련 안내서, 텔레비전 여행 프로그램 등

낱말 사전

- ★ 기행문 여행으로 얻은 견문과 감상을 쓴 글.
- ★ 여정 여행의 과정이나 일정.
- ★ 견문 여행하며 보거나 들어서 안 것.
- ★ 감상 견문에 대한 생각이나 느낌.

---

1 여행하며 보고 느낀 점을 ☐로 쓰면 여행하면서 보고 들었던 것을 나중에 알 수 있습니다.

2 여행하면서 다닌 곳을 ☐☐이라고 합니다.

3 여행하면서 보고 들은 것을 ☐☐이라고 합니다.

4 여행하면서 생각하거나 느낀 것을 ☐☐이라고 합니다.

5 여정을 기록하고, 여행으로 얻은 견문과 감상을 쓴 글을 ☐☐☐이라고 합니다.

6 기행문의 처음 부분에서는 여행한 까닭이나 ☐☐이 나타나야 합니다.

7 기행문의 ☐☐☐ 부분에서는 여행하면서 있었던 일이 나타나야 합니다.

8 기행문의 끝부분에서는 여행의 전체 ☐☐이 나타나야 합니다.

9 기행문에서는 ☐☐과 장소가 잘 드러나게 나타내야 합니다.

10 기행문에서는 보고 들은 내용을 생생하고 풀어 나타내야 합니다.

7. 기행문을 써요

도움말

1. 경험한 것을 글로 남기면 시간이 지나도 잘 확인할 수 있습니다.

2. 기행문에는 여정, 견문, 감상이 잘 드러나 있습니다.

3. 시간이나 장소를 나타낸 표현인지, 보거나 들은 것을 나타낸 표현인지, 생각하거나 느낀 것을 나타낸 표현인지 살펴봅니다.

핵심 1

1 다음 그림에서 서윤이는 어떤 경험을 말하고 있는지 빈칸에 알맞은 말을 쓰시오.

서윤아, 너도 지난해 방학 때 제주도 여행 다녀오지 않았어?

응, 여행하면서 세계 자연 유산을 많이 알 수 있었어.

어디어디 다녀왔는데?

한라산, 거문오름, 만장굴, 성산 일출봉을 다녀왔어.

( )한 경험

핵심 2

2 기행문의 여정, 견문 감상을 찾아 선으로 이으시오.

(1) 여정 •

(2) 견문 •

(3) 감상 •

• ㉠ 여행하면서 보고 들은 것

• ㉡ 여행하면서 다닌 곳

• ㉢ 여행하면서 생각하거나 느낀 것

핵심 2

3 다음은 기행문의 여정, 견문, 감상 가운데에서 무엇인지 ○표를 하시오.

- 순천만 습지에서 농게와 짱뚱어를 보았다.
- 불국사에는 청운교와 백운교가 있다.
- 창덕궁을 유네스코 세계 문화유산으로 올렸다고 한다.

(1) 여정 ( )
(2) 견문 ( )
(3) 감상 ( )

핵심 2

4 다음은 어떤 글을 쓰기 위해 준비한 것입니까? (   )

글을 쓰는 목적	친구들에게 내 경험을 알려 주려고
그 장소를 고른 까닭	해인사에서 봤던 팔만대장경이 기억에 많이 남아서
글을 읽을 사람	우리 반 친구들
필요한 자료	사진, 입장권 따위

① 광고문
② 기행문
③ 이야기 글
④ 주장하는 글
⑤ 설명하는 글

핵심 3

5 다음은 기행문의 처음, 가운데, 끝부분 가운데에서 어느 부분에 들어가야 할 내용인지 쓰시오.

> • 여행하면서 다닌 곳, 보고 들은 것, 생각하거나 느낀 것과 같이 여행하면서 있었던 일
> • 인상 깊은 경험이나 이야기, 이동하면서 겪은 일이나 느낌, 새롭게 안 사실, 출발 전에 조사한 여행지 자료

(   ) 부분

핵심 3

6 기행문을 쓸 때 표현하는 방법에 맞게 빈칸에 알맞은 말을 쓰시오.

(1) (   )과/와 장소가 잘 드러나게 나타낸다.
(2) (   ) 내용을 생생하고 자세히 풀어 나타낸다.
(3) (   )도 함께 나타낸다.

1 다음 친구들 가운데에서 자신이 재미있게 여행한 경험을 바르게 말한 친구는 누구인지 쓰시오.

현아: 한라산에 가 보고 싶어.

준영: 가족과 지리산 등반한 것이 기억에 남아.

이람: 지리산에 반달곰이 산대.

(   )

[2~4] 다음 대화를 보고 물음에 답하시오.

현석아, 방학 때 제주도 여행 잘 다녀왔어? 재미있었니?

응, 재미있었어.

어디어디 다녀왔어?

삼나무 숲길을 걸었는데…… 거기 이름이 뭐더라, 여행할 때에는 다 기억할 것 같았는데…….

여행하고 나서 글로 남겨 놓지 않았구나?

글? 무슨 글을 말하는 거지?

기행문

2 현석이가 방학에 한 일은 무엇입니까? (   )

① 기행문을 썼다.

② 지리산에 올랐다.

③ 제주도로 여행을 다녀왔다.

④ 글쓰기 대회에서 상을 받았다.

⑤ 그림 그리기 대회에 참가했다.

3 현석이가 여자아이의 질문에 제대로 대답하지 못한 까닭은 무엇입니까? (   )

① 시간이 없어서

② 좋은 추억이 없어서

③ 여행을 다녀오지 못해서

④ 여행 기록이 너무 많아서

⑤ 여행 기록을 남겨 놓지 않아서

서술형

4 이 대화를 보고 생각하거나 느낀 점을 쓰시오.

_____

_____

중요

5 여행하며 보고 느낀 점을 글로 쓰면 좋은 점으로 알맞지 않은 것은 어느 것입니까? (   )

① 여행했던 경험을 다시 느낄 수 있다.

② 읽는 사람의 행동을 변화시킬 수 있다.

③ 다른 사람에게 여행 정보를 줄 수 있다.

④ 여행했을 때의 기분을 잘 간직할 수 있다.

⑤ 여행하면서 보고 들었던 것을 나중에 알 수 있다.

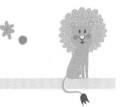

6~8 다음 글을 읽고 물음에 답하시오.

(가) 비행기가 선회하여 활주로로 들어설 때는 오른쪽과 왼쪽의 풍광이 교체되면서 제주의 들과 산이 섞바뀌어 모두 볼 수 있게 된다. 올 때마다 보는 제주의 전형적인 풍광이지만 그것이 철 따라 다르고 날씨 따라 다르기 때문에 언제나 신천지에 오는 것 같은 설렘을 느끼게 된다.

(나) ㉠제주의 동북쪽 구좌읍 세화리 송당리 일대는 크고 작은 무수한 오름이 저마다의 맵시를 자랑하며 드넓은 들판과 황무지에 오뚝하여 오름의 섬 제주에서도 오름이 가장 많고 아름다운 '오름의 왕국'이라고 했다. 그중에서도 다랑쉬 오름은 '오름의 여왕'이라고 불린다.

다랑쉬라는 이름의 유래에는 여러 설이 있으나 다랑쉬오름 남쪽에 있던 마을에서 보면 북사면을 차지하고 앉아 된바람을 막아 주는 오름의 분화구가 마치 달처럼 둥글어 보인다 하여 붙여졌다는 설이 가장 정겹다.

「돌하르방 어디 감수광」, 유홍준

6 여행에 대한 기대와 설렘이 잘 나타나 있는 글의 기호를 쓰시오.

글 (   )

7 오름에 대한 설명으로 알맞지 <u>않은</u> 것은 무엇입니까? (   )

① 제주도는 오름의 섬이다.
② 구좌읍에는 오름이 많지 않다.
③ 다랑쉬 오름은 '오름의 여왕'이라고 불린다.
④ 세화리 송당리 일대는 '오름의 왕국'이라고 했다.
⑤ 오름의 분화구가 달처럼 둥글어 보인다 하여 다랑쉬라는 이름이 붙여졌다는 설이 있다.

8 ㉠은 기행문의 여정, 견문, 감상 가운데에서 무엇인지 ○표를 하시오.

여정   견문   감상

9~10 다음 글을 읽고 물음에 답하시오.

오름 아랫자락에는 삼나무와 편백나무 조림지가 있어 제법 무성하다 싶지만 숲길을 벗어나면 이내 천연의 풀밭이 나오면서 시야가 갑자기 탁 트이고 사방이 멀리 조망된다. 경사면을 따라 불어오는 그 유명한 제주의 바람이 흐르는 땀을 씻어 주어 한여름이라도 더운 줄 모른다. 발길을 옮길 때마다, 한 굽이를 돌 때마다 시야는 점점 넓어지면서 가슴까지 시원하게 열린다.

성산 일출봉은 제주 답사의 기본 경로라 할 만큼 잘 알려져 있고, 영주 십경의 제1경이 '성산에 뜨는 해'인 성산 일출이며, 제주 올레 제1경로가 시작되는 곳일 만큼 제주의 중요한 상징이기도 하다.

㉠제주도와 연결된 서쪽을 제외한 성산 일출봉의 동·남·북쪽 외벽은 깎아내린 듯한 절벽으로 바다와 맞닿아 있다. 일출봉의 서쪽은 고운 잔디 능선 위에 돌기둥과 수백 개의 기암이 우뚝우뚝 솟아 있는데 그 사이에 계단으로 만든 등산로가 나 있다.

9 다음 설명을 보고 글쓴이의 여정에 맞게 빈칸에 알맞은 말을 쓰시오.

- 제주 답사의 기본 경로라 할 수 있음.
- 영주 십경의 제1경임.
- 제주 올레 제1경로가 시작되는 곳임.
- 제주의 중요한 상징임.

(   )

중요

10 ㉠을 읽고 기행문의 특징에 맞는 것을 선으로 이으시오.

(1)   ㉠   •

• ㉮   여정
• ㉯   견문
• ㉰   감상

11~14 다음 글을 읽고 물음에 답하시오.

(가) 성산 일출봉은 제주 답사의 기본 경로라 할 만큼 잘 알려져 있고, 영주 십경의 제1경이 '성산에 뜨는 해'인 성산 일출이며, 제주 올레 제1경로가 시작되는 곳일 만큼 제주의 중요한 상징이기도 하다.

제주도와 연결된 서쪽을 제외한 성산 일출봉의 동·남·북쪽 외벽은 깎아내린 듯한 절벽으로 바다와 맞닿아 있다. 일출봉의 서쪽은 고운 잔디 능선 위에 돌기둥과 수백 개의 기암이 우뚝우뚝 솟아 있는데 그 사이에 계단으로 만든 등산로가 나 있다.

(나) 영실로 하산하면서 한라산의 아름다움을 만끽했다. 영실에 들어서면 이내 솔밭 사이로 시원한 계곡물이 흐른다. 본래 실이라는 이름이 붙은 곳은 계곡을 말하는 것으로 옛 기록에는 영곡으로 나오기도 한다. 언제 어느 때 가도 계곡 물소리와 바람소리, 거기에 계곡을 끼고 도는 안개가 신령스러워 영실이라는 이름에 값한다.

11 성산 일출봉이 제주의 중요한 상징인 까닭을 두 가지 고르시오. (,   )

① 제주 공항과 가깝다.
② 영주 십경의 제1경이다.
③ 가장 먼저 알려진 곳이다.
④ 사람들이 가장 많이 모여 산다.
⑤ 올레 제1경로가 시작되는 곳이다.

12 성산 일출봉의 서쪽에서 본 것은 무엇입니까?
(   )

① 넓고 넓은 바다
② 푸른 초원 위의 말
③ 깎아지른 듯한 절벽
④ 환상의 드라이브 코스
⑤ 고운 잔디 능선 위의 돌기둥과 수백 개의 기암

13 이 기행문에 나타나있지 않은 부분에 ○표를 하시오.

여정	견문	감상

14 '영실'이 옛 기록에는 어떤 이름으로 나오기도 하는지 쓰시오.

(   )

15 기행문에 대한 설명으로 알맞지 않은 것은 무엇입니까? (   )

① 여정은 여행하면서 다닌 곳을 말한다.
② 기행문을 쓸 때 상상을 보태어 쓸 수 있다.
③ 견문은 여행하면서 보고 들은 것을 말한다.
④ 감상은 여행하면서 생각하거나 느낀 것을 말한다.
⑤ 기행문은 일기, 편지, 생활문과 같은 여러 가지 형식으로 표현할 수 있다.

7
단원

16 기행문을 쓰는 차례대로 기호를 쓰시오.

> ㉠ 기행문 쓰기
> ㉡ 기행문을 쓸 준비하기
> ㉢ 기억에 남는 여행 장소 떠올리기
> ㉣ 기행문의 짜임을 생각하며 개요 짜기

(   ) ➡ (   ) ➡ (   ) ➡ (   )

18 기행문을 쓸 때 기행문의 가운데 부분에 써야 할 것은 무엇입니까? (   )

① 여행한 까닭
② 날씨와 교통편
③ 앞으로의 계획
④ 여행 일정 소개
⑤ 여정, 견문, 감상

19 기행문을 쓸 때 알맞은 표현 방법을 모두 고르시오.
(,   ,   )

① 생각이나 느낌을 쓴다.
② 간단하게 여정을 기록한다.
③ 다음 여행 장소를 간단히 나타낸다.
④ 시간과 장소가 잘 드러나게 나타낸다.
⑤ 보고 들은 내용을 생생하고 자세히 풀어서 나타낸다.

17 기행문으로 쓸 준비를 할 때 무엇을 준비해야 할지 다음 빈칸에 들어갈 말을 보기 에서 골라 기호를 쓰시오.

> **보기**
>
> ㉠ 필요한 자료
> ㉡ 글을 읽을 사람
> ㉢ 기행문을 쓰는 목적
> ㉣ 그 장소를 고른 까닭

(1) ( )	친구들에게 내 경험을 알려주려고
(2) ( )	해인사에서 봤던 팔만대장경이 기억에 많이 남아서
(3) ( )	우리 반 친구들
(4) ( )	사진, 입장권 따위

서술형

20 여행지 안내장을 만들 때 친구들에게 소개하고 싶은 여행지와 알릴 내용을 간단히 쓰시오.

_____

_____

_____

[1~3] 다음 대화를 보고 물음에 답하시오.

> 서윤아, 너도 지난 해 방학 때 제주도 여행 다녀오지 않았어?
>
> 음, 여행하면서 세계 자연 유산을 많이 알 수 있었어.
>
> 어디어디 다녀왔는데?
>
> 한라산, 거문오름, 만장굴, 성산일출봉을 다녀왔어.
>
> 서윤

> 서윤아, 너는 지난해에 갔다왔는데 그게 다 기억나?
>
> 그럼, 그때 찍은 사진과 함께 글로 남겨 놓으니 여행을 기억하기 좋더라.

1 서윤이가 작년 방학 때 다녀온 곳을 모두 고르시오.
(, ,)

① 우도
② 한라산
③ 만장굴
④ 남이섬
⑤ 성산 일출봉

2 서윤이가 여행으로 알게 된 것은 무엇입니까?
( )

① 천연기념물
② 세계 자연 유산
③ 우리나라 인쇄술
④ 우리나라 건축물
⑤ 우리나라 최고의 고인돌

서술형

3 서윤이가 뿌듯해한 까닭은 무엇인지 쓰시오.

_____

_____

_____

4 여행 경험을 기록한 글을 읽은 경험을 바르게 말한 것에 ○표를 하시오.

⑴ 연극을 하기 위해 대본을 읽어 본 적이 있다.
( )

⑵ 전교 어린이회장에 나가기 위해 쓴 연설문을 읽었다. ( )

⑶ 어머니께서 가족 여행을 다녀와서 누리 사랑방에 올리신 여행 후기를 읽어 보았다. ( )

5 여행하며 보고 느낀 점을 글로 쓰면 좋은 점을 모두 고르시오. (, ,)

① 홀가분하게 여행할 수 있다.
② 자신의 좋은 점을 알릴 수 있다.
③ 여행했을 때의 기분을 잘 간직할 수 있다.
④ 다른 사람에게 여행에 대한 정보를 줄 수 있다.
⑤ 여행하며 보고 들었던 것을 나중에 알 수 있다.

6~7 다음 글을 읽고 물음에 답하시오.

제주행 비행기를 탈 때면 나는 창가 쪽 자리를 선호한다. 하늘에서 보는 제주도의 풍광을 만끽하기 위해서다.

"저희 비행기는 잠시 후 제주 국제공항에 착륙하겠습니다. 안전벨트를 다시 매어 주십시오."

기내 방송이 나오면 나는 창가에 바짝 붙어 제주도가 나타나기를 기다린다. 비행기 왼쪽 좌석이면 한라산이 먼저 나타나고 오른쪽이면 쪽빛 바다와 맞닿아 둥글게 돌아가는 해안선이 시야에 펼쳐진다.

이윽고 비행기가 제주도 상공으로 들어오면 왼쪽 창밖으로는 오름의 산비탈에 수놓듯이 줄지어 있는 산담이 아름답고, 오른쪽 창밖으로는 삼나무 방풍림 속에 짙은 초록빛으로 자란 밭작물들이 싱그러워 보인다. 비행기가 선회하여 활주로로 들어설 때는 오른쪽과 왼쪽의 풍광이 교체되면서 제주의 들과 산이 섞바뀌어 모두 볼 수 있게 된다. 올 때마다 보는 제주의 전형적인 풍광이지만 그것이 철 따라 다르고 날씨 따라 다르기 때문에 언제나 신천지에 오는 것 같은 설렘을 느끼게 된다.

6 글쓴이가 제주행 비행기를 탈 때 창가 쪽 자리를 선호하는 까닭은 무엇인지 쓰시오.

(   )

7 글쓴이가 제주행 비행기를 탔을 때 느낀 기분은 어떠했습니까? (   )

① 너무 잘 알려진 곳이라 지루하다.
② 우울한 날씨로 기분이 좋지 않다.
③ 새로운 건축물이 많아서 신비롭다.
④ 힘든 여정이 기다리고 있어서 마음이 무겁다.
⑤ 언제나 신천지에 오는 것 같은 설렘을 느낀다.

8~10 다음 글을 읽고 물음에 답하시오.

㈎ 우리 답사의 첫 유적지는 한라산 산천단이었다.

㈏ 경사면을 따라 불어오는 그 유명한 제주의 바람이 흐르는 땀을 씻어 주어 한여름이라도 더운 줄 모른다. 발길을 옮길 때마다, 한 굽이를 돌 때마다 시야는 점점 넓어지면서 가슴까지 시원하게 열린다.

㈐ 제주도와 연결된 서쪽을 제외한 성산 일출봉의 동·남·북쪽 외벽은 깎아내린 듯한 절벽으로 바다와 맞닿아 있다. 일출봉의 서쪽은 고운 잔디 능선 위에 돌기둥과 수백 개의 기암이 우뚝우뚝 솟아 있는데 그 사이에 계단으로 만든 등산로가 나 있다. 전설에 따르면 설문대 할망은 일출봉 분화구를 빨래 바구니로 삼고 우도를 빨랫돌로 하여 옷을 매일 세탁했다고 한다.

8 글쓴이가 가장 먼저 간 곳은 어디입니까? (   )

① 오름
② 외돌개
③ 성산 일출봉
④ 한라산 산천단
⑤ 중문 관광 단지

9 기행문에 들어가야 할 내용에 맞게 ㈎~㈐을 선으로 이으시오.

(1)   ㈎ •   • ㉠   여행하면서 보고 들은 것

(2)   ㈏ •   • ㉡   여행하면서 다닌 곳

(3)   ㈐ •   • ㉢   여행하면서 생각하거나 느낀 것

10 설문대 할망은 무엇을 빨랫돌로 삼았는지 쓰시오.

(   )

11~15 다음 글을 읽고 물음에 답하시오.

(가) ㉠우리는 어리목에서 출발하여 만세 동산을 지나 1700 고지인 윗세오름까지 올라 그곳 산장 휴게소에서 준비해 간 도시락을 먹고 영실로 하산하면서 한라산의 아름다움을 만끽했다. 영실에 들어서면 이내 솔밭 사이로 시원한 계곡물이 흐른다. 본래 실이라는 이름이 붙은 곳은 계곡을 말하는 것으로 옛 기록에는 영곡으로 나오기도 한다. 언제 어느 때 가도 계곡 물소리와 바람소리, 거기에 계곡을 끼고 도는 안개가 신령스러워 영실이라는 이름에 값한다. 무더운 여름날 소나기라도 한차례 지나간 뒤라면 이 계곡을 두른 절벽 사이로 100여 미터의 폭포가 생겨 더욱 장관을 이룬다.

(나) ㉡언제 올라도 한라산 영실은 아름답다. 오백 장군봉을 안방에 드리운 병풍 그림처럼 둘러놓고, 그것을 멀찍이서 바라보며 느린 걸음으로 돌계단을 밟으며 바쁠 것도 힘들 것도 없이 오르노라면 마음이 들뜰 것도 같지만 거기엔 아름다움뿐만 아니라 장엄함과 아늑함이 곁들여 있기에 우리는 함부로 감정을 놀리지 못하고 아래 한 번, 위 한 번, 좌우로 한 번씩 발을 옮기며 그 풍광에 느긋이 취하게 된다.

11 ㉠과 ㉡ 가운데에서 다음에 해당하는 것의 기호를 쓰시오.

주로 시간과 장소를 나타내는 표현이 쓰임.

( )

12 영실에 대한 설명으로 알맞은 것은 무엇입니까?

( )

① 안개가 생기지 않는다.
② 소나기가 오지 않는다.
③ 언제 어느 때 가도 비가 온다.
④ 솔밭 사이로 시원한 계곡물이 흐른다.
⑤ 100여 미터의 폭포가 항상 흐르고 있어 장관을 이룬다.

13 옛 기록에 나오는 영실의 이름을 쓰시오.

( )

14 다음 중 ㉡과 성격이 같은 것은 어느 것입니까?

( )

① 우리는 버스를 타고 담양으로 갔다.
② 불국사에는 청운교와 백운교가 있다.
③ 다음 날 저녁에 들른 곳은 고창고인돌 박물관이다.
④ 현대 기술 수준을 앞선 우리 선조의 지혜가 자랑스럽게 느껴졌다.
⑤ 유리 벽 사이로라도 석굴암을 볼 수 있어 천만다행이라고 생각했다.

15 글쓴이가 영실을 오르며 생각한 것을 모두 고르시오.

(, ,)

① 멀어서 다가가기 힘들다.
② 신기한 풍광이 많아서 낯설다.
③ 영실은 언제 올라도 아름답다.
④ 장엄함과 아늑함이 곁들여 있다.
⑤ 영실을 오르다 보면 그 풍광에 느긋이 취하게 된다.

16 기행문으로 쓸 준비를 할 때 무엇을 준비해야 할지 다음 빈칸에 알맞은 말을 쓰시오.

(1)	친구들에게 내 경험을 알려주려고
(2)	해인사에서 봤던 팔만대장경이 기억에 많이 남아서
글을 읽을 사람	우리 반 친구들
필요한 자료	사진, 입장권 따위

17 기행문의 개요를 짤 때 처음, 가운데, 끝부분에 들어가야 할 내용을 찾아 기호를 쓰시오.

> ㉠ 여정, 견문, 감상
> ㉡ 여행의 목적, 여행에 대한 기대
> ㉢ 전체적인 감상과 더 알고 싶은 점

(1) 처음: (   )

(2) 가운데: (   )

(3) 끝: (   )

18 기행문을 쓸 때 알맞은 표현 방법이 <u>아닌</u> 것은 어느 것입니까? (   )

① 생각이나 느낌도 함께 쓴다.

② 여정을 시간의 차례대로 쓴다.

③ 시간과 장소가 잘 드러나게 표현한다.

④ 다른 친구의 기행문과 비교해 좋은 점을 쓴다.

⑤ 보고 들은 내용을 생생하고 자세히 풀어서 표현한다.

19 여행지 안내장을 만드는 차례대로 기호를 쓰시오.

> ㉠ 박람회 열고 감상하기
> ㉡ 소개하고 싶은 여행지 정하기
> ㉢ 여행지를 소개하는 안내장의 형태 고르기
> ㉣ 여행지와 관련 있는 자료 모으기
> ㉤ 여행지를 소개하는 안내장 만들기

(   ) ➡ (   ) ➡ (   ) ➡ (   ) ➡ ㉠

20 여행지 안내장에 들어갈 내용으로 알맞지 <u>않은</u> 것은 어느 것입니까? (   )

① 대표 음식

② 체험 시설

③ 지역 축제

④ 지역의 옛이야기

⑤ 방문한 사람들의 명단

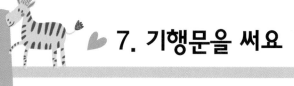
1 기행문을 쓰려고 할 때 자신이 가 본 곳 가운데에서 기억에 남는 곳을 떠올려 쓰시오.

_____

_____

1 여행하면서 가장 인상 깊었던 장소는 어디인지 생각해 봅니다.

2 문제 **1**번에서 떠올린 경험을 기행문으로 쓸 준비를 해 봅니다. 다음 표의 빈칸에 알맞은 말을 쓰시오.

기행문을 쓰는 목적	(1)
그 장소를 고른 까닭	(2)
글을 읽을 사람	(3)
필요한 자료	(4)

2 생생한 기행문이 되려면 사진이나 입장권 따위가 필요합니다.

3 문제 **2**번에서 준비한 내용을 바탕으로 기행문의 가운데 부분에 들어갈 내용을 간단하게 쓰시오.

여정	(1)
견문	(2)
감상	(3)

3 기행문에 들어갈 여행 장소와 보거나 들은 것, 생각하거나 느낀 것을 간단히 정리해 봅니다.

4 여행지 안내장을 이용하며 여행한 경험을 떠올려 보고, 여행지 안내장을 이용하면 좋은 점은 무엇인지 쓰시오.

_____

_____

도움말

⭐ 여행지 안내장 만드는 방법을 알고
여행지 안내장을 만들어 봅니다.

4 여행지 안내장을 보았던 경험을 떠올려
봅니다.

7
단원

5 다음 여행지 안내장의 여러 가지 종류를 보고 그 가운데에서 한 가지를 골라 안내장에 들어갈 내용을 쓰시오.

5 소개하고 싶은 여행지의 특징을 알려 줄
수 있는 내용을 생각해 봅니다.

> **여행지 안내장 형태**
> - 낱장 형태
> - 접은 종이 형태
> - 책자 형태

안내장의 형태	(1)
소개할 곳	(2)
알릴 내용	(3)

6 여행지와 관련 있는 자료를 어떻게 모을 것인지 쓰시오.

_____

_____

6 여행지에 대한 정보를 얻을 수 있는 매체
를 생각해 봅니다.

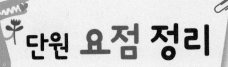
핵심 1 낱말의 짜임 알기

- 낱말의 뜻 짐작하기
  - 아는 뜻을 바탕으로 하여 짐작할 수 있습니다.
  - 낱말을 쪼개어 살펴봅니다.

바늘방석	=	바늘	+	방석
뜻: 앉아 있기에 몹시 불안스러운 자리				

- 단일어와 복합어

	뜻	예
★단일어	나누면 본래의 뜻이 없어져 더는 나눌 수 없는 낱말	바늘, 고기, 만두, 눈
★복합어	뜻이 있는 두 낱말을 합친 낱말	바늘방석, 사과나무, 검붉다
	뜻을 더해 주는 말과 뜻이 있는 낱말을 합친 낱말	맨주먹, 첫눈, 햇밤, 덧신

올해 새로 난 밤 → 햇밤
'맨 처음'이라는 뜻 → 첫눈
'겹쳐 시거나 입는'이라는 뜻 → 덧신

핵심 2 낱말을 만드는 방법 알기

- 낱말에 다른 낱말을 합쳐서 낱말을 만듭니다.

김밥	=	김	+	밥
뜻: 여러 가지 재료를 김 속에 넣어 만든 음식				

- 뜻을 더해 주는 말에 낱말을 합쳐서 낱말을 만듭니다.

풋고추	풋밤	풋사과
'풋-'의 뜻: '처음 나온' 또는 '덜 익은'		

나무꾼	소리꾼	낚시꾼
'-꾼'의 뜻: '어떤 일을 전문적으로 하는 사람' 또는 '어떤 일을 잘하는 사람'		

핵심 3 겪은 일을 떠올리며 글 읽기

- 글을 읽고 관련 있는 경험을 본 일, 들은 일, 한 일로 나누어 정리해 봅니다.
- 글을 읽고 새롭게 안 내용이 서로 다른 까닭
  - 서로 겪은 일이나 아는 내용이 다르기 때문입니다.
- 겪은 일을 떠올리며 글을 읽으면 좋은 점
  - 글의 내용을 더 쉽게 이해할 수 있습니다.
  - 글의 내용을 더 깊이 있게 이해할 수 있습니다.
  - 글의 내용에 더 흥미를 지니게 됩니다.
  - 자신이 아는 내용과 비교하며 글을 읽을 수 있습니다.

겪은 일을 떠올리며 글을 읽으면 글을 더 쉽고 깊이 있게 이해할 수 있습니다.

핵심 4 아는 지식을 활용해 글을 읽기

- 제목을 보고 글의 내용을 예상해 봅니다.
- 아는 내용을 떠올리며 글을 읽어 봅니다.
- 아는 지식과 새롭게 안 지식을 연결해 어떤 관련이 있는지 이야기해 봅니다.
- 새롭게 알거나 자세히 안 점을 정리해 봅니다.
- 아는 지식을 떠올리며 글을 읽으면 좋은 점
  - 글의 내용을 더 잘 이해할 수 있습니다.
  - 글의 내용을 깊이 있게 이해할 수 있습니다.
  - 아는 내용과 비교하며 글을 읽을 수 있습니다.

같은 글을 읽더라도 겪은 일이나 아는 지식이 다르기 때문에 떠올리는 내용이나 흥미를 느끼는 부분이 서로 다를 수 있어요.

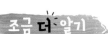

조금 더 알기

낱말의 짜임을 알면 좋은 점
- 잘 모르는 낱말의 뜻을 짐작해 알 수 있습니다.
- 낱말들을 합쳐서 새로운 낱말을 만들 수 있습니다.
- 낱말을 어떻게 만들었는지 이해할 수 있습니다.

복합어 만들기
- 낱말에 다른 낱말을 합쳐서 낱말 만들기

| 골목 | 길 | 길 | 동무 |

- 뜻을 더해 주는 말에 낱말을 합쳐서 낱말 만들기

| 햇 | 밤 | 햇 | 사과 |

| 햇 | 곡식 |

「자연을 닮은 우리 악기」를 읽고 관련 있는 경험 정리하기 예

본 일	전통 악기 박물관에서 생황이라는 악기를 본 적이 있습니다.
들은 일	예술제에서 가야금 병창을 들은 적이 있습니다.
한 일	음악 시간에 단소를 연주해 보았습니다.

낱말 사전
- ★ 단일어 나누면 본래의 뜻이 없어져 더는 나눌 수 없는 낱말.
- ★ 복합어 두 낱말을 합친 낱말과 뜻을 더해 주는 말과 뜻이 있는 낱말을 합친 낱말.

개념을 확인해요

1 뜻을 잘 모르는 낱말이 나왔을 때 낱말을 □□□ 살펴봅니다.

2 낱말의 짜임을 알면 잘 모르는 낱말의 뜻을 □□ 할 수 있고, 낱말이 어떻게 만들어졌는지 이해할 수 있습니다.

3 나누면 본래의 뜻이 없어져 더는 나눌 수 없는 낱말을 □□□ 라고 합니다.

4 두 낱말을 합친 낱말과 뜻을 더해 주는 말과 뜻이 있는 낱말을 합친 낱말을 □□□ 라고 합니다.

5 '김밥, 구름다리, 새우잠' 등은 두 낱말을 합쳐서 만든 □□□ 입니다.

6 '풋고추, 풋밤, 풋사과' 등의 '□-'은 '처음 나온' 또는 '덜 익은'이라는 뜻입니다.

7 겪은 일은 한 일, 본 일, □□ 일로 나눌 수 있습니다.

8 같은 글을 읽었는데 서로 안 내용이나 관심을 두는 내용이 다른 까닭은 서로 □□ 일이나 아는 내용이 다르기 때문입니다.

9 겪은 일을 떠올리며 글을 읽으면 글의 내용을 더 □□ 이해할 수 있습니다.

10 아는 지식을 떠올리며 글을 읽으면 아는 내용과 □□ 하며 읽을 수 있습니다.

8 단원

개념을 다져요

도움말

1. 낱말에는 쪼갤 수 있는 낱말과 쪼갤 수 없는 낱말이 있습니다.

핵심 1

1 다음 가운데에서 더는 나눌 수 없는 단일어는 무엇입니까? ( )

① 첫눈　　　② 오이　　　③ 바늘방석
④ 사과나무　　⑤ 고기만두

2. 낱말의 짜임을 알면 낱말의 뜻을 짐작할 수 있습니다.

핵심 2

2 다음은 어떤 낱말들이 합쳐져서 다른 한 낱말이 생겼는지 빈칸에 알맞은 말을 쓰고 그 뜻을 짐작해 쓰시오.

구름다리 ➡ (1) [　　　] + (2) [　　　]

뜻	(3)

3. '−꾸러기'는 낱말 뒤에 붙어서 뜻을 더해 주는 낱말입니다.

핵심 2

3 주어진 낱말에 다른 낱말을 합쳐서 여러 가지 낱말을 만들어 쓰시오.

(1) 꾸러기　　(2) 꾸러기　　(3) 꾸러기

핵심 3

4 다음은 겪은 일을 본 일, 들은 일, 한 일로 나누었을 때 무엇인지 각각 기호를 쓰시오.

> ㉠ 학교에서 사물놀이를 배운 적이 있어. 신나게 꽹과리를 칠 때 어깨춤을 덩실덩실 출 정도로 흥겨웠지.
> ㉡ 예술제에서 가야금 병창 공연을 보았어. 아름다운 가야금 선율을 들으며 가야금이 어떤 악기인지 궁금했어.
> ㉢ 옛날에는 농사일을 할 때나 힘든 일을 할 때 노래를 부르며 풍물을 연주했다는 이야기를 할머니께 들은 적이 있어.

(1) 본 일: (   )
(2) 들은 일: (   )
(3) 한 일: (   )

핵심 4

5 「우리나라의 멸종 위기 동물」을 바르게 읽은 친구는 누구인지 쓰시오.

> 예찬: 우리나라 전통 음식에 대해 조사한 내용을 생각하며 글을 읽었다.
> 준서: 멸종 위기 동물에 대해 아는 내용을 떠올려서 아는 내용을 생각하며 글을 읽었다.

(   )

핵심 4

6 같은 글을 읽었는데 서로 안 내용이나 관심을 두는 내용이 다른 까닭은 무엇인지 빈칸에 알맞은 말을 쓰시오.

• 서로 ((1)   )이나 ((2)   )이/가 다르기 때문이다.

1~2 다음 대화를 보고 물음에 답하시오.

1 이 그림에서 '바늘방석'이라는 낱말의 뜻을 어떻게 알 수 있었습니까? ( )

① 국어사전을 찾아보았다.
② 선생님께 여쭈어 보았다.
③ 문장의 앞뒤 내용으로 짐작했다.
④ 비슷한 말을 대신 사용해 보았다.
⑤ '바늘'과 '방석'으로 나누어 뜻을 짐작했다.

2 '맨주먹'의 짐작한 뜻은 무엇입니까? ( )

① 큰 주먹   ② 작은 주먹
③ 힘센 주먹   ④ 아무것도 없는 빈주먹
⑤ 손에 물건이 많아서 여유가 없는 주먹

주의

3 복합어가 아닌 것은 어느 것입니까? ( )

① 돌배
② 김밥
③ 첫눈
④ 복숭아
⑤ 고기만두

4 다음 그림을 보고 ○ 안에 공통으로 들어갈 말을 가운데 빈 칸에 쓰시오.

○수건   ○수레

서술형

5 다음 낱말의 짜임과 각 낱말의 뜻을 보고 새로운 낱말의 뜻을 짐작해 쓰시오.

| 구름다리 | ➡ | 구름 | + | 다리 |

낱말	뜻
구름	하늘에 떠 있는 물방울
다리	한편에서 다른 편으로 건너 다닐 수 있도록 만든 시설물
구름다리	

6 다음 낱말에 쓰인 '풋-'의 뜻으로 알맞은 것은 어느 것입니까? (   )

풋고추	풋밤	풋사과

① 오래된
② 맛이 단
③ 덜 익은
④ 너무 익은
⑤ 맨 나중에 나온

8

응용

7 다음 보기 를 보고 빈칸에 알맞은 낱말을 넣어 여러 가지 낱말을 만들어 쓰시오.

> **보기**
>
> 골목   길

(1) [   ] 길

(2) 길 [   ]

8~10 다음 글을 읽고 물음에 답하시오.

아주 먼 옛날, 우리 조상들은 우리 땅과 강을 닮은 악기를 만들어 아름다운 음악을 연주했습니다. 하늘과 땅에 제사를 지낼 때에도, 기쁘거나 슬픈 마음을 나타낼 때에도 사람들은 모여서 악기를 연주했어요. 우리나라 악기들은 자연에서 얻은 여덟 가지 재료로 만들어졌어요. 명주실, 대나무, 박, 흙, 가죽, 쇠붙이, 돌, 나무 등 주변에서 흔히 볼 수 있고 쉽게 구할 수 있는 것들이지요. 대한 제국 때 발간된『증보문헌비고』에서는 이 여덟 악기의 재료로 만든 악기를 팔음이라고 불렀어요. 여덟 가지 재료에 저마다 독특한 소리가 담겨 있기 때문이지요.

「자연을 닮은 우리 악기」, 청동말굽

8 이 글은 무엇에 대해 이야기하고 있습니까?
(   )

① 세계의 음악
② 우리나라 옷
③ 우리나라 음식
④ 우리나라 악기
⑤ 조상이 살던 곳

9 문제 **8**번에서 말한 것의 특징을 두 가지 고르시오.
(,   )

① 우리 땅과 강을 닮았다.
② 제사를 지낼 때에만 쓰였다.
③ 세상에 잘 알려져 있지 않다.
④ 대부분 조선 시대에 만들어졌다.
⑤ 자연에서 얻은 재료로 만들었다.

10 『증보문헌비고』에서 말한 팔음은 무엇으로 만든 악기인지 빈칸에 알맞은 말을 쓰시오.

• 명주실, 대나무, (   ), 흙, 가죽, 쇠붙이, 돌, (   )

11~13 다음 글을 읽고 물음에 답하시오.

예부터 우리 조상들이 좋아했던 대나무는 굽힐 줄 모르는 곧은 마음을 상징했어요. 대나무를 즐겨 그리는 선비가 많았고, 장인들은 대나무로 여러 가지 물건을 만들었지요. 대나무로 만든 악기도 아주 많아요. 대나무는 속이 비어 있어서 보통 나무와는 다른 소리를 내는 악기를 만들 수 있어요. 그윽하고 평온한 소리가 울려 나오는 대금, 달빛이 빛나는 봄밤에 어울리는 악기인 피리를 만듭니다. 그리고 맑고 청아한 소리를 내는 단소도 만들 수 있습니다.

11 맑고 청아한 소리를 내는 대나무로 만든 악기는 무엇입니까? (   )

① 대금   ② 편경
③ 피리   ④ 단소
⑤ 특종

서술형

12 우리 조상들이 대나무로 만든 악기를 즐겼던 까닭은 무엇인지 쓰시오.

_____

_____

13 다음은 이 글을 읽고 관련 있는 경험을 말한 것입니다. 본 일, 들은 일, 한 일 가운데에서 무엇인지 ○표를 하시오.

 음악 시간에 단소를 연주해 보았어. 소리를 내기 힘들었지만 힘겹게 소리를 냈을 때 아름다운 소리가 났어.

(본 일 , 들은 일 , 한 일)

14~15 다음 글을 읽고 물음에 답하시오.

흙은 쓰임이 많은 재료예요. 집을 짓기도 하고 여러 가지 물건을 만들지요. 흙은 원하는 모양을 쉽게 만들 수도 있고, 말리거나 구우면 단단해져요. 우리 조상들은 이런 흙의 특성을 이용해서 훈과 부 같은 악기를 만들었어요. 우묵한 질그릇처럼 생긴 부는 아홉 조각으로 쪼갠 대나무 채로 두드려 소리를 내는 악기예요. 훈은 흙을 빚고 구워서 만든 악기로 입으로 불어 소리를 내요.

14 악기 '부'에 대해 바르게 말하지 못한 것을 두 가지 고르시오. (,   )

① 음의 변화가 없다.
② 흙으로 만든 악기이다.
③ 입으로 불어 소리를 낸다.
④ 우묵한 질그릇처럼 생겼다.
⑤ 대나무 채로 두드려 소리를 낸다.

중요

15 이 글을 더 깊게 이해할 수 있도록 읽은 친구는 누구인지 쓰시오.

대연: 야구 경기를 한 경험을 떠올리며 읽었어.
동욱: 한라산에 올라갔던 일을 생각하며 읽었어.
수민: 훈을 연주하는 모습을 텔레비전으로 본 일을 떠올리며 읽었어.

(   )

(가)
우리는 산에서 도토리, 가래, 산뽕나무의 열매 등을 먹고 여기저기에 똥을 누어요. 바로 그 똥이 흙을 좋게 만들어서 씨앗이 돋아나게 하고 산을 푸르게 만드는 데 도움을 주거든요. 우리가 있어야 지리산의 생태계가 잘 돌아가는 거죠. 하지만 문제는 바로 사람들! 아무리 깊은 산속이라도 사람들이 보여요.

(나) 오늘날에는 동물이 멸종하는 것을 막고자 세계 여러 나라에서 많은 노력을 하고 있습니다. 각 나라는 점점 줄어드는 동물을 '멸종 위기종'으로 지정해 보호하기도 합니다. 그렇다면 멸종 위기의 동물을 보호하는 가장 좋은 방법은 무엇일까요? 그것은 바로 우리가 동물에게 관심을 기울이고 동물을 보살피며, 환경을 함부로 파괴하지 않고 깨끗하게 유지하는 것입니다.

「우리나라의 멸종 위기 동물」, 백은영

16 멸종 위기의 동물에 대해 아는 사실을 떠올려 쓰시오.

_____

_____

17 멸종 위기의 동물들을 위해서 우리가 할 일은 무엇입니까? (   )

① 물을 아껴 쓴다.
② 환경을 보호한다.
③ 자연을 개발한다.
④ 동물원에 자주 간다.
⑤ 동물을 집에서 키운다.

지표종은 그 지역의 환경이 얼마나 깨끗한지 측정할 수 있는 종을 말합니다. 예를 들어 오래전 탄광에서 일하던 광부들은 카나리아를 이용해 몸에 해로운 유독 가스를 측정했습니다. 공기가 좋은 곳에서 사는 카나리아는 산소가 부족하면 숨을 쉬기가 힘들어 노래를 멈춘답니다. 그래서 광부들은 카나리아가 노래를 부르는 동안에는 안심하고 일을 할 수 있었습니다.

또한 바로 떠서 먹을 수 있을 정도로 깨끗한 1급수에는 어름치, 열목어 등이 살고, 약간의 처리 과정을 거치면 마실 수 있는 2급수에는 은어, 피라미가 삽니다.

8단원

18 이 글에서 지표종의 예로 든 것이 아닌 것은 무엇입니까? (   )

① 붕어   ② 은어
③ 피라미   ④ 어름치
⑤ 카나리아

19 이 글을 읽고 새롭게 안 내용으로 알맞은 것은 어느 것입니까? (   )

① 가재는 요즘 보기 힘들다.
② 카나리아는 노래를 부르지 않는다.
③ 점박이물범이 멸종 위기에 처했다.
④ 멸종 위기의 동물들이 살아나고 있다.
⑤ 물에 사는 물고기로 물의 급수를 알 수 있다.

20 알맞은 말에 ○표를 하시오.

(1) 읽는 사람들이 같은 글을 읽으면 새롭게 안 내용이 모두 같다. (   )

(2) 아는 지식을 떠올리며 글을 읽으면 글을 더 깊이 이해할 수 있다. (   )

1 다음 그림에서 알 수 있는 낱말의 짜임을 알면 좋은 점은 무엇입니까? (   )

> 선생님, 그럼 '맨주먹'은 '맨-'과 '주먹'으로 나눌 수 있고 '맨-'은 다른 것이 없다는 뜻을 더해주니까, '맨주먹'은 '아무것도 없는 빈주먹'이라는 뜻이겠네요?

> 그렇지. 이렇게 '바늘방석'이나 '맨주먹'처럼 낱말을 쪼개 살펴보면 뜻을 쉽게 짐작할 수 있단다.

① 비슷한 말을 알 수 있다.
② 낱말의 위치를 알 수 있다.
③ 말하는 사람의 기분을 알 수 있다.
④ 모르는 낱말의 개수를 알 수 있다.
⑤ 잘 모르는 낱말의 뜻을 짐작할 수 있다.

2 다음 낱말 가운데 낱말을 쪼개어 보고 낱말의 뜻을 짐작할 수 있는 낱말은 어느 것입니까? (   )

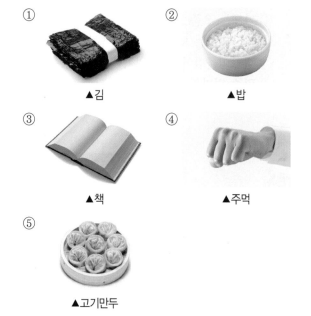

① ▲김
② ▲밥
③ ▲책
④ ▲주먹
⑤ ▲고기만두

3 다음 보기 의 낱말을 단일어와 복합어로 나누어 쓰시오.

보기

| 방울토마토 | 자두 | 감자 | 풋사과 |
| 복숭아 | 오이 | 수박 | 산딸기 |

단일어	복합어
(1)	(2)

서술형

4 다음 그림과 낱말의 짜임을 보고, '새우잠'의 뜻을 짐작해 쓰시오.

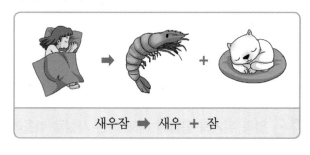

새우잠 ➡ 새우 + 잠

_____

_____

5 다음 낱말에 공통으로 쓰인 '-꾼'의 뜻은 무엇입니까? (   )

나무꾼, 소리꾼, 낚시꾼, 농사꾼, 재주꾼

① 어떤 일에 서툰 사람
② 어떤 일을 잘하는 사람
③ 어떤 일을 두려워하는 사람
④ 어떤 일을 재미로 하는 사람
⑤ 어떤 일을 처음으로 하는 사람

6 다음 낱말의 뜻으로 보아 빈칸에 들어갈 뜻을 더해 주는 말은 어느 것입니까? (   )

	사과
뜻: 그 해에 새로 난 사과	

① 맨–   ② 돌–
③ 햇–   ④ 애–
⑤ –꾸러기

7 다음 빈칸에 알맞은 낱말을 넣어 여러 가지 낱말을 만들어 쓰시오.

(1) ☐ 물

(2) ☐ 물

(3) 물 ☐

서술형

8 낱말의 짜임을 바탕으로 하여 낱말을 만드는 방법에 대해서 한 가지 쓰시오.

_____

_____

_____

9~10 다음 글을 읽고 물음에 답하시오.

(가) 대나무와 박에서 나오는 청아한 소리는 맑은 봄날의 아침 같아요. 명주실에서 뽑아내는 섬세한 소리와 나무에서 나오는 깨끗한 소리는 쨍쨍한 여름 햇살을 닮았어요. 쇠와 흙에서 울리는 우렁차고 광대한 소리는 높은 가을 하늘 같답니다. 돌의 묵직한 소리와 가죽의 탄탄한 소리는 겨울의 웅장함을 느끼게 하지요. 이렇게 옛사람들은 여러 악기의 소리를 들으며 자연의 이치를 깨달았답니다.

(나) 명주실은 잘 끊어지지 않고 탄력이 있어서 가야금, 거문고, 아쟁, 해금 같은 악기의 줄로 쓰입니다. 가야금은 오동나무로 만든 울림통에 명주실을 열두 줄로 꼬아 얹어 만들어요. 웅장하고 깊은 소리를 내는 거문고의 줄도 명주실로 만들지요. 해금은 낮은음에서 높은음까지 다양한 소리를 내고, 아쟁은 가야금과 비슷하지만 가야금보다 몸통이 크고 줄이 굵습니다.

9 옛사람들이 자연의 재료로 만든 여러 악기 소리를 들으며 깨달은 것은 무엇입니까? (   )
① 자연의 이치
② 음악의 원리
③ 조상의 우수성
④ 문명의 위대함
⑤ 문화 교류의 필요성

10 명주실로 만든 악기가 아닌 것은 무엇입니까?
(   )
① 해금   ② 아쟁
③ 생황   ④ 가야금
⑤ 거문고

11~12 다음 글을 읽고 물음에 답하시오.

㈎ 초가지붕 위에 주렁주렁 앉아 자라던 박은 물을 푸는 물박, 간장을 퍼내는 장 박, 밥을 담는 주발 박 같은 바가지나 그릇을 만드는 데 많이 쓰였어요. 우리 악기 가운데 생황은 박으로 만든 악기입니다. 생황은 박으로 만든 공명통(소리를 울리게 하는 통)에 서로 길이가 다른 여러 개의 대나무 관이 꽂혀 있는 악기예요.

㈏ 가죽으로 만든 악기에는 북과 장구가 있어요. 북은 백성들과 아주 가까운 악기로 힘든 농사일에 흥을 돋우기 위한 풍물놀이에 빠지지 않았어요. 장구는 모래시계를 옆으로 뉘어 놓은 것처럼 허리가 잘록한데, 다른 악기들과 어울려 흥을 돋워 주지요.

11 이 글과 관련 있는 겪은 일을 떠올려 말한 것의 기호를 쓰시오.

> ㉠ 학교에서 축제 때 탈을 쓰고 신나게 춤을 췄어.
> ㉡ 꽃으로 만든 화전을 먹어 본 적이 있어. 보기에도 좋고 맛도 좋았어.
> ㉢ 전통 악기 박물관에서 생황이라는 악기를 본 적이 있어. 나도 생황을 불어 소리를 내 보고 싶어.

(   )

12 북과 장구의 쓰임은 어떠합니까? (   )

① 흥을 돋워 준다.
② 음악의 끝을 알린다.
③ 음악의 시작을 알린다.
④ 음을 맞추는 기준이 된다.
⑤ 궁중의 제사 음악으로 쓰인다.

13~15 다음 글을 읽고 물음에 답하시오.

㈎ 쇠는 아무나 함부로 다룰 수 없는 귀한 재료였어요. 쇠를 다루는 사람들이 불로 쇠를 녹여 여러 가지 도구를 만들어 쓰기도 하고, 무기를 만들기도 하였지요. 그 때문에 쇠로 만든 악기에도 특별한 힘이 있을 거라고 여겼어요. 사람들은 쇠를 녹여 사방을 깨우는 듯한 소리가 나는 악기를 만들어 특별한 신호를 보내거나, 놀이판의 흥을 높였어요. 쇠를 녹여 만든 우리 악기에는 징, 꽹과리, 편종, 특종, 나발 등이 있어요.

㈏ 돌로 만든 악기는 추위나 더위에 강하기 때문에 음의 변화가 거의 없었어요. 그래서 다른 악기의 음을 맞추거나 고르게 할 때 기준이 된답니다. 돌로 만든 악기에는 편경과 특경이 있어요. 편경은 단단한 돌을 'ㄱ' 자 모양으로 깎아서 만든 악기로, 돌조각을 '각퇴'라는 채로 쳐서 소리를 내요. 돌에서 나오는 티 없이 청아한 소리가 일품이에요. 편경은 주로 궁중에서 제사를 지낼 때 쓰입니다.

13 쇠로 만든 악기에 특별한 힘이 있다고 여긴 까닭은 무엇인지 쓰시오.

_____

_____

14 돌로 만든 악기가 음의 변화가 <u>없는</u> 까닭은 무엇인지 쓰시오.

(

서술형

15 이 글을 읽을 때 떠올릴 수 있는 겪은 일 가운데에서 들은 일을 한 가지 쓰시오.

_____

_____

16~18 다음 글을 읽고 물음에 답하시오.

멸종 위기에 처한 우리나라의 동물들을 구하려면 어떻게 해야 할까요? 1993년 국제 연합 환경 계획에서 '생물 다양성 국가 연구에 대한 지침'을 발표했습니다. 이를 시작으로 하여 사람들은 단순히 멸종 위기의 동물을 보호하는 데에만 그치는 것이 아니라 생태계 전체를 건강하게 만드는 데 힘을 쏟기 시작했습니다. 멸종 위기 동물을 천연기념물로 지정해 보호하고 우리나라 고유의 생물들을 보존하는 방법을 찾기로 했습니다. 그렇게 해서 생겨난 것이 바로 깃대종과 지표종이랍니다.

16 글쓴이가 이 글을 쓴 목적은 무엇입니까? ( )

① 동물의 종류를 알리기 위해서
② 자연의 이로움을 알리기 위해서
③ 우리나라 토종 개를 알리기 위해서
④ 멸종 위기의 동물을 구하기 위해서
⑤ 자원 개발의 필요성을 알리기 위해서

17 우리나라 고유의 생물들을 보존하는 방법을 찾기 위해 생겨난 것은 무엇인지 두 가지 쓰시오.

( )

서술형

18 멸종 위기 동물에 대해 아는 사실을 쓰시오.

_____

_____

19~20 다음 글을 읽고 물음에 답하시오.

㈎ 깃대종은 그 지역을 대표하는 생물들이기 때문에 깃대종이 잘 보존된다면 그 지역의 생태계가 잘 유지된다는 증거라고 볼 수 있습니다. 우리나라의 대표적인 깃대종으로는 설악산의 산양, 내장산의 비단벌레, 속리산의 하늘다람쥐, 지리산의 반달가슴곰이 있습니다.

㈏ 또한 바로 떠서 먹을 수 있을 정도로 깨끗한 1급수에는 어름치, 열목어 등이 살고, 약간의 처리 과정을 거치면 마실 수 있는 2급수에는 은어, 피라미가 삽니다. 물이 흐리고 마실 수 없어 공업용수로 주로 사용하는 3급수에는 물벼룩, ㉠짚신벌레 등이 살며, 4급수에는 물곰팡이, 실지렁이 등이 살 수 있습니다. 이렇게 지표종으로 물의 등급을 알 수 있답니다.

19 깃대종이 잘 보존되는 것으로 알 수 있는 것은 무엇입니까? ( )

① 그 지역이 개발되고 있다.
② 그 지역의 기후가 좋아지고 있다.
③ 그 지역의 생태계가 무너지고 있다.
④ 그 지역에 사람들이 모여들고 있다.
⑤ 그 지역의 생태계가 잘 유지되고 있다.

20 ㉠'짚신벌레'의 짜임을 쓰고, 동물의 특징을 짐작해 쓰시오.

(1) ☐ + ☐ + ☐

(2) 특징: ( )

1~3

(가) 나무는 어디에서나 쉽게 구할 수 있고 쓰임도 많은 재료예요. 나무로 만든 악기에는 박, 어 등이 있어요. 나무의 딱딱한 소리는 여러 악기를 모아 합주할 때 연주의 처음과 끝을 알리는 역할을 했답니다. 어는 나무로 만든 흰 호랑이 등 위에 스물일곱 개의 톱니가 붙어 있는 악기이고, 박은 단단한 나뭇조각 여섯 개의 한쪽 끝을 모아 묶은 악기예요. 박을 연주하는 사람은 지휘자와 같은 역할을 한답니다.

(나) 돌로 만든 악기는 추위나 더위에 강하기 때문에 음의 변화가 거의 없었어요. 그래서 다른 악기의 음을 맞추거나 고르게 할 때 기준이 된답니다. 돌로 만든 악기에는 편경과 특경이 있어요. 편경은 단단한 돌을 'ㄱ' 자 모양으로 깎아서 만든 악기로, 돌조각을 '각퇴'라는 채로 쳐서 소리를 내요. 돌에서 나오는 티 없이 청아한 소리가 일품이에요. 편경은 주로 궁중에서 제사를 지낼 때 쓰입니다.

도움말

☆ 아는 내용이나 겪은 일과 관련지어 글을 읽어 봅니다.

1 이 글을 읽기 전에 이미 알고 있던 전통 악기에 대한 내용은 무엇인지 쓰시오.

1 이 글은 나무와 돌로 만든 전통 악기에 대해 설명하는 글입니다.

2 전통 악기와 관련된 겪은 일을 한 가지 떠올려 쓰시오.

2 겪은 일과 관련지으며 전통 악기에 관한 글을 읽어 봅니다.

3 이 글을 읽고 자신의 경험과 관련지어 새롭게 안 내용이나 생각을 정리해 쓰시오.

3 아는 내용이나 겪은 일과 관련지어 글을 읽으면 글을 더 깊이 이해할 수 있습니다.

4 다음 보기 처럼 새말로 만들어 쓰시오.

	보기	
그림이나 사진		
낱말	운동장	컴퓨터
새말	달리기 땅	(1)
만든 방법	달리기 + 땅	(2)
만든 까닭	달리기를 하는 땅이기 때문에	(3)

도움말

낱말의 짜임을 알고, 새말을 만들어 봅니다.

4 낱말의 뜻이 잘 통하도록 새말을 만들어 봅니다.

5~6

바람은 이름이 참 많아. 바람이 불어오는 방향에 따라 동풍(샛바람), 서풍(하늬바람), 남풍(마파람), 북풍(된바람)이라고 하고, 세기에 따라서 실바람, 노대바람(강한 바람)이라고 하기도 하지, 또 바람은 부는 장소에 따라 세기가 달라져.

5 '실바람'의 짜임과 각 낱말의 뜻을 보고, 낱말의 뜻을 짐작해 쓰시오.

실바람 ➡ 실 + 바람

낱말	뜻
실	'가느다란', '엷은'의 뜻을 더하는 접두사
바람	기압의 변화 또는 사람이나 기계에 의하여 일어나는 공기의 움직임.
실바람	

5 실바람의 뜻을 생각해 보고 어떤 바람이겠는지 바람의 세기를 짐작해 봅시다.

6 바람이 부는 장소에 따라 바람의 이름을 붙여 새로운 바람 이름을 만들어 쓰시오.

바람이 부는 장소	바람 이름
(1)	(2)

6 바람이 부는 장소를 잘 나타낼 수 있는 말을 만들어 봅니다.

9. 여러 가지 방법으로 읽어요

핵심 1 글을 찾아 읽은 경험 나누기

• 어떤 글을 언제 찾아 읽었는지 말해 봅니다. 예
  - 삼국 시대에 대해 궁금한 점이 생겨서 역사책을 찾아보았습니다. → 궁금한 것이 있을 때, 제목을 보고 관심이 생길 때 등
  - 드론이 어떤 것인지 더 알고 싶어서 책을 찾아 보았습니다.
  - 관심 있는 내용을 인터넷에서 찾아 읽었습니다.
• 읽은 글의 종류와 그 글을 찾아 읽은 까닭을 생각해 봅니다.
• 읽은 글의 종류와 그 글을 찾아 읽은 까닭을 생각해 봅니다.
• ★자료를 찾는 방법 예
  - 미술 시간에 교통질서 지키기 광고지를 그려야 할 때: 인터넷에서 교통질서 지키기 광고지를 검색해 봅니다. 교통안전을 다룬 내용을 책에서 찾아봅니다.

핵심 2 글의 종류에 따른 읽기 방법 알기

• ★설명하는 글과 ★주장하는 글은 읽는 방법이 다릅니다. → 설명하는 글은 설명하는 내용을 이해하고 설명이 맞는지 알아보며 읽습니다. 주장에 따른 근거가 알맞은지 생각하며 글쓴이의 주장을 비판하는 태도로 읽습니다.

설명하는 글을 읽을 때 고려할 점	내용의 정확성 판단하기	설명하는 글을 읽는 방법
이 글은 무엇을 설명하는가?	제목, 그림 따위를 보며 무엇을 설명한 글인지 생각해 보자.	설명하려는 대상이 무엇인지 생각합니다.
설명하는 내용이 무엇인가?	대상을 자세하게 설명하는 점은 무엇인지 살펴보자.	대상의 무엇을 설명하는지 생각합니다.
이미 알던 내용은 무엇인가?	경험을 떠올려 보자.	대상을 보고 이미 아는 것을 떠올립니다.
새롭게 안 내용은 무엇인가?	몰랐던 것을 생각해 보자.	대상에 대해 새롭게 안 것을 찾습니다.

주장하는 글을 읽을 때 고려할 점	내용의 타당성 판단하기	주장하는 글을 읽는 방법
글쓴이의 주장은 무엇인가?	무엇을 강조하는가?	글쓴이의 주장을 파악합니다.
주장을 뒷받침하는 근거는 무엇인가?	글쓴이의 의견이 옳다고 하는 까닭은 무엇일까?	주장을 뒷받침하는 근거를 찾습니다.
주장과 근거가 적절한가?	근거를 납득할 수 있는가?	주장을 뒷받침하는 알맞은 근거인지 생각합니다.
자신의 생각과 같은 점은 무엇인가?	의견이 옳다고 생각하는가?	자신의 생각과 비교해 같은 점을 찾습니다.
자신의 생각과 다른 점은 무엇인가?	의심스러운 부분은 없는가?	자신의 생각과 비교해 비판하는 태도로 읽습니다.

핵심 3 필요한 글을 찾아 정리하기

• 글에서 필요한 자료를 찾으려면 글을 알맞은 방법으로 필요한 부분을 생각하며 읽어야 합니다.
• 훑어 읽기: 필요한 정보를 찾을 때
  - 제목을 가장 먼저 읽고 필요한 내용이 있는지 생각합니다.
  - 글 전체를 다 읽지 않고 중요한 낱말을 읽으면서 필요한 내용이 있는지 찾아봅니다.
  - 제목뿐만 아니라 그림도 살펴보며 필요한 내용이 있을지 짐작합니다.
• 자세히 읽기: 자세한 내용을 알고 싶을 때
  - 필요한 내용을 찾으며 자세히 읽습니다.
  - 중요한 내용이나 그것을 뒷받침하는 내용에 밑줄을 그으며 읽습니다.
  - 자신이 아는 내용과 새롭게 안 내용을 비교하며 자세히 읽습니다.

조금 더 알기

🎲 **글을 찾아 읽으면 좋은 점**
- 설명서를 읽고 나서 방법을 알 수 있습니다.
- 그전에 몰랐던 새로운 정보를 알 수 있습니다.

🎲 **목적에 맞게 글을 찾아 읽으면 좋은 점**
- 찾고 싶은 정보를 정확하고 자세하게 알 수 있습니다.
- 읽고 싶은 책을 알맞게 찾아 읽을 수 있습니다.

🎲 **「아름다운 비색을 지닌 고려청자」를 자세히 읽고 내용 요약하기** 예

비색	맑고 은은한 푸른 녹색, 비취옥과 색이 닮았기 때문에 '비색'
상감 기법	그릇을 빚고 굳었을 때 그릇 바깥쪽에 조각칼로 무늬를 새긴 다음, 검은색이나 흰색의 흙을 메운 뒤 무늬가 드러나도록 바깥쪽을 매끄럽게 다듬는 기법
모양	유려한 곡선 모양, 여러 형태
무늬	죽순, 표주 박, 복숭아, 원앙, 사자, 용, 거북 등

📖 **낱말 사전**

★ **자료** 책, 인터넷, 신문 기사, 잡지, 라디오, 광고지 등 정보를 얻을 수 있는 바탕이 되는 재료.
★ **설명하는 글** 어떤 대상에 대한 정보를 알려 주는 글.
★ **주장하는 글** 글쓴이가 여러 가지 근거를 들어서 자신의 주장을 내세우는 글.

✏️ 개념을 확인해요

1 글을 찾아 읽은 경험을 나누려면 글의 종류와 그 글을 찾아 읽은 ☐☐ 을 생각해 봅니다.

2 목적에 맞게 글을 찾아 읽으면 찾고 싶은 ☐☐ 를 정확하고 자세하게 알 수 있습니다.

3 설명하는 글과 주장하는 글은 ☐☐☐☐ 이 다릅니다.

4 설명하는 글을 읽을 때에는 설명하고자 하는 ☐☐ 과 그것의 무엇을 설명하는지 생각합니다.

5 ☐☐☐☐ 글을 읽을 때에는 이미 아는 것과 새롭게 안 것을 찾습니다.

6 주장하는 글을 읽을 때에는 글쓴이의 ☐☐ 을 파악하고 알맞은 근거인지 생각합니다.

7 주장하는 글을 읽을 때에는 주장에 따른 근거가 알맞은지 생각하며 글쓴이의 주장을 ☐☐ 하는 태도로 읽습니다.

8 훑어 읽기를 할 때에는 ☐☐ 을 가장 먼저 읽고 필요한 내용이 있는지 생각합니다.

9 훑어 읽기를 할 때에는 글 전체를 다 읽지 않고 중요한 ☐☐ 을 읽으면서 필요한 내용이 있는지 찾아봅니다.

10 자신에게 필요한 정보가 글에 있다는 것을 이미 알고 자세한 내용을 알려고 글을 읽을 때에는 필요한 내용을 찾으며 ☐ ☐☐ 읽습니다.

9
단원

도움말

1. 언제 어떤 책을 왜 읽었는지 자신의 경험을 떠올려 봅니다.

핵심 1

1 책을 찾아 읽는 경우로 알맞지 <u>않은</u> 것은 어느 것입니까? (   )

① 사회 숙제가 있을 때
② 궁금한 것이 있을 때
③ 악기 연주 방법을 모를 때
④ 아름다운 풍경을 보았을 때
⑤ 제목을 보고 관심이 생겼을 때

2. 글이나 자료를 찾아 읽었던 경험을 떠올려 봅니다.

핵심 1

2 글이나 자료를 찾아 읽고 어떤 도움을 받았는지 바르게 말한 친구는 누구인지 쓰시오.

> 유빈: 고려청자의 상감 기법에 대해 알고 싶어.
> 예찬: 어머니께 우리 조상들의 음식에 대해 들었어.
> 치우: 뉴스에서 들은 소식을 잘 이해하지 못했는데 인터넷 자료를 찾아보고 알 수 있었어.

(   )

3. 설명하는 글의 특징을 떠올려 봅니다.

핵심 2

3 설명하는 글을 읽는 알맞은 방법을 모두 고르시오. (,   ,   )

① 이미 아는 것을 떠올린다.
② 인상 깊은 표현을 찾는다.
③ 대상에 대해 새롭게 안 것을 찾는다.
④ 설명하고자 하는 대상이 무엇인지 생각한다.
⑤ 글을 읽고 받은 감동을 그림이나 시로 표현한다.

핵심 2

4 주장하는 글을 읽는 방법으로 알맞지 <u>않은</u> 것은 어느 것입니까? (   )

① 글쓴이의 주장을 파악한다.
② 글쓴이의 의견에 무조건 따른다.
③ 주장에 대한 근거가 옳은지 생각한다.
④ 주장을 뒷받침하는 알맞은 근거인지 생각한다.
⑤ 자신의 생각과 비교해 같은 점과 다른 점을 찾는다.

4. 주장하는 글의 특징을 생각해 봅니다.

핵심 3

5 다음과 같은 읽기 방법으로 읽는 것이 알맞은 경우에 ○ 표를 하시오.

> • 제목을 가장 먼저 읽고 필요한 내용이 있는지 생각했다.
> • 글 전체를 다 읽지 않고 중요한 낱말을 읽으면서 필요한 내용이 있는지 찾아보았다.
> • 제목뿐만 아니라 그림도 살펴보며 필요한 내용이 있을지 짐작했다.

(1) 필요한 내용을 찾을 때   (   )
(2) 자세한 내용을 알고 싶을 때   (   )

5. 읽기 방법의 특징을 떠올려 봅니다.

핵심 3

6 자세히 읽기의 방법에 맞게 빈칸에 공통으로 들어갈 알맞은 말을 쓰시오.

(1) 필요한 내용을 찾으며 (   ) 읽습니다.
(2) 자신이 아는 내용과 새롭게 안 내용을 비교하며 (   )
읽습니다.

6. 자세히 읽기는 글에서 필요한 내용을 찾을 때의 읽기 방법입니다.

1~3 다음 그림을 보고 물음에 답하시오.

친구가 좋은 책이라고 알려 줘서 읽었어.

현수

환경 오염을 막는 방법을 알고 싶어서 읽었어.

지우

사회 숙제로 도시와 농촌이 어떻게 다른지 알아보려고 읽었어.

수영

동물들이 나오는 이야기가 재미있어 보여서 읽었어.

경준

1 이 그림에서 친구들은 무엇에 대해 이야기하고 있습니까? (　　　)

① 글을 읽는 방법
② 책을 읽고 느낀 점
③ 글을 찾아 읽은 경우
④ 필요한 글을 찾는 방법
⑤ 책을 읽기 전에 예상한 내용

2 수영이가 책을 읽은 까닭은 무엇입니까? (　　　)

① 재미있어 보여서
② 사회 숙제를 하려고
③ 알고 싶은 것이 있어서
④ 기계 사용 방법을 알려고
⑤ 친구가 좋은 책이라고 알려 줘서

3 지우가 찾아 읽은 책으로 가장 알맞은 것은 어느 것입니까? (　　　)

① 시
② 광고지
③ 과학 상식
④ 인물 이야기
⑤ 역사 이야기

4 글이나 자료를 찾아 읽고 어떤 도움을 받았는지 알맞게 말한 친구는 누구인지 쓰시오.

> 호영: 책 제목이 재미있어 보여서 고른 만화책이 너무 재미있었어.
> 세희: 도서관에서 어떤 책을 어떻게 찾는지 사서 선생님께 여쭈어보았어.
> 루나: 뉴스에서 들은 소식을 잘 이해하지 못했는데 인터넷 자료를 찾아보고 알 수 있었어.

(　　　　　　　　)

서술형

5 다음의 경우에는 어떤 자료를 찾으면 좋을지 친구에게 해 줄 말을 한 가지 더 쓰시오.

미술 시간에 교통질서 지키기 광고지를 그리기로 했어.

• 신문에서 교통사고를 다룬 기사를 찾아보면 좋겠어.

• _____

(가) 최근 출판하는 책이나 광고, 알림판 따위에서 네모 모양의 표식을 자주 볼 수 있다. 네모 모양 안에 검은 선과 점을 배열했는데, 이것을 정보 무늬[QR코드]라고 한다. 큐아르(QR)는 '빠른 응답'이라는 영어의 줄임 말이다.

정보 무늬는 여러 가지 정보를 확인할 수 있는 표식이다. 정보 무늬를 쓰기 전에는 막대 표시를 주로 썼다. 막대 표시는 숫자 20개를 저장할 수 있는 무늬로서 물건을 살 때 가격을 쉽게 계산할 수 있다. 그러나 정보 무늬는 숫자 7089개, 한글 1700자 정도를 저장할 수 있다.

(나) 정보 무늬는 스마트폰으로 사용할 수 있다. 스마트폰 응용 프로그램으로 정보 무늬를 찍으면 관련 내용이 있는 누리집으로 이동하거나, 관련 사진이나 동영상을 볼 수 있다. 또 정보 무늬에 색깔이나 신기한 그림을 넣어 만들기도 한다.

6 이 글에서 설명하는 것은 무엇입니까? (   )

① 한글　　　　　② 동영상
③ 스마트폰　　　④ 막대 표시
⑤ 정보 무늬

7 이 글의 설명 대상을 이용하는 방법은 무엇입니까?
(   )

① 라디오를 듣는다.
② 사전을 찾아본다.
③ 책에서 찾아본다.
④ 컴퓨터에서 내려받는다.
⑤ 스마트폰 응용 프로그램으로 찍는다.

(가) 정보 무늬는 여러 분야에서 활용한다. 백화점이나 할인점에서는 정보 무늬로 할인 정보를 제공한다. 신문 광고에 있는 정보 무늬를 찍으면 3차원으로 움직이는 광고가 나오기도 하고, 책에 있는 정보 무늬를 찍으면 등장인물이 튀어나와 책의 정보와 줄거리를 알려 주기도 한다. 박물관이나 미술관에서는 자료나 작품을 더 알아볼 수 있도록 정보 무늬에 설명을 담아 제공하기도 한다.

(나) 정보 무늬는 누구나 만들 수 있다. 예를 들어 개인 정보를 담은 명함을 만들 수도 있다. 명함에 있는 정보 무늬로 자신의 사진이나 동영상을 보여 주거나 이름이나 연락처를 자동으로 저장할 수 있다.

9
단원

8 정보 무늬는 누가 만드는지 쓰시오.

(   )

 응용

9 이와 같은 글을 읽는 방법으로 알맞은 것은 어느 것입니까? (   )

① 반복되는 말을 찾아본다.
② 글쓴이의 마음을 이해한다.
③ 떠오르는 장면을 생각한다.
④ 이미 아는 것과 새롭게 안 것을 찾는다.
⑤ 글쓴이의 의견과 자신의 의견을 비교한다.

서술형

10 글쓴이의 설명 가운데에서 내용이 정확한지 확인하고 싶은 부분은 무엇인지 한 가지 쓰시오.

_____

_____

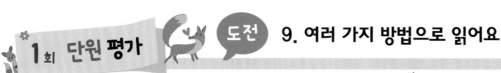
11~15 다음 글을 읽고 물음에 답하시오.

가까운 미래에는 제4차 산업 혁명이 일어나 많은 것이 달라진다고 합니다. 인공 지능이 발달하고 새로운 기술을 개발해서 지금까지 살던 모습과는 다를 것입니다.

그렇다면 미래 사회에 필요한 사람은 어떤 사람일까요?

첫째, 정해진 답을 찾기보다 새로운 방식으로 문제를 해결하는 사람입니다. 정해진 문제는 사람보다 인공 지능이 더 잘 해결할 수도 있습니다. 그러나 새로운 방식을 생각하는 것은 인공 지능보다 사람이 더 잘할 수 있습니다.

둘째, 새로운 변화에 대응하는 사람입니다. 미래 연구자들은 다가올 미래에는 여러 가지 사회·환경 문제처럼 예전에 없던 새로운 변화를 맞을 것이라고 합니다. 그러므로 미래 사회에서는 막힌 생각보다 변화에 부드럽게 대처하려는 생각을 해야 합니다.

셋째, 서로 돕고 존중하는 사람입니다. 인공 지능과 새로운 기술이 삶을 빠르게 바꿀 수 있습니다. 이럴 때 함께 마음을 모아 서로 돕고 존중해야 사회를 따뜻하게 만들 수 있습니다.

앞으로 우리는 거대한 미래의 충격과 변화 앞에서도 흔들리지 않는 열정과 패기로 서로를 존중해야 합니다.

11 이 글의 종류는 무엇인지 쓰시오.

( )

12 미래의 삶의 모습을 두 가지 고르시오.
(,)

① 인구가 줄어든다.
② 인구가 고령화된다.
③ 인공 지능이 등장한다.
④ 환경 오염이 심해진다.
⑤ 새로운 기술이 많이 나온다.

중요

13 이 글에서 글쓴이의 주장은 무엇입니까? ( )

① 자연을 보호하자.
② 환경 오염을 막자.
③ 따뜻한 사회를 만들자.
④ 자유로운 사고를 하자.
⑤ 미래 사회에 필요한 사람이 되자.

14 미래에 필요한 사람으로 이 글에서 제시한 것이 아닌 것은 어느 것입니까? ( )

① 협력하는 사람
② 정답을 빨리 찾는 사람
③ 다른 사람을 존중하는 사람
④ 새로운 변화에 대응하는 사람
⑤ 새로운 방식으로 문제를 해결하는 사람

15 이와 같은 종류의 글을 읽는 방법을 모두 고르시오.
(, ,)

① 글쓴이의 주장을 파악한다.
② 사건의 흐름을 생각하며 읽는다.
③ 주장을 뒷받침하는 알맞은 근거인지 생각한다.
④ 자신의 생각과 비교해 비판하는 태도로 읽는다.
⑤ 이미 아는 내용과 새롭게 안 내용을 비교하며 읽는다.

청자의 상감 기법은 어느 나라에서도 찾아볼 수 없는 우리 고유의 독창적인 도자기 장식 기법이다. 상감 기법은 그릇을 빚고 굳었을 때 그릇 바깥쪽에 조각칼로 무늬를 새긴 다음, 검은색이나 흰색의 흙을 메운 뒤 무늬가 드러나도록 바깥쪽을 매끄럽게 다듬는 기법이다. 이 기법은 금속 공예나 나전 칠기에 장식 기법으로 쓰고 있었지만, 고려 도공들이 도자기를 만들 때 장식에 처음으로 응용했다. 상감 기법으로 만든 고려청자는 구름과 학 무늬를 새긴 '청자 상감 운학문 매병'이 대표적이다.

「아름다운 비색을 지닌 고려청자」, 류재만

16 이 글에서 설명하는 대상은 무엇입니까? (   )

① 한복
② 풍물놀이
③ 고려청자
④ 조선 백자
⑤ 우리나라 날씨

응용

17 규빈이가 이 글을 읽을 때 파란색으로 쓰인 부분만 읽은 까닭에 ○표를 하시오.

(1) '고려만이 낼 수 있었던 기술이란 무엇일까?'라는 주제로 발표할 만한 내용이 있을지 찾아보자.

(2) 외국에서 온 친구는 고려청자를 잘 모를 거야. 고려청자를 자세히 알려 주고 싶어.

(   )   (   )

서술형

18 규빈이처럼 훑어 읽기를 해 본 경험을 쓰시오.

_____

_____

특히, 죽순, 표주박, 복숭아, 원앙, 사자, 용, 거북과 같이 여러 동식물의 모양을 본떠 만든 향로, 주전자, 꽃병, 연적 따위가 오늘날까지 내려오고 있다. 이처럼 그릇의 실용성을 넘어 예술적 아름다움을 지닌 청자는 고려인의 생활 속에서 널리 쓰였다.

고려청자는 맑고 은은한 비색으로 유려한 곡선을 강조하며 상감 기법으로 회화적인 아름다운 무늬를 표현한 것이 특색이다. 우리는 이러한 고려청자로 고려인들의 독창성과 뛰어난 기술력을 엿볼 수 있다. 이는 중국의 청자를 받아들이면서 그저 모방에 그치는 것이 아니라, 아름다운 비색과 독특한 상감 기법으로 발전했다는 점이다.

9단원

19 상감 청자에 대해 바르게 말한 것은 무엇입니까?
(   )

① 형태가 단순하다.
② 유려한 곡선 모양이다.
③ 무늬를 그리지 않았다.
④ 중국의 것을 많이 따랐다.
⑤ 붓, 종이 무늬가 유행했다.

20 지완이는 외국에서 온 친구에게 고려청자를 알려 주고 싶어서 자세히 읽으려고 합니다. 지완이가 읽을 방법에 맞게 빈칸에 알맞은 말을 쓰시오.

(1) 중요한 내용이나 그것을 뒷받침하는 내용에
(   )을/를 그으며 읽는다.

(2) 자신이 아는 내용과 새롭게 안 내용을
(   )하며 자세히 읽는다.

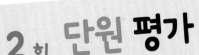
1~3 다음 그림을 보고 물음에 답하시오.

드론이 어떤 것인지 더 알고 싶어서 책을 찾아보았어.

삼국 시대에 대해 궁금한 것이 생겨서 역사책을 찾아 읽었어.

제목을 보고 관심이 생겨서 읽었어.

관심 있는 내용을 인터넷에서 찾아 읽었어.

지훈 단비 의훈 민영

1 이 그림에서 단비가 역사책을 읽은 까닭은 무엇입니까? (　　　)

① 사회 숙제를 하려고
② 친구의 소개를 받아서
③ 드론에 대해 알고 싶어서
④ 제목을 보고 관심이 생겨서
⑤ 삼국 시대에 대해 궁금한 것이 생겨서

2 글을 찾아 읽으면 좋은 점은 무엇입니까? (　　　)

① 시간을 절약할 수 있다.
② 새로운 정보를 알 수 있다.
③ 친구와의 관계가 더 좋아진다.
④ 자신의 생각을 표현할 수 있다.
⑤ 자신의 생각을 잘 전달할 수 있다.

서술형

3 자신이 책을 찾아 읽은 경우를 생각해서 한 가지 쓰시오.

_____

_____

4 다음 친구들이 말하고 있는 것은 무엇입니까?
(　　　)

뉴스에서 들은 소식을 잘 이해하지 못했는데 인터넷 자료를 찾아보고 알 수 있었어.

곤충에 대해 궁금했던 점을 책을 읽고 알게 됐어.

① 글을 잘 쓰는 방법
② 글이나 자료의 종류
③ 글이나 자료를 찾는 방법
④ 글이나 자료를 찾을 때 주의할 점
⑤ 글이나 자료를 찾아 읽고 받은 도움

5 다음 친구가 찾을 자료로 알맞지 않은 것은 어느 것입니까? (　　　)

과학 수업 과제로 돌의 종류를 조사해야 해.

① 돌 던지기 놀이에 관한 영화를 볼 것이다.
② 백과사전에서 돌을 주제로 찾아볼 것이다.
③ 돌을 설명한 책을 도서관에 가서 찾을 것이다.
④ 인터넷에서 돌을 설명한 내용을 찾아볼 것이다.
⑤ 과학관 안내 책자에서 돌을 설명한 내용을 찾아볼 것이다.

6~8 다음 글을 읽고 물음에 답하시오.

(가) 최근 출판하는 책이나 광고, 알림판 따위에서 네모 모양의 표식을 자주 볼 수 있다. 네모 모양 안에 검은 선과 점을 배열했는데, 이것을 정보 무늬[QR코드]라고 한다. 큐아르(QR)는 '빠른 응답'이라는 영어의 줄임 말이다.

(나) 정보 무늬는 여러 가지 정보를 확인할 수 있는 표식이다. 정보 무늬를 쓰기 전에는 막대 표시를 주로 썼다. 막대 표시는 숫자 20개를 저장할 수 있는 무늬로서 물건을 살 때 쉽게 계산할 수 있다. 그러나 정보 무늬는 숫자 7089개, 한글 1700자 정도를 저장할 수 있다. 또 정보 무늬는 일부를 지워도 사용할 수 있다. 정보 무늬의 세 귀퉁이에 위치를 지정하는 문양이 있기 때문이다. 이 문양이 있어 정보 무늬를 어느 각도에서 찍어도 내용을 확인할 수 있다.

6 이 글은 어떤 글인지 빈칸에 알맞은 말을 쓰시오.

• (   )에 대해 쓴 (   ) 글이다.

7 이 글에서 설명하는 대상에 대해 알 수 있는 것을 모두 고르시오. (,   )

① 뜻
② 방법
③ 모양
④ 만든 사람
⑤ 고쳐야 할 점

8 정보 무늬가 막대 표시와 다른 점을 쓰시오.

_____

_____

9~10 다음 글을 읽고 물음에 답하시오.

(가) 정보 무늬는 스마트폰으로 사용할 수 있다. 스마트폰 응용프로그램으로 정보 무늬를 찍으면 관련 내용이 있는 누리집으로 이동하거나, 관련 사진이나 동영상을 볼 수 있다. 또 정보 무늬에 색깔이나 신기한 그림을 넣어 만들기도 한다.

(나) 정보 무늬는 여러 분야에서 활용한다. 백화점이나 할인점에서는 정보 무늬로 할인 정보를 제공한다. 신문 광고에 있는 정보 무늬를 찍으면 3차원으로 움직이는 광고가 나오기도 하고, 책에 있는 정보 무늬를 찍으면 등장인물이 튀어나와 책의 정보와 줄거리를 알려 주기도 한다. 박물관이나 미술관에서는 자료나 작품을 더 알아볼 수 있도록 정보 무늬에 설명을 담아 제공하기도 한다.

(다) 정보 무늬는 누구나 만들 수 있다. 예를 들어 개인 정보를 담은 명함을 만들 수도 있다. 명함에 있는 정보 무늬로 자신의 사진이나 동영상을 보여 주거나 이름이나 연락처를 자동으로 저장하도록 할 수 있다.

9 이 글에서 설명하는 내용을 정리해 다음 빈칸에 쓰시오.

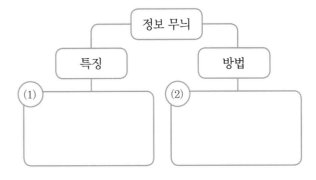

10 이와 같은 글을 읽는 방법을 두 가지 고르시오.

(,   )

① 재미있는 표현을 찾는다.
② 감동받은 부분을 말한다.
③ 이미 아는 것을 떠올린다.
④ 주장과 근거가 적절한지 살펴본다.
⑤ 대상에 대해 새롭게 안 것을 찾는다.

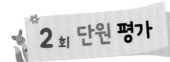 

11~12 다음 글을 읽고 물음에 답하시오.

(가) 가까운 미래에는 제4차 산업 혁명이 일어나 많은 것이 달라진다고 합니다. 인공 지능이 발달하고 새로운 기술을 개발해서 지금까지 살던 모습과는 다를 것입니다.

그렇다면 미래 사회에 필요한 사람은 어떤 사람일까요?

(나) 첫째, 정해진 답을 찾기보다 새로운 방식으로 문제를 해결하는 사람입니다. 정해진 문제는 사람보다 인공 지능이 더 잘 해결할 수도 있습니다. 그러나 새로운 방식을 생각하는 것은 인공 지능보다 사람이 더 잘할 수 있습니다.

(다) 둘째, 새로운 변화에 대응하는 사람입니다. 미래 연구자들은 다가올 미래에는 여러 가지 사회·환경 문제처럼 예전에 없던 새로운 변화를 맞을 것이라고 합니다. 그러므로 미래 사회에서는 막힌 생각보다 변화에 부드럽게 대처하려는 생각을 해야 합니다.

(라) 앞으로 우리는 거대한 미래의 충격과 변화 앞에서도 흔들리지 않는 열정과 패기로 서로를 존중해야 합니다.

11 글을 읽고 가운데 부분을 정리해 쓰시오.

처음	미래 사회에 필요한 사람은 어떤 사람일까?
가운데	첫째, 정해진 답을 찾기보다 새로운 방식으로 문제를 해결하는 사람 둘째,

12 이와 같은 글을 읽을 때 고려할 점이 아닌 것은 어느 것입니까? (   )

① 주장과 근거가 적절한가?
② 글쓴이의 주장은 무엇인가?
③ 주장에 대한 근거는 무엇인가?
④ 비유적인 표현의 효과는 무엇인가?
⑤ 자신의 생각과 같은 점은 무엇인가?

13~15 다음 글을 읽고 물음에 답하시오.

고려청자는 무엇보다 아름다운 빛깔로 더욱 주목받았다. 청자의 빛깔은 맑고 은은한 푸른 녹색이다. 이는 유약 안에 아주 작은 기포가 많아 빛이 반사되면서 은은하고 투명하게 비쳐 보이기 때문이다. 청자의 색이 짙고 푸른색 윤이 나는 구슬인 비취옥과 색깔이 닮았기 때문에 '비색'이라 불렀는데, 중국 송나라의 태평 노인이 『수중금』이라는 책에서 고려청자의 빛깔을 비색이라 부르며, 천하제일이라고 칭찬했다.

13 중국 청자와 비교해서 고려청자가 가지고 있는 특징을 나타내는 말은 무엇입니까? (   )

① 옥
② 유약
③ 문양
④ 비색
⑤ 불투명

14 규빈이가 파란색으로 쓰인 부분만 읽었다면 규빈이가 읽은 방법은 무엇인지 ○표를 하시오.

(훑어 읽기 , 자세히 읽기)

15 문제 14번에서 답한 읽기 방법을 모두 고르시오.
(,   ,   )

① 필요한 내용을 찾으며 자세히 읽는다.
② 중요한 내용에 밑줄을 그으며 읽는다.
③ 제목을 가장 먼저 읽고 필요한 내용이 있는지 살펴보았다.
④ 제목뿐만 아니라 그림도 살펴보며 필요한 내용이 있을지 짐작한다.
⑤ 글 전체를 다 읽지 않고 중요한 낱말을 읽으면서 필요한 내용을 찾아보았다.

16~20 다음 글을 읽고 물음에 답하시오.

(가) 청자의 상감 기법은 어느 나라에서도 찾아볼 수 없는 우리 고유의 독창적인 도자기 장식 기법이다. 상감 기법은 그릇을 빚고 굳었을 때 그릇 바깥쪽에 조각칼로 무늬를 새긴 다음, 검은색이나 흰색의 흙을 메운 뒤 무늬가 드러나도록 바깥쪽을 매끄럽게 다듬는 기법이다. 이 기법은 금속 공예나 나전 칠기에 장식 기법으로 쓰고 있었지만, 고려 도공들이 도자기를 만들 때 장식에 처음으로 응용했다. 상감 기법으로 만든 고려청자는 구름과 학 무늬를 새긴 '청자 상감 운학문 매병'이 대표적이다.

(나) 이러한 청자의 형태는 기존의 단순한 그릇 모양의 형태에서 여러 형태의 청자로 발전했다. 그 당시 고려인들은 대접과 접시, 잔, 항아리, 병, 찻잔, 상자 따위를 비롯해 심지어 베개와 기와까지도 청자로 만들었다. 특히, 죽순, 표주박, 복숭아, 원앙, 사자, 용, 거북과 같이 여러 동식물의 모양을 본떠 만든 향로, 주전자, 꽃병, 연적 따위가 오늘날까지 내려오고 있다. 이처럼 그릇의 실용성을 넘어 예술적 아름다움을 지닌 청자는 고려인의 생활 속에서 널리 쓰였다.

16 글에서 알 수 있는 상감 기법의 특징은 무엇입니까?
( )

① 바깥쪽이 매끄럽다.
② 무늬를 넣을 수 없다.
③ 유약을 두텁게 바른다.
④ 유약을 바르지 않는다.
⑤ 단단하며 깨지지 않는다.

17 글 (가)와 (나) 가운데에서 고려청자의 뛰어난 점을 소개하기 위해 다음과 같은 방법으로 읽은 글의 기호를 쓰시오.

> 지완이는 자신에게 필요한 정보가 글에 있다는 것을 이미 알았어. 그래서 내용을 이해하고 글의 내용을 자세히 살펴보며 읽었어.

글 ( )

18 글 (가)와 글 (나)에서 다음 내용에 해당하는 것을 찾아 요약해 쓰시오.

(1) 상감 기법	
(2) 고려청자의 사용	

서술형

19 글 (나)의 읽기 방법으로 글을 읽은 경험을 쓰시오.

_____

_____

20 글 (가)와 (나)처럼 같은 글이지만 읽는 방법이 다른 까닭은 무엇입니까? ( )

① 글의 내용이 달라서
② 글을 읽는 목적이 달라서
③ 글을 읽는 장소가 달라서
④ 글을 읽는 사람이 달라서
⑤ 글을 읽을 때의 기분이 달라서

1~3

> 이러한 청자의 형태는 기존의 단순한 그릇 모양의 형태에서 여러 형태의 청자로 발전했다. 그 당시 고려인들은 대접과 접시, 잔, 항아리, 병, 찻잔, 상자 따위를 비롯해 심지어 베개와 기와까지도 청자로 만들었다. 특히, 죽순, 표주박, 복숭아, 원앙, 사자, 용, 거북과 같이 여러 동식물의 모양을 본떠 만든 향로, 주전자, 꽃병, 연적 따위가 오늘날까지 내려오고 있다. 이처럼 그릇의 실용성을 넘어 예술적 아름다움을 지닌 청자는 고려인의 생활 속에서 널리 쓰였다.
>
> 고려청자는 맑고 은은한 비색으로 유려한 곡선을 강조하며 상감 기법으로 회화적인 아름다운 무늬를 표현한 것이 특색이다. 우리는 이러한 고려청자로 고려인들의 독창성과 뛰어난 기술력을 엿볼 수 있다. 이는 중국의 청자를 받아들이면서 그저 모방에 그치는 것이 아니라, 아름다운 비색과 독특한 상감 기법으로 발전했다는 점이다. 따라서 고려청자는 여러 가지 모양과 형태의 아름다움을 일궈 낸 고려인들의 노력과 열정을 그대로 담고 있다.

도움말

⭐ 읽는 목적에 따라 어떤 읽기 방법으로 읽어야 할지 알아봅니다.

1 다희는 숙제를 하려고 이 글을 도서관에서 보고, 조사해야 할 고려청자에 대한 내용이 있는지 살펴보려고 합니다. 다희는 어떤 방법으로 읽어야 하는지 쓰시오.

1 다희는 이 글에 고려청자에 대한 내용이 있는지 없는지 알지 못합니다.

2 경호는 고려청자에 대한 숙제를 하려고 사서 선생님께 여쭈어 보았더니 이 글을 추천해 주셨습니다. 경호는 어떤 방법으로 읽어야 하는지 쓰시오.

2 경호는 이 글에 고려청자에 대한 내용이 있다는 것을 이미 알고 있습니다.

3 경호는 고려청자에 대한 내용을 더 조사하려고 합니다. 어떤 방법으로 자료를 찾을지 쓰시오.

3 자료를 찾는 여러 가지 매체와 방법을 생각해 봅니다.

독서가들의 읽기 방법

세종 대왕 여러 번 반복해 읽고 쓰기
　세종 대왕은 같은 책을 백 번 읽고 백 번 쓰면 책의 내용을 잊지 않는다고 했다.

헬렌 켈러 대상과 감정을 상상하며 읽기
　헬렌 켈러는 듣지도, 보지도, 말하지도 못해 책을 읽는 데 어려움이 있었다. 하지만 헬렌 켈러는 손끝으로 책을 읽을 수 있게 되었다. 헬렌 켈러는 평소 느끼지 못했던 대상과 감정을 상상하며 책을 읽었다.

방정환 글과 관련한 곳 직접 가 보기
　어린이날을 만든 아동 문학가 방정환은 어린이가 글을 읽은 다음에는 반드시 관련한 곳에 직접 가 봐야 한다고 했다. 글 내용을 오랫동안 기억하려면 직접 겪어 보라 했다.

도움말

☆ 자신만의 읽기 방법을 찾아봅니다.

9
단원

4 이 읽기 방법 가운데에서 자신만의 읽기 방법과 비슷한 읽기 방법은 무엇인지 간단히 쓰시오.

_____

_____

4 세종 대왕, 헬렌 켈러, 방정환의 읽기 방법을 살펴봅니다.

5 자신만의 읽기 방법 이름을 지어 쓰시오.

_____

5 자신만의 읽기 방법의 특징을 잘 나타낼 수 있는 이름을 지어 봅니다.

6 자신만의 읽기 방법을 소개해 쓰시오.

무엇을 읽을 때 써야 하는가?	(1)
어떻게 읽는가?	(2)
읽기 방법의 좋은 점	(3)

6 자신만의 읽기 방법의 특징을 소개합니다.

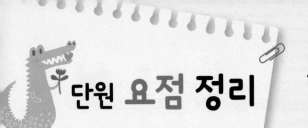

단원 요점 정리   10. 주인공이 되어

핵심 1 ★기억에 남는 일 이야기하기

- 친구들과 함께 어떤 일이 기억에 남는지 이야기해 보고, 내용을 듣고 어떤 생각을 했는지 말해 봅니다. 예 → 언제 어디에서 누구와 어떤 일이 벌어졌는지 생각해 봅니다.

기억 카드 만드는 방법 예

- 기억에 남는 일 가운데에서 다섯 가지를 떠올립니다.
- 앞면에는 카드 번호와 기억에 남는 일, 이름을 씁니다.
- 뒷면에는 기억과 관련한 자신의 느낌을 다양하게 나타냅니다.

지난봄 운동회에서 친구들과 재미있게 경기한 일 －윤주찬	행복한 느낌
〈앞면〉	〈뒷면〉

- 기억 면담을 해 봅니다.
  - 친구들과 이야기를 나누어 본 뒤에 새롭게 떠오른 기억이 있다면 이야기해 봅니다.
  - 친구들의 기억 가운데에서 좀 더 자세히 듣고 싶은 친구의 기억과 그 까닭을 써 봅니다.
  - 자신이 떠올린 기억 가운데에서 이야기로 자세히 나타내고 싶은 기억과 그 까닭을 써 봅니다.
- 이야기로 만들기에 좋은 기억을 찾습니다.
  - 친구들이 흥미를 보일 수 있어야 합니다.
  - 자신이 잘 아는 이야기여야 합니다.
  - 시간의 흐름이 잘 나타날 수 있는 이야기여야 합니다.

경험을 이야기로 표현하기 전에 자신의 기억을 떠올려 봐요.

핵심 2 일상생활의 경험이 잘 드러난 글 읽기

- ★이야기 글이 ★일기나 생활문과 다른 점
  - 일기는 일기를 쓴 자신의 생각만 알 수 있지만 이야기는 다른 사람의 생각도 알 수 있습니다.
  - 이야기 글은 일기나 생활문보다 자세하며 흥미를 끌 수 있습니다.
  - 자신의 이야기를 다른 사람의 이야기를 쓰듯이 쓸 수 있습니다.
- 경험을 이야기로 나타내는 방법 알기
  - 이야기는 일기와 다르게 읽는 사람을 생각하면서 씁니다.
  - 억지로 꾸며서 쓰지 않고 겪은 일을 그대로 풀어서 자신의 생각을 솔직하게 씁니다.
  - 일기나 생활문에 비해 긴 기간에 걸친 사건을 어떻게 해결했는지 잘 나타냅니다.
  → 상상으로 쓴 글과 경험을 나타낸 글을 비교해 보면 공감과 감동으로 즐거움을 줄 수 있는 글은 경험을 나타낸 글입니다.

핵심 3 경험을 이야기로 표현하는 방법 알기

- 읽는 사람이 관심을 보일 수 있는 경험을 써야 합니다.
- 글을 읽는 사람이 이해할 수 있게 써야 합니다.
  - 인물이나 사건에 대해 설명하듯이 쓸 수 있습니다.
  - 대화글을 써야 합니다.
- 자신이 말하고자 하는 주제가 잘 나타나도록 이야기 흐름에 맞게 써야 합니다.
- 사건을 어떻게 전개하고 어떻게 해결했는지 나타나게 써야 합니다.
- 사람들이 흥미를 보이며 읽을 수 있도록 합니다.
- 필요하다면 사건을 지어서 쓸 수 있습니다.
- 일의 차례를 바꾸어 써도 됩니다.
- 이야기의 흐름

이야기의 흐름	이야기를 시작하고 배경과 인물을 설명하는 단계	사건이 일어나기 시작하는 단계	등장인물의 갈등이 꼭대기에 이르는 단계	사건을 해결하고 마무리하는 단계

🎲 경험을 이야기로 표현하면 좋은 점

- 자신의 이야기를 다른 사람의 이야기를 쓰듯이 쓸 수 있으므로 좀 더 솔직하게 쓸 수 있습니다.
- 실제로 일어나지 않았더라도 일어났으면 하는 일을 사건으로 표현할 수 있습니다.

🎲 「꿈」의 주인공이 겪은 일과 자신의 경험 비교하기 ⑩

- 반장 선거에 나갔다가 떨어진 적이 있었는데 창피하고 속상했습니다.
- 잘난 척하는 친구 때문에 마음이 불편하고 힘들었던 적이 있습니다.

🎲 이야기로 쓴 글과 일기의 다른 점

- 이야기는 여러 사람이 읽는 글이므로 읽는 사람을 생각하며 쓴다는 점이 다릅니다.
- 일기는 하루 이틀 동안에 있었던 일만 쓰지만, 이야기는 오랜 시간에 걸쳐 있었던 일을 쓸 수 있습니다.

🎲 상상으로 쓴 글과 경험을 이야기로 표현한 글 비교하기

- 상상으로 쓴 글은 생각이 기발해서 재미를 느끼지만 경험을 쓴 글은 경험에 대한 공감으로 재미를 느낄 수 있습니다.

낱말 사전

- ★ 기억 지난 일에 대한 내용.
- ★ 이야기 인물, 사건, 배경을 정해서 꾸며 쓴 글.
- ★ 일기 날마다 겪은 일이나 생각을 쓴 글.

✏️ 개념을 확인해요

1 자신이 경험한 일을 이야기로 쓰기 전에 할 일은 ☐☐ 에 남는 일을 떠올리는 것입니다.

2 기억 카드의 ☐☐ 에는 카드 번호와 기억에 남는 일, 이름을 씁니다.

3 기억 카드의 ☐☐ 에는 기억과 관련한 자신의 느낌을 다양하게 나타냅니다.

4 이야기로 만들기에 좋은 기억은 ☐☐ 의 흐름이 잘 나타날 수 있는 이야기여야 합니다.

5 이야기 글은 ☐☐ 나 생활문보다 자세하며 흥미를 끌 수 있습니다.

6 경험을 이야기 글로 표현할 때 글을 읽는 사람이 ☐☐ 할 수 있게 써야 합니다.

7 경험을 이야기 글로 표현할 때 ☐☐ 을 어떻게 전개하고 어떻게 해결했는지 나타나게 써야 합니다.

8 경험을 이야기 글로 표현할 때 ☐☐ 을 지어서 쓸 수 있습니다.

9 경험을 이야기 글로 표현할 때 일의 ☐☐ 를 바꾸어 써도 됩니다.

10 이야기는 이야기를 시작하고 배경과 인물을 설명하는 단계— ☐☐ 을 펼치기 시작하는 단계— 등장인물의 갈등이 최고조에 이르는 단계— 사건을 해결하고 마무리하는 단계로 이루어집니다.

도움말

1. 그림을 살펴보며 기억에 남는 일을 떠올려 봅니다.

핵심 1

1 오른쪽 그림은 언제 있었던 일을 떠올린 것 인지 쓰시오.

여덟 살 때
즐거웠던 첫 운동회

(   )

핵심 1

2 이야기로 만들기에 좋은 기억 카드의 기준으로 빈칸에서 알맞은 말을 골라 ○표를 하시오.

(1) 자신이 잘 (아는 , 모르는) 이야기

(2) (인물 , 시간)의 흐름이 잘 나타나는 이야기

(3) 친구들이 (무관심 , 흥미)을/를 보일 수 있는 이야기

2. 이야기로 나타내기에 좋은 기억 카드의 기준을 생각해 봅니다.

핵심 2

3 경험을 이야기로 나타내면 좋은 점을 모두 찾아 ○표를 하시오.

(1) 친구와 더 가까워질 수 있다. (   )

(2) 하루하루 반성하며 더 발전할 수 있다. (   )

(3) 일어났으면 하는 일을 사건으로 표현할 수 있다. (   )

(4) 자신의 이야기를 다른 사람의 이야기를 쓰듯이 쓸 수 있으므로 좀 더 솔직하게 쓸 수 있다. (   )

3. 경험을 이야기로 나타내보고 어떤 점이 좋은지 생각해 봅니다.

핵심 2

4 다음 이야기를 쓰는 방법에는 '이', 일기를 쓰는 방법에는 '일'이라고 쓰시오.

(1) 오랜 시간에 걸쳐 있었던 일을 쓴다. ( )

(2) 하루 이틀 동안에 있었던 일을 쓴다. ( )

(3) 여러 사람이 읽는 글이므로 읽는 사람을 생각해 쓴다. ( )

4. 이야기로 만든 글과 일기의 다른 점을 생각해 봅니다.

핵심 3

5 다음은 어떤 글을 읽고 나눈 대화인지 기호를 쓰시오.

> 유정: 대화 글을 많이 쓰고 우리 주변에서 쉽게 겪을 수 있는 일을 이야기로 써서 좋았어.
>
> 우진: 고마워. 5학년 때 있었던 일 가운데에서 이 일이 가장 기억에 많이 남았어. 친구와 내 이름을 다른 이름으로 바꿔 보았어.

> ㉠ 경험을 이야기로 쓴 글
> ㉡ 학교에서 지킬 일을 설명한 글
> ㉢ 친구 사이가 좋아지는 방법에 대한 자신의 의견을 쓴 글

( )

5. 우진이가 글을 어떻게 썼는지 살펴봅니다.

10단원

핵심 3

6 경험을 이야기로 표현할 때 마지막은 어떻게 써야 합니까? ( )

① 인물의 소개를 쓴다.

② 사건의 해결을 쓴다.

③ 자신의 주장을 강조해서 쓴다.

④ 사건의 해결을 상상하는 방법을 쓴다.

⑤ 사건의 해결을 완성하지 않고 읽는 사람이 상상할 수 있게 한다.

6. 경험을 이야기로 쓰게 되면 경험에 대한 공감으로 재미를 느낄 수 있습니다. 이 때 이야기의 마지막 부분은 어떻게 써야 하는지 생각해 봅니다.

1~4 다음 그림을 보고 물음에 답하시오.

세 살 때
밀가루로 장난한 일

일곱 살 때
부모님께 꾸중을 들은 일

여덟 살 때
처음으로 한 운동회

5학년 때 친구들과 함께한
학교 발야구 대회

1 이 그림은 기억에 남는 일을 떠올린 것입니다. 밀가루로 장난을 한 일은 언제 있었던 일을 떠올린 것인지 쓰시오.

( )

2 여덟 살 때 있었던 일은 무엇입니까? ( )

① 첫 운동회
② 벌을 받은 일
③ 칭찬을 받은 일
④ 학교 발야구 대회
⑤ 밀가루로 장난을 한 일

3 다음 친구는 어떤 일을 떠올려서 말한 것인지 그림의 기호를 쓰시오.

5학년 때 학교 발야구 대회에 우리 반 대표 선수로 출전한 적이 있어. 친구들이 열심히 응원을 해 주어서 우승해서 무척 기뻤지.

그림 ( )

4 그림 ㈏와 비슷한 기억을 말한 친구는 누구인지 쓰시오.

서현: 가족들과 산으로 캠핑을 갔어.
재은: 누나랑 싸우다가 벌로 집 안 청소를 한 적이 있어.
지훈: 유치원 때 그림 그리기 대회에서 상을 받아서 기뻤어.

( )

5 다음 가운데 친구가 떠올린 기억을 듣고 새롭게 떠오른 기억을 말한 것에 ○ 표를 하시오.

⑴ 친구는 첫 운동회 때 설렜다고 했는데 나는 겁이 났다. ( )
⑵ 친구도 밀가루로 장난을 한 적이 있었다니 공감이 된다. ( )
⑶ 친구가 아팠던 일을 말한 것을 듣고 나도 1학년, 병원에 입원했을 때 친구들이 병문안 와 주었던 기억이 났다. ( )

6 다음 기억 카드의 빈칸에 알맞은 일은 무엇입니까?

( )

-윤주찬
〈앞면〉

행복한 느낌
〈뒷면〉

① 1학년 때 넘어진 일
② 지난 여름 친구와 싸운 일
③ 지난 주 친구가 전학 간 일
④ 운동회 때 달리기 하다가 넘어진 일
⑤ 지난봄 운동회에서 친구들과 재미있게 경기한 일

서술형

8 자신이 떠올린 기억 가운데 이야기로 표현하고 싶은 기억과 그 까닭을 쓰시오.

기억	(1)
까닭	(2)

중요

9 경험을 이야기로 표현한 글이 일기나 생활문과 다른 점을 두 가지 고르시오. (,)

① 더 간단히 쓸 수 있다.
② 하루의 일을 반성할 수 있다.
③ 자신의 이야기만 할 수 있다.
④ 일기나 생활문보다 자세하다.
⑤ 일기나 생활문보다 흥미를 끌 수 있다.

10
단원

7 다음 기억 카드를 보고 친구에게 질문할 것으로 알맞은 것은 무엇입니까? ( )

친구와
놀이터에서
논 일
행복한 느낌

① 친구가 얼마나 그리웠나요?
② 친구와 어떤 놀이를 했나요?
③ 부모님께 어떤 마음이 들었나요?
④ 선생님께서 어떤 말씀을 하셨나요?
⑤ 힘들 때 도와준 친구는 누구인가요?

10 경험을 이야기로 표현하면 좋은 점은 무엇입니까?

( )

① 비밀을 지킬 수 있다.
② 친구의 생각을 쓸 수 있다.
③ 자신만의 일을 쓸 수 있다.
④ 자신의 주장을 잘 나타낼 수 있다.
⑤ 일어났으면 하는 일을 사건으로 표현할 수 있다.

11~13 다음 만화를 보고 물음에 답하시오.

11 이 만화의 장면 **❶**에서 일어난 사건은 무엇입니까?
( )

① 성훈이가 전학을 왔다.
② 비가 와서 체육 수업을 못 하게 되었다.
③ 체육관에서 체육 수업을 못 하게 되었다.
④ 진주는 성훈이와 같은 편을 하지 않기를 바랐다.
⑤ 상담실에서 선생님과 진주와 성훈이가 이야기를 나누었다.

12 이 만화에서 장소는 어떻게 바뀌었는지 빈칸에 알맞은 말을 쓰시오.

( ) ➡ ( )

13 이 만화에서 진주의 경험을 이야기로 만들기에 알맞은 방법을 두 가지 고르시오. (,)

① 진주의 일생을 쓴다.
② 사건을 모두 바꾼다.
③ 날씨의 변화에 따라 쓴다.
④ 인물의 마음이 잘 나타나도록 쓴다.
⑤ 진주와 성훈이가 사이가 안 좋은 까닭을 이해할 수 있게 쓴다.

14~15 다음 글을 읽고 물음에 답하시오.

㉮ "상은아, 오늘도 비 온다. 체육은 할 수 있을까?"
인국이가 교실에 들어서며 나를 보고 말을 걸었다.
"그러게, 지긋지긋한 여름 장마다. 그렇지?"
"응, 그래도 난 이 비 덕분에 너랑 친해져서 좋기도 해."
"자식, 또 그때 얘기야?"
인국이는 4학년이 끝나 갈 즈음 우리 반에 전학 온 친구다. 전학 온 첫날부터 친구들 주변을 돌아다니며 소란스럽게 말을 걸고, 우리가 대화를 하거나 게임을 할 때 끼어들어서 나는 물론 친구들은 인국이를 그렇게 좋아하지 않았다. 그러던 인국이와 5학년이 되어 이렇게 친해진 건 며칠째 봄비가 내리던 날 체육 시간 때문이었다.
㉯ 그날 우리 반 친구들은 비 때문에 못 할 줄 알았던 체육을 체육관에서 할 수 있어 기분이 다들 좋았다. 하지만 난 평소에 못마땅하게 여겼던 인국이랑 같은 편을 하고, 체육을 잘하는 민영이와 다른 편을 하여 기분이 별로였다.

14 이 글에 대해 바르게 말하지 <u>못한</u> 것은 무엇입니까?
( )

① 사물이 말을 한다.
② 대화 글을 많이 썼다.
③ 일이 일어난 차례대로 썼다.
④ 인국이에 대해 설명하듯이 쓴 부분이 있다.
⑤ 우리 주변에서 쉽게 겪을 수 있는 일을 썼다.

15 이 글에서 다음 이야기의 흐름에 해당하는 부분을 찾아 글의 기호를 쓰시오.

⑴ 이야기를 시작하고 배경과 인물을 설명하는 단계: 글 ( )
⑵ 사건을 펼치기 시작하는 단계: 글 ( )

16~17 다음 글을 읽고 물음에 답하시오.

뺑!

역시나 상대편에서 민영이에게 공을 넘겨주었다. 난 민영이를 쫓아갔다.

"야! 막아!"

골키퍼 인국이가 소리쳤다.

'쳇, 또 먼저 나서네. 자기는 얼마나 잘한다고……'

다행히 내가 공을 뺏어 옆으로 보냈는데 그게 하필 상대편 정훈이 발에 맞은 것이다. '아차!' 하는 순간 내 눈에 보인 건 골대를 향해 가는 공을 뒤에서 쫓아가는 우리 편 골키퍼 인국이었다.

"야! 너 뭐 하는 거야! 그것도 하나 못 막냐?"

내가 마음속에 억눌렀던 말을 꺼내며 인국이에게 달려들었다.

㉠너도 똑바로 못 막았잖아! 왜 자꾸 나한테만 화내는 건데?"

16 이 글에서 일어난 사건은 무엇입니까? ( )

① '내'가 골을 넣었다.
② 민영이가 골을 막았다.
③ '나'와 인국이가 싸웠다.
④ 정훈이와 인국이가 싸웠다.
⑤ '나'와 인국이가 화해를 했다.

서술형

17 ㉠에 담긴 인국이의 마음은 어떠할지 쓰시오.

_____

_____

18~20 다음 글을 읽고 물음에 답하시오.

체육 시간이 끝나고 선생님께서 나와 인국이를 부르셨다.

"오늘 일도 그렇고, 너희가 지내는 모습을 보니 서로 대화를 하는 게 좋을 것 같아서 말이야. 인국이, 상은이, 서로에게 하고 싶은 말 없니?"

나는 눈치를 보며 우물쭈물했다. 인국이가 먼저 말을 꺼냈다.

"저는 상은이랑 친하게 지내고 싶은데 상은이는 자꾸 저한테만 더 화를 내는 느낌이에요."

"그랬구나. 상은이도 알았니?"

"아, 아니요. 전 그냥 인국이가 자꾸 말하는데 끼어들어서 좋지 않게 생각했어요. 인국아, 그 점 미안하게 생각해."

"그래, 서로 마음을 잘 몰랐던 것 같구나. 시간을 줄 테니 좀 더 이야기하고 교실로 들어오렴."

10
단원

18 이 글에 등장하는 인물을 모두 쓰시오.

( )

19 상은이가 인국이를 좋지 않게 생각한 까닭은 무엇입니까? ( )

① 자신보다 인기가 많아서
② 자신보다 공부를 잘해서
③ 자꾸 말하는데 끼어들어서
④ 축구를 열심히 하지 않아서
⑤ 먼저 말을 걸어 주지 않아서

20 이 이야기의 마지막을 쓰는 알맞은 방법에 ○표를 하시오.

⑴ 갑자기 일이 해결되도록 쓴다. ( )
⑵ 사건의 해결이 잘 나타나도록 쓴다. ( )

1~4 다음 그림을 보고 물음에 답하시오.

가
세 살 때
밀가루로 장난한 일

나
일곱 살 때
부모님께 꾸중을 들은 일

다
여덟 살 때
처음으로 한 운동회

라
5학년 때 친구들과 함께한
학교 발야구 대회

1 이 그림에서 세 살 때 있었던 일로 떠올린 일은 무엇입니까? (　　　)

① 첫 운동회
② 벌을 받은 일
③ 학교 발야구 대회
④ 가족과 여행을 간 일
⑤ 밀가루로 장난을 한 일

2 다음 친구는 그림 카드를 보고 언제 있었던 일을 떠올린 것인지 쓰시오.

동생이랑 술래잡기를 하다가 다투어서 부모님께 꾸중을 들은 적이 있어.

(　　　　　)

3 그림 다를 보고 떠올린 일을 바르게 말한 친구는 누구인지 쓰시오.

소원: 여덟 살 첫 운동회 날 달리기를 할 때 참 즐거웠어.
정욱: 여덟 살 때 처음으로 받아쓰기 시험을 볼 때 무척 떨렸어.
혜나: 유치원 다닐 때 엄마, 아빠와 함께 여행을 갔는데 비행기를 처음으로 타 보니 신기했어.

(　　　　　)

서술형

4 그림 라와 비슷한 기억을 떠올려 쓰시오.

_____

_____

_____

5 다음 가운데 친구가 떠올린 기억을 듣고 비슷한 기억이지만 다른 감정을 느꼈던 친구에 ○표를 하시오.

(1) 친구도 벌을 섰던 적이 있다는 말을 듣고 공감이 되었다. (　　　)
(2) 친구는 비행기를 처음 탈 때 신기하다고 했는데 나는 무서웠다. (　　　)
(3) 밀가루로 장난을 친 일을 듣고 나도 모래로 장난을 친 일이 떠올랐다. (　　　)

6 다음 기억 카드의 뒷면에 앞면에 써 있는 기억에 알맞은 감정을 다양하게 표현해 나타내시오.

지난봄 운동회에서 친구들과 재미있게 경기한 일 －윤주찬	
〈앞면〉	〈뒷면〉

서술형

7 다음 기억 카드를 보고 친구에게 질문할 내용을 한 가지 쓰시오.

지난달 친구 예찬이가 전학 간 일	 슬픈 느낌
〈앞면〉	〈뒷면〉

_____

_____

8 이야기로 만들기에 좋은 기억 카드의 기준을 모두 고르시오. (　 ,　 ,　)

① 날마다 겪는 이야기
② 누구나 다 아는 이야기
③ 자신이 잘 아는 이야기
④ 시간의 흐름이 잘 나타나는 이야기
⑤ 친구들이 흥미를 보일 수 있는 이야기

9~10 다음 만화를 보고 물음에 답하시오.

9 이 만화에서 일어난 사건의 차례대로 기호를 쓰시오.

> ㉠ 선생님과 상담실에서 진주와 성훈이가 이야기를 나눈다.
> ㉡ 체육 시간에 간이 축구를 하다가 진주와 성훈이가 싸운다.
> ㉢ 체육관에서 체육 수업을 할 수 있어 좋아했으나 진주는 성훈이와 같은 편을 하지 않기를 바랐다.

(　　) ➡ (　　) ➡ (　　)

10 진주의 경험을 이야기로 만들기에 알맞은 방법이 아닌 것은 어느 것입니까? (　　)

① 일의 차례를 바꾼다.
② 대화 글을 많이 쓴다.
③ 인물의 이름을 바꾼다.
④ 인물의 마음이 잘 나타나도록 쓴다.
⑤ 진주와 성훈이가 사이가 안 좋은 까닭을 읽는 사람이 궁금해하도록 쓰지 않는다.

11~13 다음 글을 읽고 물음에 답하시오.

"상은아, 오늘도 비 온다. 체육은 할 수 있을까?"
인국이가 교실에 들어서며 나를 보고 말을 걸었다.
"그러게, 지긋지긋한 여름 장마다. 그렇지?"
"응, 그래도 난 이 비 덕분에 너랑 친해져서 좋기도 해."
"자식, 또 그때 얘기야?"
인국이는 4학년이 끝나 갈 즈음 우리 반에 전학온 친구다. 전학 온 첫날부터 친구들 주변을 돌아다니며 소란스럽게 말을 걸고, 우리가 대화를 하거나 게임을 할 때 끼어들어서 나는 물론 친구들은 인국이를 그렇게 좋아하지 않았다. 그러던 인국이와 5학년이 되어 이렇게 친해진 건 며칠째 봄비가 내리던 날 체육 시간 때문이었다.

11 인국이에 대해 바르게 말하지 <u>못한</u> 것은 어느 것입니까? (   )

① 전학 온 친구이다.
② 친구들 대화에 잘 끼어들었다.
③ 지금 상은이와 인국이는 친하다.
④ 친구가 별로 없어서 늘 혼자이다.
⑤ 상은이와 인국이는 같은 반 친구이다.

12 인국이와 상은이가 친해진 것은 언제인지 쓰시오.

(   )

서술형

13 이 글에서 인국이를 설명하는 부분을 쓴 까닭은 무엇인지 쓰시오.

_____

_____

14~15 다음 글을 읽고 물음에 답하시오.

대화가 필요해

난 평소에 못마땅하게 여겼던 인국이랑 같은 편을 하고, 체육을 잘하는 민영이와 다른 편을 하여 기분이 별로였다.
빵!
역시나 상대편에서 민영이에게 공을 넘겨주었다. 난 민영이를 쫓아갔다.
"야! 막아!"
골키퍼 인국이가 소리쳤다.
'쳇! 또 먼저 나서네. 자기는 얼마나 잘한다고…….'
다행히 내가 공을 뺏어 옆으로 보냈는데 그게 하필 상대편 정훈이 발에 맞은 것이다. '아차!' 하는 순간 내 눈에 보인 건 골대를 향해 가는 공을 뒤에서 쫓아가는 우리 편 골키퍼 인국이었다.
"야! 너 뭐 하는 거야! 그것도 하나 못 막냐?"
내가 마음속에 억눌렀던 말을 꺼내며 인국이에게 달려들었다.
㉠"너도 똑바로 못 막았잖아! 왜 자꾸 나한테만 화내는 건데?"

14 이 글에서 일어난 사건은 무엇입니까? (   )

① 상은이와 인국이가 싸웠다.
② 인국이가 넘어진 상은이를 도와주었다.
③ 상은이와 인국이의 편이 축구에서 이겼다.
④ 상은이는 인국이의 골 넣는 것을 도와주었다.
⑤ 상은이는 인국이가 축구할 때 응원해 주었다.

15 이 글의 제목에 대해 친구들이 말한 것에 알맞은 말을 쓰시오.

제목을 「대화가 필요해」로 지은 까닭은 뭐지?

대화로 서로 오해를 풀었으면 하는 내 (   ) 을/를 담았어.

16~19 다음 글을 읽고 물음에 답하시오.

체육 시간이 끝나고 선생님께서 나와 인국이를 부르셨다.

"오늘 일도 그렇고, 너희가 지내는 모습을 보니 서로 대화를 하는 게 좋을 것 같아서 말이야. 인국이, 상은이, 서로에게 하고 싶은 말 없니?"

나는 눈치를 보며 우물쭈물했다. 인국이가 먼저 말을 꺼냈다.

"저는 상은이랑 친하게 지내고 싶은데 상은이는 자꾸 저한테만 더 화를 내는 느낌이에요."

"그랬구나. 상은이도 알았니?"

㉠"아, 아니요. 전 그냥 인국이가 자꾸 말하는데 끼어들어서 좋지 않게 생각했어요. 인국아, 그 점 미안하게 생각해."

"그래, 서로 마음을 잘 몰랐던 것 같구나. 시간을 줄 테니 좀 더 이야기하고 교실로 들어오렴."

16 이 글에 등장하는 사람을 모두 고르시오.

(, ,)

① 인국
② 성훈
③ 진주
④ 상은
⑤ 선생님

17 이 글은 이야기의 흐름에서 어떤 단계에 해당하는지 ○표를 하시오.

⑴ 이야기를 시작하고 배경과 인물을 설명하는 단계 ( )

⑵ 사건을 펼치기 시작하는 단계 ( )

⑶ 등장인물의 갈등이 최고조에 이르는 단계 ( )

⑷ 사건을 해결하고 마무리하는 단계 ( )

18 ㉠에 나타난 상은이의 마음은 어떠합니까?

( )

① 미안한 마음
② 용서하는 마음
③ 좋아하는 마음
④ 시샘하는 마음
⑤ 원망스러운 마음

19 이 이야기의 마지막 장면은 어떻게 이어질지 간단히 쓰시오.

_____

_____

10
단원

20 경험을 이야기로 표현할 때 생각해야 할 점을 바르게 말하지 못한 친구는 누구인지 쓰시오.

내가 말하고자 하는 주제가 잘 나타나도록 이야기의 흐름에 맞게 써야 해.

은수

사건의 해결은 읽는 사람이 상상할 수 있게 남겨 두어야 해.

혜진

읽는 사람들이 흥미를 가지고 읽을 수 있어야 해.

유진

읽는 사람이 이해할 수 있게 써야 해.

주형

( )

1~3

도움말

⭐ 경험을 이야기로 쓰는 방법을 알고 이야기로 꾸며 써 봅니다.

1 이 만화의 인물, 사건, 배경을 정리해 쓰시오.

인물	(1)
사건	(2)
배경	(3)

1 언제 어디에서 누가 어떤 일이 있었는지 생각해 봅니다.

2 이 만화에서 있었던 일을 이야기로 꾸며 쓸 때 인물, 사건, 배경을 어떻게 바꿀지 쓰시오.

인물	(1)
사건	(2)
배경	(3)

2 이야기의 흐름에 맞게 이야기를 꾸며 봅니다.

3 자신이 꾸며 쓴 글에 알맞은 제목을 붙여 쓰시오.

3 글의 제목으로 글쓴이가 말하고자 하는 생각을 알 수 있습니다.

4 이번 학기에 있었던 일 가운데에서 가장 즐거웠던 기억을 떠올려 한 가지 쓰시오.

_____

_____

도움말

⭐ 자신의 경험을 떠올려 이야기를 써 봅니다.

4 가장 즐거웠던 기억을 떠올려 봅니다.

5 문제 4번의 일을 이야기로 꾸미려고 합니다. 때와 장소, 인물의 이름과 성격을 어떻게 할지 꾸며 쓰시오.

때와 장소	때	(1)
	장소	(2)
등장인물 소개	(3)	

5 자신의 경험을 이야기로 꾸밀 때에는 때 와 장소 인물의 이름을 바꾸어도 됩니다.

10
단원

6 꾸며 쓴 이야기의 줄거리를 이야기의 흐름에 따라 쓰시오.

이야기를 시작하고 배경과 인물을 설명하는 단계	사건을 펼치기 시작하는 단계	등장인물의 갈등이 최고조에 이르는 단계	사건을 해결하고 마무리하는 단계
(1)	(2)	(3)	(4)

6 자신의 경험을 이야기로 꾸며 쓸 계획을 세워 봅니다.

고사성어

고사성어란 고사(故事: 옛날에 있었던 일)에서 비롯된 말이라는 뜻이지만, 신화·전설·역사·문학 작품 등에 나온 말도 포함됩니다. 고사성어는 교훈을 주는 말이나 비유하는 말, 상징하는 말 등으로도 쓰이고, 관용적 표현이나 속담 등으로도 쓰입니다. 많이 쓰이는 고사성어와 뜻을 알아봅니다.

- 家和萬事成(가화만사성): 집안이 화목해야 모든 일이 다 잘 된다.
- 難兄難弟(난형난제): 우열을 가리기 어려울 만큼 둘이 서로 비슷하다.
- 南柯一夢(남가일몽): 한때의 헛된 꿈이나 부귀영화.
- 勞心焦思(노심초사): 몹시 마음을 졸이다.
- 多多益善(다다익선): 많으면 많을수록 좋다.
- 大器晚成(대기만성): 크게 될 사람은 오랫동안 노력하여 늦게 성공한다.
- 同病相憐(동병상련): 어려운 상황에 있는 사람끼리 서로 가엾게 여긴다.

네 점수를 보니까 동병상련의 마음이 느껴져. 우리 함께 노력하자.

나는 '대기만성' 형이야. 걱정 안 해도 잘될걸.

- 燈下不明(등하불명): 등잔 밑이 어둡다. 가까이 있는 사람이나 물건을 잘 찾지 못한다.
- 馬耳東風(마이동풍): 남의 말을 귀담아듣지 아니하다.
- 莫上莫下(막상막하): 실력에 있어 낮고 못함이 없이 비슷하다.
- 蛇足(사족): 안 해도 될 쓸데없는 일을 하다가 도리어 일을 그르치다.
- 塞翁之馬(새옹지마): 인생의 좋고 나쁨은 항상 바뀌어 미리 헤아릴 수가 없다.
- 首丘初心(수구초심): 여우는 죽을 때에 고향 쪽으로 머리를 둔다. 고향을 그리워하는 마음.
- 十常八九(십상팔구): 열 가운데 여덟이나 아홉 정도로 거의 대부분이거나 거의 틀림없다.

- 暗中摸索(암중모색): 어림으로 무엇을 알아 내거나 찾아 내려 한다. 은밀한 가운데 일의 실마리나 해결책을 찾아 내려 한다.
- 語不成說(어불성설): 말이 이치에 맞지 않다.
- 易地思之(역지사지): 처지를 바꾸어 생각하여 남의 입장을 헤아리다.
- 五里霧中(오리무중): 일의 갈피를 잡기가 힘들다.
- 五十步百步(오십보백보): 오십 보 도망친 사람이 백 보 도망친 사람을 비웃는다. 정도의 차이는 있으나 본질적으로는 마찬가지이다.
- 龍頭蛇尾(용두사미): 시작은 거창하나 뒤로 갈수록 흐지부지되다.
- 一擧兩得(일거양득): 한 가지 일로써 두 가지 이익을 거두다.
- 自業自得(자업자득): 자기가 저지른 일의 결과를 자기 자신이 받다.
- 轉禍爲福(전화위복): 화가 바뀌어 오히려 복이 되다.
- 知己之友(지기지우): 서로 뜻이 통하는 친한 벗.
- 至誠感天(지성감천): 정성을 들이면 어려운 일도 이룰 수 있다.
- 表裏不同(표리부동): 겉과 속이 다르다.
- 風前燈火(풍전등화): 바람 앞의 등불처럼 매우 위급하고 어려운 지경이다.
- 畫中之餅(화중지병): 그림의 떡처럼 바라만 보았지 아무 소용이 없다.

'지성감천'이라고 했어. 최선을 다하면 이룰 수 있을 거야.

아니, '화중지병' 이라 했어. 지금이라도 포기하는 게 좋겠어.

100점
예상문제

국어 5-1

5~6
학년군

1회 (1~5단원) ———————————— 152

2회 (6~10단원) ———————————— 156

3회 (1~10단원) ———————————— 160

4회 (1~10단원) ———————————— 164

1. 대화와 공감

1 상황에 어울리는 표정과 말투로 알맞지 <u>않은</u> 것은 어느 것입니까? (　　　)

① 놀랐을 때: 아, 깜짝이야! 놀랐잖아.
② 기쁜 일이 생겼을 때: 와, 정말 신난다!
③ 잘못을 사과할 때: 미안해. 내가 잘못했어.
④ 부탁할 일이 생겼을 때: 야, 이것 좀 해 줘!
⑤ 억울한 일이 생겼을 때: 내가 그런 것이 아닌데 ······.

1. 대화와 공감

2 다음 내용은 칭찬을 어떠한 방법으로 한 것입니까? (　　　)

> "그렇게 열심히 하니 좋은 결과가 나오는구나!"

① 두루뭉술하게 칭찬했다.
② 무조건적인 칭찬을 했다.
③ 결과보다 과정을 칭찬했다.
④ 가능성을 낮춰 주는 칭찬을 했다.
⑤ 설명하지 않고 평가하는 칭찬을 했다.

서술형

1. 대화와 공감

3 다음 고민을 하는 친구에게 고민을 해결할 수 있는 알맞은 조언을 쓰시오.

> 저는 요즘 자꾸 늦잠을 잡니다. 그래서 부모님께 꾸지람을 많이 듣지만 잘 고쳐지지 않아요. 아침에 일찍 일어나고 싶은데 어떻게 하면 좋을까요?

_____

_____

_____

4~5 다음 글을 읽고 물음에 답하시오.

이 무렵, 우리 겨레는 내 나라, 내 땅에서 마음 놓고 사는 것조차 힘들었다. 그래서 하루하루 고통 속에서 살았으며 모두 독립을 애타게 바랐다. 그리하여 온 겨레가 한마음으로 목청껏 독립을 외쳤다. 1919년 3월 1일, 서울 탑골 공원에서 시작한 독립 만세 운동이 바로 그것이었다.

그날, 유관순도 친구들과 함께 거리로 나갔다. 태극기를 든 남녀노소가 한목소리로 독립 만세를 불렀다. ㉠유관순의 마음도 뜨거워졌다. 유관순은 친구들과 함께 목이 터져라 독립 만세를 불렀다.

"대한 독립 만세!"

"대한 독립 만세!"

거리에는 태극기를 든 사람들이 거대한 물결처럼 밀려들었다.

2. 작품을 감상해요

4 독립 만세 운동을 하기 전에 우리나라의 상황은 어떠했습니까? (　　　)

① 아무 일 없이 평화로웠다.
② 우리나라 땅을 밟지 못했다.
③ 우리나라를 빼앗겨 고통 속에 살았다.
④ 세계 여러 나라 사람들과 행복하게 살았다.
⑤ 훌륭한 사람들이 우리나라를 세계에 알렸다.

2. 작품을 감상해요

5 유관순이 ㉠처럼 느낀 까닭으로 알맞은 것은 무엇입니까? (　　　)

① 한데 모인 사람들이 무서워서
② 우리나라를 빼앗긴 것이 억울해서
③ 한 민족이 한데 모여 독립운동을 해서
④ 총과 칼로 위협하는 일본인들이 겁이 나서
⑤ 우리나라를 다시 찾을 수 없을 것이라고 느껴서

다음 시를 읽고 물음에 답하시오.

> ㉠할머니 아픈 허리는 왜 밟아야 시원할까요?
> ㉡아이쿠! 아이쿠! 하면서도 ㉢"꼭꼭 밟아라."
> 하십니다
> ㉣그래도 나는 겁이 나 자근자근 밟습니다.

2. 작품을 감상해요

6 다음 뜻을 가진 낱말을 찾아 쓰시오.

> 자꾸 가볍게 누르거나 밟는 모양을 흉내 내는 말

(   )

2. 작품을 감상해요

7 ㉠~㉣ 가운데에서 할머니의 허리를 자주 밟아 드린다는 것을 알 수 있는 표현은 무엇인지 기호를 쓰시오.

(   )

2. 작품을 감상해요

8 이 시에서 쉬어 읽을 부분에 ∨표 하시오.

> 할머니 아픈 허리는 왜 밟아야 시원할까요?
> 아이쿠! 아이쿠! 하면서도 "꼭꼭 밟아라." 하십니
> 다
> 그래도 나는 겁이 나 자근자근 밟습니다.

다음 글을 읽고 물음에 답하시오.

> ### 과일 카드 놀이 방법
> ❶ 차례에 맞게 각자 카드를 한 장씩 펼쳐 내려놓는다.
> ❷ 책상 가운데에 종을 놓고 과일 카드를 똑같이 나누어 가진다.
> ❸ 펼친 카드 가운데에서 같은 과일이 다섯 개가 되면 재빨리 종을 친다.
> ❹ 방법 ❷~❹를 되풀이해서 마지막까지 카드를 가지고 있는 사람이 이긴다.
> ❺ 먼저 종을 친 사람이 바닥에 모인 카드를 모두 가져간다.

3. 글을 요약해요

9 이 글의 종류는 무엇입니까? (   )

① 설명하는 글
② 부탁하는 글
③ 칭찬하는 글
④ 주장하는 글
⑤ 경험을 나타낸 글

3. 글을 요약해요

10 ❶~❺를 차례대로 나열한 것은 어느 것입니까? (   )

① ❶ → ❷ → ❸ → ❹ → ❺
② ❷ → ❶ → ❸ → ❹ → ❺
③ ❶ → ❷ → ❸ → ❺ → ❹
④ ❷ → ❶ → ❸ → ❺ → ❹
⑤ ❶ → ❷ → ❹ → ❸ → ❺

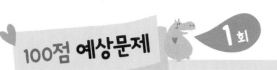

11~12 다음 글을 읽고 물음에 답하시오.

두 탑의 모습은 매우 다릅니다. 다보탑은 장식이 많고 화려합니다. 십자 모양의 받침 주변에 돌계단을 만들고 그 위에 사각·팔각·원 모양의 돌을 쌓아 올렸습니다. 반면 석가탑은 단순하면서도 세련된 멋이 있습니다. 사각 평면 받침 위에 돌을 삼 층으로 쌓아 올려 매우 균형 있는 모습을 자랑합니다.

다보탑과 석가탑은 서로 다른 모습으로 각각 아름답습니다. 두 탑은 우리 조상의 뛰어난 솜씨와 예술성을 보여줍니다. 그래서 많은 사람에게 관심과 사랑을 받습니다.

3. 글을 요약해요

11 무엇에 대하여 쓴 글입니까? (　　　)

① 다보탑과 석가탑의 재료
② 다보탑과 석가탑의 공통점
③ 다보탑과 석가탑의 차이점
④ 다보탑과 석가탑을 만든 사람들
⑤ 다보탑과 석가탑에 얽힌 이야기

3. 글을 요약해요

12 이 글을 읽고 다보탑과 석가탑은 어느 것인지 각각 쓰시오.

(1)
(2)

(　　　　　) (　　　　　)

서술형
4. 글쓰기의 과정

13 주어, 서술어, 목적어를 넣어 그림에 어울리는 문장을 쓰시오.

_____

_____

4. 글쓰기의 과정

14 주어가 들어가지 않은 문장은 어느 것입니까?
(　　　)

① 친한 친구가 전학을 갔다.
② 아버지께서 기타를 치신다.
③ 칭찬은 고래도 춤추게 한다.
④ 떡볶이가 고추처럼 매콤하다.
⑤ 노래를 열심히 했더니 힘들다.

4. 글쓰기의 과정

15 밑줄 그은 부분의 문장 성분이 다른 하나는 어느 것입니까? (　　　)

① 닭이 하얀 달걀을 낳았다.
② 이슬이가 삼촌을 좋아한다.
③ 한결이는 꽤 개구쟁이이다.
④ 할머니께서 텃밭을 가꾸신다.
⑤ 나영이가 은주를 기다리고 있다.

16~17 다음 글을 읽고 물음에 답하시오.

지난 주말에 삼촌 댁에 갔더니 삼촌께서 내가 좋아하는 달걀말이를 해 주셨다. 삼촌은 요리를 정말 잘하시는 것 같다. 달걀말이가 너무 맛있어서 만드는 방법을 배워 왔다.

먼저 재료로 달걀 여섯 알, 다진 파 한 줌, 소금, 식용유를 준비한다. 그런 다음 달걀을 큰 그릇에 깨뜨려 넣고 다진 파 한 줌과 소금 적당량을 넣어서 골고루 잘 저어 준다. 삼촌께서 이때 달걀을 젓가락으로 싹둑싹둑 잘라 주어야 좋다고 하셨다. 덩어리진 것을 가위로 자르듯 끊어 주면 된다고 하셨다. 그런 다음 약한 불에 준비한 지짐 판을 얹고 식용유를 골고루 두른 뒤 달걀물을 넓게 붓는다. 그리고 조금씩 익으면 끝에서부터 뒤집개로 살살 말아 준다. 내가 음식을 만든다고 하니 아버지께서 걱정하시며 조금 도와주셨다.

4. 글쓰기의 과정
16 이 글의 제목으로 알맞은 것은 어느 것입니까?

( )

① 아버지의 걱정
② 삼촌이 좋아요
③ 달걀말이는 맛있어
④ 달걀말이의 좋은 점
⑤ 처음 도전한 달걀말이

서술형
4. 글쓰기의 과정
17 달걀말이를 만들 때 글쓴이의 기분은 어떠했을지 쓰시오.

18~19 다음 글을 읽고 물음에 답하시오.

어린이 보행 중 교통사고를 줄이는 방법은 무엇일까? 운전자에게 어린이 보행 안전 교육을 철저히 해야 한다. 전체 교통사고 가운데에서 보행 중에 발생한 사고의 나이대별 분포를 살펴보면, 초등학생이 다른 나이대보다 상대적으로 높게 나타나는 것을 알 수 있다. 이는 초등학생들이 바깥 활동이 잦은 데다 위험 상황을 판단하고 그에 대처하는 능력이 부족하기 때문이다. 그러므로 운전자에게 어린이 보행자를 보호할 수 있는 안전 교육을 실시해 어린이 보행 중 교통사고가 ㉠일어나지 않도록 해야 한다.

5. 글쓴이의 주장
18 이 글은 무엇을 주장하는 글인지 쓰시오.

5. 글쓴이의 주장
19 ㉠과 같은 뜻으로 쓴 문장은 어느 것입니까?

( )

① 자리에서 그만 일어나자.
② 곧이어 싸움이 일어났다.
③ 기쁨으로 환호성이 일어났다.
④ 일찍 자고 일찍 일어나야 한다.
⑤ 학생들이 학생회 문제를 들고 일어났다.

서술형
5. 글쓴이의 주장
20 동형어나 다의어의 뜻을 확인하는 방법을 한 가지 쓰시오.

100점 예상문제

6. 토의하여 해결해요

1 다음을 무엇이라고 하는지 쓰시오.

> 어떤 문제를 여러 사람이 협력해 해결하는 방법

(   )

6. 토의하여 해결해요

2 토의의 절차를 정리할 때 괄호 안에 알맞은 말을 쓰시오.

- 주제 정하기 ➡ 의견 마련하기 ➡ (
) ➡ 의견 결정하기

6. 토의하여 해결해요

3 토의에서 의견을 모으는 방법으로 알맞은 것은 무엇입니까? (   )

① 자신의 의견에 대한 보충할 점을 말한다.
② 자신의 의견을 여러 번 강조해서 말한다.
③ 알맞은 까닭을 들어 자신의 주장을 말한다.
④ 자신의 의견을 듣지 않을 때의 자신의 기분을 말한다.
⑤ 자신의 의견은 말하지 않고 다른 사람의 의견의 나쁜 점을 말한다.

6. 토의하여 해결해요

4 토의에서 의견을 결정하는 방법으로 알맞지 <u>않은</u> 것은 어느 것입니까? (   )

① 실천할 수 있는 의견을 결정한다.
② 토의 주제에 맞는 의견을 결정한다.
③ 소수 의견이라도 얼마든지 받아들인다.
④ 손을 들어 무조건 다수의 의견을 따른다.
⑤ 알맞은 주장과 근거를 든 의견을 결정한다.

7. 기행문을 써요

5 여행하며 보고 느낀 점을 서윤이처럼 글로 쓰면 좋은 점은 무엇입니까? (   )

① 혼자서도 여행할 수 있다.
② 여행 장소를 더 빨리 갈 수 있다.
③ 여행 정보를 효과적으로 얻을 수 있다.
④ 자신의 의견을 설득력 있게 제시할 수 있다.
⑤ 여행하면서 보고 들었던 것을 나중에 확인할 수 있다.

6~8 다음 글을 읽고 물음에 답하시오.

(가) 비행기가 제주도 상공으로 들어오면 왼쪽 창밖으로는 오름의 산비탈에 수놓듯이 줄지어 있는 산담이 아름답고, 오른쪽 창밖으로는 삼나무 방풍림 속에 짙은 초록빛으로 자란 밭작물들이 싱그러워 보인다. 비행기가 선회하여 활주로로 들어설 때는 오른쪽과 왼쪽의 풍광이 교체되면서 제주의 들과 산이 섞바뀌어 모두 볼 수 있게 된다. 올 때마다 보는 제주의 전형적인 풍광이지만 그것이 철 따라 다르고 날씨 따라 다르기 때문에 언제나 신천지에 오는 것 같은 설렘을 느끼게 된다.

(나) ㉠숲길을 빠져나와 머리핀처럼 돌아가는 가파른 능선 허리춤에 올라서면 홀연히 눈앞에 수백 개의 뾰족한 기암괴석이 호를 그리며 병풍처럼 펼쳐진다. ㉡오르면 오를수록 이 수직의 기암들이 점점 더 하늘로 치솟아 올라 신비스럽고도 웅장한 모습에 절로 감탄이 나온다.

9~10 다음 대화를 보고 물음에 답하시오.

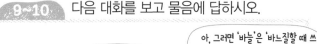

---

7. 기행문을 써요

6 이 글의 종류는 무엇입니까? ( )

① 극본　　　　　② 일기
③ 기행문　　　　④ 설명하는 글
⑤ 토의 기록문

7. 기행문을 써요

7 여행의 설렘이 잘 드러난 글의 기호를 쓰시오.

글 ( )

7. 기행문을 써요

8 ㉠~㉡은 여정, 견문, 감상 가운데에서 무엇인지 쓰시오.

(1) ㉠ ( )
(2) ㉡ ( )

8. 아는 것과 새롭게 안 것

9 이 글에서 온 '바늘방석'의 낱말 뜻을 짐작한 과정을 다음 표에 쓰시오.

낱말	뜻
바늘	(1)
방석	(2)
바늘방석	(3)

8. 아는 것과 새롭게 안 것

10 이 글에 나온 '맨주먹'과 같은 짜임을 가진 낱말은 어느 것입니까? ( )

① 바늘　　　② 방석　　　③ 만두
④ 고기　　　⑤ 풋사과

100점 예상 문제

11~12 다음 글을 읽고 물음에 답하시오.

(가) 지표종은 그 지역의 환경이 얼마나 깨끗한지 측정할 수 있는 종을 말합니다. 예를 들어 오래전 탄광에서 일하던 광부들은 카나리아를 이용해 몸에 해로운 유독 가스를 측정했습니다. 공기가 좋은 곳에서 사는 카나리아는 산소가 부족하면 숨을 쉬기가 힘들어 노래를 멈춘답니다. 그래서 광부들은 카나리아가 노래를 부르는 동안에는 안심하고 일을 할 수 있었습니다.

또한 바로 떠서 먹을 수 있을 정도로 깨끗한 1 급수에는 어름치, 열목어 등이 살고, 약간의 처리 과정을 거치면 마실 수 있는 2급수에는 은어, 피라미가 삽니다.

(나) 오늘날에는 동물이 멸종하는 것을 막고자 세계 여러 나라에서 많은 노력을 하고 있습니다. 각 나라는 점점 줄어드는 동물을 '멸종 위기종'으로 지정해 보호하기도 합니다.

8. 아는 것과 새롭게 안 것

11 2급수에 사는 지표종을 두 가지 쓰시오.

( )

8. 아는 것과 새롭게 안 것

12 이 글을 좀 더 깊게 이해하기 위해서 읽는 방법으로 알맞은 것은 어느 것입니까? ( )

① 재미있는 표현을 찾아본다.
② 인물의 말과 행동을 살펴본다.
③ 아는 내용과 관련지어 읽는다.
④ 글쓴이가 여행한 곳을 정리한다.
⑤ 글쓴이의 생각이나 느낌을 찾아본다.

13~14 다음 글을 읽고 물음에 답하시오.

(가) 정보 무늬는 여러 분야에서 활용한다. 백화점이나 할인점에서는 정보 무늬로 할인 정보를 제공한다. 신문 광고에 있는 정보 무늬를 찍으면 3차원으로 움직이는 광고가 나오기도 하고, 책에 있는 정보 무늬를 찍으면 등장인물이 튀어나와 책의 정보와 줄거리를 알려 주기도 한다. 박물관이나 미술관에서는 자료나 작품을 더 알아볼 수 있도록 정보 무늬에 설명을 담아 제공하기도 한다.

(나) 그렇다면 미래 사회에 필요한 사람은 어떤 사람일까요?

첫째, 정해진 답을 찾기보다 새로운 방식으로 문제를 해결하는 사람입니다. 정해진 문제는 사람보다 인공 지능이 더 잘 해결할 수도 있습니다. 그러나 새로운 방식을 생각하는 것은 인공 지능보다 사람이 더 잘할 수 있습니다.

9. 여러 가지 방법으로 읽어요

13 다음 보기 와 같은 방법으로 읽어야 하는 글의 기호를 쓰시오.

보기
• 설명하는 대상의 무엇을 설명하는지 생각한다.
• 대상에 대해 새롭게 안 것을 찾는다.

글 ( )

9. 여러 가지 방법으로 읽어요

14 글 (나)에서 미래에 필요한 사람은 누구입니까?

( )

① 혼자서 문제를 해결하는 사람
② 더불어 문제를 해결하는 사람
③ 신속하게 문제를 해결하는 사람
④ 문제에 정확한 답을 제시하는 사람
⑤ 새로운 방식으로 문제를 해결하는 사람

15~16 다음 글을 읽고 물음에 답하시오.

고려청자는 무엇보다 아름다운 빛깔로 더욱 주목받았다. 청자의 빛깔은 맑고 은은한 푸른 녹색이다. 이는 유약 안에 아주 작은 기포가 많아 빛이 반사되면서 은은하고 투명하게 비쳐 보이기 때문이다. 청자의 색이 짙고 푸른색 윤이 나는 구슬인 비취옥과 색깔이 닮았기 때문에 '비색'이라 불렀는데, 중국 송나라의 태평 노인이 『수중금』이라는 책에서 고려청자의 빛깔을 비색이라 부르며, 천하제일이라고 칭찬했다.

9. 여러 가지 방법으로 읽어요

15 고려청자의 특징은 무엇입니까? (　　　　)

① 무늬가 없다.
② 비색을 띤다.
③ 크기가 무척 크다.
④ 양반부터 서민까지 즐겼다.
⑤ 짧은 시간에 많이 만들 수 있다.

9. 여러 가지 방법으로 읽어요

16 규빈이와 지완이에게 필요한 읽기 방법을 보기 에서 찾아 쓰시오.

> **보기**
>
> ㉠ 중요한 내용이나 그것을 뒷받침하는 내용에 밑줄을 그으며 읽는다.
> ㉡ 글 전체를 다 읽지 않고 중요한 낱말을 읽으면서 필요한 내용이 있는지 찾아본다.

(1) 규빈: 발표할 만한 내용이 있을지 찾아보자.
　　　　　　　　　(　　　　　　　)
(2) 지완: 외국에서 온 친구에게 고려청자에 대해 자세히 알려 주고 싶어.
　　　　　　　　　(　　　　　　　)

17~18 다음 그림을 보고 물음에 답하시오.

10. 주인공이 되어

17 그림 ⑦와 비슷한 기억을 떠올려 쓰시오.

＿＿＿＿＿＿＿＿＿＿＿＿＿＿＿＿＿＿＿＿

＿＿＿＿＿＿＿＿＿＿＿＿＿＿＿＿＿＿＿＿

10. 주인공이 되어

18 그림 ⑭의 경험을 이야기로 꾸며 쓸 때, 알맞은 때와 장소를 쓰시오.

(1) 때: (　　　　　　　　　)
(2) 장소: (　　　　　　　　　)

100점 예상 문제

10. 주인공이 되어

19 일기와 이야기로 쓴 글을 비교했을 때 이야기로 쓴 글의 특징을 두 가지 고르시오. (　　,　　)

① 여러 사람이 읽는 글이다.
② 연극을 하기 위한 글이다.
③ 자신만 볼 수 있는 글이다.
④ 하루나 이틀에 있었던 일을 썼다.
⑤ 오랜 시간에 걸쳐 있었던 일을 쓸 수 있다.

10. 주인공이 되어

20 경험을 이야기로 만들 때 고려할 점이 <u>아닌</u> 것은 어느 것입니까? (　　　　)

① 있었던 일만 쓴다.
② 글에 어울리는 제목을 붙인다.
③ 주제가 잘 드러나게 써야 한다.
④ 때와 장소의 변화를 잘 나타낸다.
⑤ 담고자 하는 생각을 글에 잘 나타낸다.

1~3 다음 그림을 보고 물음에 답하시오.

> 책을 읽고 싶은데 조용히 해달라고 할까?
> 쉬는 시간인데 말도 못 하게 한다고 기분 나빠 하면 어떻게 하지? 내가 다른 곳으로 갈까?

남자아이

1. 대화와 공감

1 언제 일어난 일인지 쓰시오.

(   )

1. 대화와 공감

2 그림에서 책을 읽고 있는 남자아이의 상황은 어떠합니까? (   )

① 남자아이가 친구들이 하는 이야기 내용을 궁금해하는 상황

② 수업 시간에 친구들이 떠들어서 수업에 방해가 되고 있는 상황

③ 남자아이가 시끄럽다고 말해서 친구들이 기분 나빠 하는 상황

④ 쉬는 시간에 책을 읽는 데 친구들이 떠들어서 방해가 되고 있는 상황

⑤ 쉬는 시간에 친구들과 같이 대화를 하고 싶은데 끼어들 수가 없는 상황

서술형

1. 대화와 공감

3 남자아이가 다음과 같이 말을 했을 때 친구들은 어떻게 대답을 하면 좋을지 쓰시오.

> 얘들아, 쉬는 시간이라 미안한데, 내가 책을 읽고 있으니 조금만 조용히 말해 줄 수 있겠니?

_____

_____

1. 대화와 공감

4 상황에 알맞은 표정과 말투로 알맞은 것은 어느 것입니까? (   )

① 칭찬할 때: 밝은 표정과 화난 말투

② 위로할 때: 웃는 표정과 비꼬는 말투

③ 조언할 때: 진실된 표정과 부드러운 말투

④ 사과할 때: 수줍은 표정과 부끄러운 말투

⑤ 대화할 때: 두려운 표정과 부드러운 말투

2. 작품을 감상해요

5 경험을 떠올리며 글을 읽으면 좋은 점에 맞게 빈칸에 각각 알맞은 말을 쓰시오.

- 글 내용을 더 쉽게 이해할 수 있다.
- 이야기를 좀 더 (   ) 느낄 수 있다.
- 인물의 (   )을/를 더 잘 이해할 수 있다.

2. 작품을 감상해요

6 '유관순'과 관련한 경험을 바르게 말한 친구의 이름을 쓰시오.

> 일제 강점기에 벌어진 일을 다룬 영화를 본 기억이 났어.

민규

> 독도에 여행을 다녀왔던 기억이 떠올라.

영란

> 나라를 위해 목숨도 아까워하지 않은 이순신이 생각났어.

태은

(   )

7~8 다음 글을 읽고 물음에 답하시오.

(가) 사람들은 다양한 목적으로 탑을 세웁니다. 종교나 군사 목적으로 탑을 만들 뿐만 아니라 무엇인가를 기념하려고 탑을 짓습니다. 세계 여러 도시에 있는 유명한 탑을 알아봅시다.

(나) 이탈리아 토스카나주에는 피사의 사탑이 있습니다. 피사의 사탑은 종교 목적으로 만들어졌습니다. 55미터 높이로 세운 이 탑은 완성한 뒤 조금씩 한쪽으로 기울기 시작해 현재 모습이 되었습니다. 그 아슬아슬한 모습은 눈길을 많이 끕니다.

(다) 프랑스 파리에는 에펠 탑이 있습니다. 에펠 탑은 1889년에 프랑스 혁명 100주년을 기념해 세웠습니다. 에펠 탑의 높이는 324미터이고, 해마다 세계 여러 나라에서 수백만 관광객이 찾을 만큼 유명합니다. 현재는 파리뿐만 아니라 프랑스 전체를 상징하는 건축물이기도 합니다.

3. 글을 요약해요

7 이 글에 나타난 탑을 세우는 목적으로 알맞은 것을 모두 고르시오. (,   ,   )

① 종교 목적　　　② 군사 목적
③ 기념 목적　　　④ 통치 목적
⑤ 관상 목적

3. 글을 요약해요

8 글 (나)와 (다)의 중심 문장을 쓰시오.

(1) 글 (나):

_____

_____

(2) 글 (다):

_____

_____

9 다음 문장에서 주어, 서술어, 목적어를 찾아 쓰시오.

• 형이 책을 읽는다.
• 하늘에 뜬 무지개가 매우 아름답다.
• 민주가 가장 친한 친구와 극장에서 영화를 봤다.

(1) 주어: (   )
(2) 서술어: (   )
(3) 목적어: (   )

5. 글쓴이의 주장

10 다음 글에 나타난 글쓴이의 의견은 무엇입니까?

(   )

초등학생의 스마트폰 중독 문제를 강제적으로 해결할 수는 없습니다. 학교 안에서 스마트폰을 쓰지 못하게 한다면 오히려 역효과만 일어날 것입니다. 대부분의 학생은 방과 후에 스마트폰을 사용하기 때문에 법을 굳이 만들지 않아도 됩니다. 초등학생에게 스마트폰을 올바르게 사용하도록 교육하는 것이 학교 안에서 스마트폰을 사용하지 못하도록 법으로 금지하는 것보다 훨씬 효과가 클 것입니다. 또 학생들은 수업에서 이해하지 못한 내용을 스마트폰으로 바로바로 찾아볼 수도 있습니다.

① 학교에 스마트폰을 두어야 한다.
② 초등학생의 스마트폰 중독이 심각하다.
③ 스마트폰은 우리에게 많은 피해를 준다.
④ 학교 안 스마트폰 사용을 금지해야 한다.
⑤ 학교 안 스마트폰 사용을 허용해야 한다.

100점 예상문제 **3**회

6. 토의하여 해결해요

11 살면서 토의가 필요한 까닭은 무엇입니까?
( )

① 상상력을 키울 수 있다.
② 경험을 다양하게 할 수 있다.
③ 적절한 문제 해결 방법을 찾을 수 있다.
④ 문제 해결을 다른 사람에게 맡길 수 있다.
⑤ 다른 사람의 의견에 무조건 따를 수 있다.

6. 토의하여 해결해요

12 다음 토의 주제에 대해 다음과 같은 의견을 말했을 때의 문제는 무엇입니까? ( )

토의 주제	개교기념일을 뜻깊게 보내는 방법

우리 학교의 자랑거리를 찾으면 좋겠습니다. 저는 우리 학교 도서관이 참 편리해서 자주 가거든요. 제가 지금까지 대출한 책만 해도 200권이 넘습니다.

① 실천하기 어렵다.
② 근거를 제시하지 않았다.
③ 근거를 너무 많이 제시했다.
④ 의견을 여러 개 한꺼번에 제시했다.
⑤ 토의 주제에 맞지 않는 내용이 있다.

13~14 다음 글을 읽고 물음에 답하시오.

제주의 동북쪽 구좌읍 세화리 송당리 일대는 크고 작은 무수한 오름이 저마다의 맵시를 자랑하며 드넓은 들판과 황무지에 오뚝하여 오름의 섬 제주에서도 오름이 가장 많고 아름다운 '오름의 왕국'이라고 했다. 그중에서도 다랑쉬 오름은 '오름의 여왕'이라고 불린다. 다랑쉬라는 이름의 유래에는 여러 설이 있으나 다랑쉬 오름 남쪽에 있던 마을에서 보면 북사면을 차지하고 앉아 된바람을 막아 주는 오름의 분화구가 마치 달처럼 둥글어 보인다 하여 붙여졌다는 설이 가장 정겹다.

7. 기행문을 써요

13 이 글에 대해 바르게 말한 것은 무엇입니까?
( )

① 여행하며 보거나 들어서 안 것이다.
② 여행의 과정이나 일정을 알 수 있다.
③ '먼저, 이른 아침에'와 같은 표현을 쓴다.
④ '~느껴졌다, 생각했다' 같은 표현이 많이 쓰인다.
⑤ 보거나 들은 것에 대한 생각이나 느낌이 나타나 있다.

7. 기행문을 써요

14 이 글의 내용에 대해 바르게 말하지 <u>않은</u> 것은 무엇입니까? ( )

① 제주도는 오름의 섬이다.
② 세화리 송당리 일대는 오름의 왕국이다.
③ 다랑쉬 오름은 오름의 여왕이라고 불린다.
④ 세화리 송당리 일대는 작은 오름들만 있다.
⑤ 분화구가 달처럼 둥글어 보여 다랑쉬라는 이름이 붙여졌다는 설이 있다.

15~16 다음 글을 읽고 물음에 답하시오.

깃대종은 그 지역을 대표하는 생물들이기 때문에 깃대종이 잘 보존된다면 그 지역의 생태계가 잘 유지되고 있다는 증거라고 볼 수 있습니다. 우리나라의 대표적인 깃대종으로는 설악산의 산양, 내장산의 비단벌레, 속리산의 ㉠하늘다람쥐, 지리산의 반달가슴곰이 있습니다.

8. 아는 것과 새롭게 안 것
15 ㉠과 같은 짜임을 가진 낱말은 어느 것입니까?

( )

① 햇밤   ② 다리   ③ 복숭아
④ 새우잠   ⑤ 심술꾸러기

서술형
8. 아는 것과 새롭게 안 것
16 아는 지식을 떠올려 이 글을 읽고 새롭게 안 내용을 쓰시오.

_____

_____

_____

9. 여러 가지 방법으로 읽어요
17 다음과 같은 종류의 글을 읽는 방법에 맞게 빈칸에 알맞은 말을 쓰시오.

서로 돕고 존중하는 사람입니다. 인공 지능과 새로운 기술이 삶을 빠르게 바꿀 수 있습니다. 이럴 때 함께 마음을 모아 서로 돕고 존중해야 사회를 따뜻하게 만들 수 있습니다.

앞으로 우리는 거대한 미래의 충격과 변화 앞에서도 흔들리지 않는 열정과 패기로 서로를 존중하는 사람이 되어야 합니다.

• 주장을 뒷받침하는 알맞은 ((1))인지 생각하며 자신의 ((2))과 비교해 비판하는 태도로 읽는다.

9. 여러 가지 방법으로 읽어요
18 다음과 같은 읽기 방법으로 읽어야 할 때에 ○표를 하시오.

• 중요한 내용이나 그것을 뒷받침하는 내용에 밑줄을 그으며 읽는다.
• 자신이 아는 내용과 새롭게 아는 내용을 비교하며 자세히 읽는다.

(1) 알고 싶은 내용을 찾을 때   ( )
(2) 자세한 내용을 알고 싶을 때   ( )

19~20 다음 글을 읽고 물음에 답하시오.

"상은아, 오늘도 비 온다. 체육은 할 수 있을까?"
인국이가 교실에 들어서며 나를 보고 말을 걸었다.
"그러게, 지긋지긋한 여름 장마다. 그렇지?"
"응, 그래도 난 이 비 덕분에 너랑 친해져서 좋기도 해."
"자식, 또 그때 얘기야?"
인국이는 4학년이 끝나 갈 즈음 우리 반에 전학 온 친구다. 전학 온 첫날부터 친구들 주변을 돌아다니며 소란스럽게 말을 걸고, 우리가 대화를 하거나 게임을 할 때 끼어들어서 나는 물론 친구들은 인국이를 그렇게 좋아하지 않았다.

10. 주인공이 되어
19 이 글에 대해 바르게 말하지 <u>못한</u> 것은 무엇입니까?

( )

① 인물에 대해 직접 설명했다.
② 읽는 사람을 고려하지 않고 썼다.
③ 인물, 사건, 배경이 나타난 글이다.
④ 대화 글에 인물의 마음이 나타나 있다.
⑤ 일상생활에서 흔히 볼 수 있는 이야기이다.

10. 주인공이 되어
20 일이 일어난 장소는 어디인지 쓰시오.

( )

100점 예상 문제

1~2 다음 글을 읽고 물음에 답하시오.

어린이 여러분, "칭찬은 고래도 춤추게 한다."라는 말을 들어 본 적이 있나요? 이 말처럼 들을 때마다 항상 기분 좋아지는 말이 바로 칭찬이에요. 우리는 칭찬을 들으면 기분이 좋아질 뿐만 아니라 일을 더욱 잘하려고 노력하기도 해요. 이게 바로 칭찬의 힘이랍니다. 칭찬 한마디는 누군가에게 용기를 주고 자신을 긍정적으로 바라보게 해요. 또 올바른 습관을 기르고 능력을 키우는 데도 도움이 돼요. 그리고 다른 사람의 긍정적인 모습을 칭찬하는 것은 그 사람과 맺는 관계를 좋아지게 만들어요. 이렇게 칭찬은 힘이 세요. 따라서 칭찬의 힘을 과소평가해서는 안 돼요. 칭찬 한마디는 누군가의 인생을 변화시키는 결정적인 계기가 되기도 한답니다.

1. 대화와 공감

1 칭찬의 힘을 과소평가하면 안 되는 까닭은 무엇인지 쓰시오.

_____

_____

1. 대화와 공감

2 칭찬을 바르게 한 것은 어느 것입니까? (　　　)

① "넌 정말 별로다."
② "넌 달리기를 못하는구나."
③ "우승 못 할 줄 알았는데, 제법인걸?"
④ "참 대단하다. 그렇게까지 열심히 할 필요가 있었을까?"
⑤ "매일 아침 꾸준히 뛰더니 달리기에서 우승을 하는구나. 대단해."

3~4 다음 시를 읽고 물음에 답하시오.

이러다 지각하겠다 싶을 때, 있는 힘껏 길을 잡아당기면 출렁출렁, 학교가 우리 앞으로 온다

춥고 배고파 죽겠다 싶을 때, 있는 힘껏 길을 잡아당기면 출렁출렁, 저녁을 차린 우리 집이 버스 정류장 앞으로 온다

갑자기 니가 보고 싶을 때, 있는 힘껏 길을 잡아당기면 출렁출렁, 그리운 니가 내게 안겨 온다

2. 작품을 감상해요

3 말하는 이가 있는 힘껏 길을 잡아당기는 까닭은 무엇인지 두 가지 고르시오. (　　,　　)

① 친구들을 만나야 하기 때문이다.
② 그리운 사람을 보고 싶기 때문이다.
③ 줄다리기 연습을 해야 하기 때문이다.
④ 학교와 집에 빨리 가고 싶기 때문이다.
⑤ 그렇게 하면 실제로 길이 당겨지기 때문이다.

2. 작품을 감상해요

4 시에 쓰인 표현 가운데 원하는 것이 이루어졌으면 하는 말하는 이의 마음이 느껴지는 표현을 찾아 쓰시오.

(　　　　　　　　　　　)

2. 작품을 감상해요

5 시와 관련 있는 경험을 떠올릴 때 먼저 해야 할 것으로 알맞지 않은 것은 무엇입니까? (　　　)

① 시 내용을 잘 파악한다.
② 시의 표현들을 잘 살펴본다.
③ 말하는 이가 무슨 생각을 하는지 알아본다.
④ 말하는 이의 경험은 떠올리지 않아도 된다.
⑤ 말하는 이가 상상하는 것을 짐작해봐야 한다.

3. 글을 요약해요

서술형

6 다음 문장을 한 문장으로 요약하시오.

> 비가 주룩주룩 내리더니 금세 그쳤다. 창문을 열어 보니 하늘에 아름다운 무지개가 떴다.

_____

_____

3. 글을 요약해요

7 설명하는 글이 아닌 것은 어느 것입니까? ( )

① 장난감을 조립하는 설명서
② 놀이 방법을 알려 주는 설명서
③ 다른 사람의 마음을 설득하는 글
④ 약을 먹을 때 주의할 점을 알려 주는 글
⑤ 요리사들의 요리 방법을 설명해 주는 글

4. 글쓰기의 과정

8 문장이 어색한 것은 어느 것입니까? ( )

① 야구 선수가 잡았습니다.
② 부모님께 선물을 드렸습니다.
③ 들판에 예쁜 꽃이 피었습니다.
④ 아이가 신나게 노래를 부릅니다.
⑤ 토끼가 깡충깡충 풀밭을 뛰어갑니다.

9~10 다음 글을 읽고 물음에 답하시오.

사람이 하기 어렵거나 위험한 일들을 인공 지능이 대신할 수 있습니다. 사람 몸에 해로운 물질을 다루는 일이나 높은 빌딩에 페인트를 칠하는 일 같이 위험한 일을 인공 지능 로봇이 대신한다면 어쩌다가 일어날 수 있는 ㉠사고나 피해를 줄일 수 있습니다.

인공 지능 개발을 연구하는 학자들은 인공 지능으로 세상을 더 살기 좋게 만들 수 있도록 다양한 분야에서 노력할 것이라고 말했습니다. 앞으로 인공 지능은 인간의 생활을 이롭게 하는 생활 속 기술로 자리 잡을 것입니다. 인간에게 나쁜 영향을 줄 수 있는 인공 지능은 철저히 통제하고, 인간을 보호하고 도울 수 있는 인공 지능을 활용하면 인공 지능은 인류의 미래를 희망으로 가득하게 만들어 줄 것입니다.

5. 글쓴이의 주장

9 인공 지능의 좋은 점은 무엇입니까? ( )

① 모든 사고와 피해를 막아 준다.
② 로봇이 가진 힘을 얻을 수 있다.
③ 로봇의 통제에서 벗어날 수 있다.
④ 사람이 하기 어려운 일을 대신해 준다.
⑤ 인공 지능을 가진 사람은 부자가 된다.

5. 글쓴이의 주장

10 ㉠과 같은 뜻으로 쓰인 문장은 어느 것입니까?
( )

① 어린이 자전거 사고를 예방하자.
② 작년에 있었던 일을 사고해 본다.
③ 사고의 영역을 넓혀 두루 생각하자.
④ 깊이 사고하는 능력을 길러야 한다.
⑤ 회사에 사원 모집을 알리는 사고가 붙었다.

100점 예상 문제

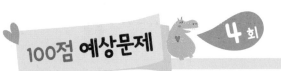
6. 토의하여 해결해요

11 적절한 토의 주제는 어떤 것이 있을지 한 가지 더 쓰시오.

우리 모두와 관련이 있는 주제여야 하지 않을까요?

해결 방법을 찾을 수 있는 주제를 다루었으면 좋겠어요.

_____

_____

13~14 다음 글을 읽고 물음에 답하시오.

⑷ 제주행 비행기를 탈 때면 나는 창가 쪽 자리를 선호한다. 하늘에서 보는 제주도의 풍 광을 만끽하기 위해서다.

"저희 비행기는 잠시 후 제주 국제공항에 착륙하겠습니다. 안전벨트를 다시 매어 주십시오."

기내 방송이 나오면 나는 창가에 바짝 붙어 제주도가 나타나기를 기다린다. 비행기 왼쪽 좌석이면 한라산이 먼저 나타나고 오른쪽이면 쪽빛 바다와 맞닿아 둥글게 돌아가는 해안선이 시야에 펼쳐진다.

⑷ ㉠제주의 동북쪽 구좌읍 세화리 송당리 일대는 크고 작은 무수한 오름이 저마다의 맵시를 자랑하며 드넓은 들판과 황무지에 오똑하여 오름의 섬 제주에서도 오름이 가장 많고 아름다운 '오름의 왕국'이라고 했다. 그중에서도 다랑쉬 오름은 '오름의 여왕'이라고 불린다. 다랑쉬라는 이름의 유래에는 여러 설이 있으나 다랑쉬 오름 남쪽에 있던 마을에서 보면 북사면을 차지하고 앉아 된바람을 막아 주는 오름의 분화구가 마치 달처럼 둥글어 보인다 하여 붙여졌다는 설이 가장 정겹다.

7. 기행문을 써요

13 이 글에 대해 바르게 말한 것은 어느 것입니까?

( )

① 제주도를 여행하고 쓴 기행문이다.
② 제주도와 독도를 비교해 쓴 글이다.
③ 제주도의 자연환경을 설명한 글이다.
④ 제주도를 배경으로 쓴 이야기 글이다.
⑤ 제주도에 여행 가기 전에 조사한 내용이다.

6. 토의하여 해결해요

12 토의에서 의견을 모을 때 지켜야 할 점으로 알맞지 않은 것은 무엇입니까? ( )

① 토의 주제와 관련한 이야기를 한다.
② 다른 사람 의견을 존중하며 듣는다.
③ 알맞은 까닭을 들어 자신의 주장을 말한다.
④ 다른 사람의 의견을 끝까지 듣고 자신의 의견을 말한다.
⑤ 의견을 말할 때 다른 사람의 의견을 정리해서 말한다.

7. 기행문을 써요

14 ㉠은 여정, 견문 감상 가운데에서 무엇인지 쓰시오.

( )

15 다음 낱말의 뜻으로 보아 빈칸에 들어갈 뜻을 더해 주는 말은 어느 것입니까? (   )

8. 아는 것과 새롭게 안 것

	벌레
	호박
뜻: 어린, 작은	

① 돌-　　　　　　② 맨-
③ 햇-　　　　　　④ 애-
⑤ -꾸러기

16~17 다음 글을 읽고 물음에 답하시오.

　돌로 만든 악기는 추위나 더위에 강하기 때문에 음의 변화가 거의 없었어요. 그래서 다른 악기의 음을 맞추거나 고르게 할 때 기준이 된답니다. 돌로 만든 악기에는 편경과 특경이 있어요. 편경은 단단한 돌을 'ㄱ' 자 모양으로 깎아서 만든 악기로, 돌조각을 '각퇴'라는 채로 쳐서 소리를 내요. 돌에서 나오는 티 없이 청아한 소리가 일품이에요. 편경은 주로 궁중에서 제사를 지낼 때 쓰입니다.

8. 아는 것과 새롭게 안 것

16 돌로 만든 악기를 두 가지 고르시오. (,   )

① 박　　　　　　② 어
③ 생황　　　　　④ 특경
⑤ 편경

8. 아는 것과 새롭게 안 것

17 이 글과 관련 있는 경험을 떠올려 쓰고, 본 일, 들은 일, 한 일 가운데에서 무엇에 해당하는지 ○표를 하시오.

　(1) 경험:

　(2) 본 일 ,　들은 일 ,　한 일

18~19 다음 글을 읽고 물음에 답하시오.

　㉠이러한 청자의 형태는 기존의 단순한 그릇 모양의 형태에서 여러 형태의 청자로 발전했다. ㉡그 당시 고려인들은 대접과 접시, 잔, 항아리, 병, 찻잔, 상자 따위를 비롯해 심지어 베개와 기와까지도 청자로 만들었다. ㉢특히, 죽순, 표주박, 복숭아, 원앙, 사자, 용, 거북과 같이 여러 동식물의 모양을 본떠 만든 향로, 주전자, 꽃병, 연적 따위가 오늘날까지 내려오고 있다. 이처럼 그릇의 실용성을 넘어 예술적 아름다움을 지닌 청자는 고려인의 생활 속에서 널리 쓰였다.

　㉣고려청자는 맑고 은은한 비색으로 유려한 곡선을 강조하며 상감 기법으로 회화적인 아름다운 무늬를 표현한 것이 특색이다. 우리는 이러한 고려청자로 고려인들의 독창성과 뛰어난 기술력을 엿볼 수 있다.

9. 여러 가지 방법으로 읽어요

18 이 글에서 설명하는 대상은 무엇입니까? (   )

① 산수화　　　② 석굴암　　　③ 훈민정음
④ 조선 백자　　⑤ 고려청자

9. 여러 가지 방법으로 읽어요

19 ㉠~㉣ 가운데에서 다음 혜원이가 밑줄을 그으며 읽어야 할 부분의 기호를 쓰시오.

고려청자의 빛깔에 대해 자세히 알고 싶어.

(　　　　　　　)

10. 주인공이 되어

20 경험을 이야기로 표현하는 방법으로 알맞지 않은 것은 어느 것입니까? (   )

① 대화 글을 넣는다.
② 있었던 일만 쓴다.
③ 사건의 해결을 쓴다.
④ 일의 차례를 바꾸어도 된다.
⑤ 인물의 이름을 바꾸어 쓴다.

교과서에 실린 작품

실린 단원	제재 이름	지은이	나온 곳
1 대화와 공감	함께 쓰는 우산	박방희	『참 좋은 풍경』, 청개구리, 2012.
	4번 그림(「소심 대왕의 깊은 고민」)	김현태 · 윤태익	『어린이를 위한 시크릿: 꿈을 이루는 일곱 가지 비밀』, 살림어린이, 2007.
2 작품을 감상해요	반딧불	윤동주	『하늘과 바람과 별과 시』, 정음사, 1955.
	출렁출렁	박성우	『난 빨강』, (주)창비, 2010.
	덕실이가 말을 해요	김우경	『수일이와 수일이』, (주)우리교육, 2015.
	꽃	정여민	『마음의 온도는 몇 도일까요?』, 주니어김영사, 2016.
3 글을 요약해요	글 ㉮		국립중앙박물관 누리집 (http://www.museum.go.kr)
	직업과 옷 색깔 (원제목: 「무슨 일을 하는지 보여 주는 옷 색깔」)	박영란 · 최유성	『색깔 속에 숨은 세상 이야기』, 아이세움, 2008.
5 글쓴이의 주장	글 ㉯ (원제목: 「인공 지능, 인류의 희망일까 재앙일까?」)	황연성	『생각이 꽃피는 토론 2』, 이비락, 2018.
	학교 안에서 스마트폰 사용이 필요한가 (원제목: 「학교 안 스마트폰 사용, 법으로 금지 해야 할까?」)		천재학습백과 누리집 (http://koc.chunjae.co.kr)
7 기행문을 써요	돌하르방 어디 감수광	유홍준	『여행자를 위한 나의 문화유산 답사기 2』, (주)창비, 2016.
8 아는 것과 새롭게 안 것	자연을 닮은 우리 악기	청동말굽	『바람 소리 물소리 자연을 닮은 우리 악기』, (주)문학동네, 2008.
	우리나라의 멸종 위기 동물 (원제목: 「우리나라의 멸종 위기 동식물」)	백은영	『지켜라! 멸종 위기의 동식물』, 과학동아북스, 2013.
9 여러 가지 방법으로 읽어요	아름다운 비색을 지닌 고려청자	류재만	"미술교육논총 17", '청자의 이해 지도에 관한 연구', 2003.

선생님이 강력 추 천하는

개념 + 단원평가
PLUS

국어

정답과 풀이

5-1

정답과 풀이

1 대화와 공감

개념을 확인해요
9쪽

1 보면서 2 짐작 3 마음 4 실감 5 말뜻 6
용기 7 습관 8 분명, 설명 9 과정, 가능성
10 강요, 도움

개념을 다져요
10~11쪽

1 ④ 2 ③ 3 ③ 4 ① 5 (1) 강요 (2) 편안하게
(3) 도움 (4) 진심 6 ④

풀이

1 배를 쓰다듬으며 행복해하고 있습니다.
2 칭찬하는 말을 할 때에는 기쁜 표정과 신나는 목소리로 말하고, 상대를 기분 좋게 하는 몸짓을 해야 합니다.
3 덩치가 큰 고래도 춤추게 할 만큼 칭찬은 누군가를 신나게 하는 힘을 가지고 있다는 뜻입니다.
4 결과보다 과정을 칭찬해야 합니다.
5 상대의 고민을 충분히 이해하려고 노력하는 모습을 보여 주고, 진짜로 도움이 되는 말을 해 줍니다.
6 상대의 감정이나 생각을 받아 주며 이야기하고 상대의 말에 공감하며 대화를 하는 것이 좋습니다.

1회 단원 평가 〔도전〕
12~15쪽

1 ④ 2 ⑩ 화남, 걱정스러움 3 ② 4 ② 5 ㉰,
㉱, ㉲ 6 착한 아이로 평가받으려고 억지스럽거나
과장된 행동을 할 수 있어서 7 (1) ㉡ (2) ㉠ 8 정
인 9 ⑩ 얼굴 표정을 보고 / 힘이 없어 보여서
10 ② 11 ④ 12 ② 13 친구와 다투고 나서 화
해하고 싶은데 어떻게 해야 할지 모르겠다. 14 ③
15 ⑩ 고민을 잘 들어 주어서 고마운 마음이 들 것이
다. / 공감을 잘 해 주어서 마음이 편안해질 것이다.
16 친절왕 / 누구든 도움이 필요하면 도와주시는 분
17 ⑤ 18 ① 19 그림 ㉯ 20 ④

풀이

1 태일이는 딴생각을 하느라 소희의 말을 듣지 못해서 다시 물어보았습니다.

더 알아볼까요!

대화의 특성
• 상대를 직접 보면서 말을 주고받습니다.
• 잘 듣지 않으면 다시 물어봐야 합니다.
• 표정, 몸짓, 말투에 따라 기분이나 생각을 짐작할 수 있습니다.
• 대화를 할 때에는 상대의 마음을 살피며 말합니다.

2 약속 시간이 지났는데도 오지 않는 친구 때문에 화가 나기도 하고, 걱정도 되었을 것입니다.
3 은주의 상황을 들은 소희는 은주의 처지를 이해해 주었습니다.
4 칭찬을 듣는다고 해서 머리가 똑똑해진다기보다는 일을 더욱 잘하려고 노력하게 되고, 긍정적으로 바라보게 됩니다.
5 기분을 좋게 하고, 올바른 습관을 기르는 데 도움이 될 수 있는 한 마디가 무엇인지 생각해 봅니다.
6 "넌 정말 착하구나!"와 같이 칭찬하면 착한 아이로 평가받으려고 억지스럽거나 과장된 행동을 할 수 있습니다.
7 칭찬을 할 때에는 설명하는 칭찬, 가능성을 키워 주는 칭찬을 해야 합니다.
8 대화 내용으로 고민거리를 가지고 있는 친구는 정인이임을 알 수 있습니다.
9 동욱이는 정인이의 얼굴 표정과 몸짓을 보고 정인이에게 고민거리가 있는지 알아차렸습니다.
10 성가신 듯이 아무 일 없다고 말하는 것으로 보아, 아무 말도 하고 싶지 않음을 짐작할 수 있습니다.
11 모모는 모든 일에 자신이 없고 소심하고 망설이게 된다고 했습니다.
12 절대 비웃는 웃음이 아니니까 함께 웃어 보라고 했습니다.
13 여자아이는 남자아이에게 친구와 다투고 나서 화해하고 싶은데 어떻게 해야 할지 모르겠다고 말했습니다.
14 남자아이는 자기의 경험을 말하면서 여자아이의 고민에 대해 충분히 이해하려고 노력했습니다.
15 자신의 고민을 잘 듣고 공감해 주면 고마운 마음이 들고, 한결 마음이 편안해질 것입니다.
16 주민이는 아빠가 친절왕이라며 누구든 도움이 필요한 사람이 있으면 꼭 도와주셔야 한다고 했습니다.

17 길을 잃고 헤매는 할머니를 가시는 곳까지 모셔다드리느라 영화관에 너무 늦게 들어갔다고 했습니다.

18 주민이의 아빠가 대단하시다고 느낌을 말하고 있으므로 '감탄하며'가 알맞습니다.

19 그림 ㉮는 상을 받았지만 친구를 보고 마음껏 기뻐할 수 없는 상황, 그림 ㉯는 친구를 도와줄지 말지 고민하는 상황, 그림 ㉰는 책을 읽는 네 친구들이 말을 하고 있어서 방해가 되지만 쉬는 시간이라서 조용히 해 달라고 말하지 못하는 상황입니다.

20 친구의 감정이나 생각에 공감하며 대화해야 합니다.

 2회 단원 평가 실전

16~19쪽

1 (1) ○ **2** ④ **3** ④ **4** ③ **5** ② **6** 민교 **7** ⑤ **8** ⑩ 도움이 되지 않는 해결 방법을 강요해서 **9** ③ **10** ⑩ 마법사의 말에 용기를 얻었을 것이다. **11** 아빠가 남을 돕는다고 뛰어다니시다가 정작 자기랑 할 일을 못하신 적이 꽤 많아서 **12** ⑤ **13** ⑤ **14** ③ **15** 정아: ⑩ 유라야, 내가 좀 도와줄까? 네가 꼼꼼하게 잘하려다 보니 시간이 걸리는 것 같아. 유라: ⑩ 응. 생각해 줘서 고마워. **16** ⑤ **17** ① **18** ① **19** (1) 저녁에 좀 더 일찍 잠을 잔다. (2) 자는 시간과 일어나는 시간을 정해 놓고 지킨다. **20** ⑩ 자꾸 비속어를 사용하게 되는 것이 고민이다. 친구들과 대화를 할 때에는 그러면 안 된다는 것을 알면서도 비속어를 사용하게 된다.

풀이

1 딴생각을 하느라 소희의 말을 듣지 못해서 소희에게 다시 물어보았습니다.

2 잘못을 사과할 때에는 낮고 조용한 목소리로 말해야 진심이 느껴질 수 있습니다.

더 알아볼까요!

상황에 어울리는 적절한 표정, 몸짓, 말투 ⑩

상황	적절한 표정과 말투 ⑩
놀랐을 때	눈을 크게 뜨고 입을 벌린 표정과 빠른 목소리로
잘못을 사과할 때	진지한 표정과 조용한 목소리로
기쁜 일이 생겼을 때	활짝 웃는 표정과 반가워서 커진 목소리로
칭찬할 때	엄지를 높이 들며 밝은 목소리로

3 약속 시간에 늦은 친구와 있었던 일을 말하는 소희의 입장을 공감하려면 소희의 입장을 이해해주는 말을 해야 합니다.

4 칭찬을 하는 방법이 구체적으로 나와 있습니다.

더 알아볼까요!

칭찬하는 방법

• 분명하고 자세하게 칭찬합니다.
• 결과보다는 과정을 칭찬합니다.
• 평가하지 말고 설명하는 칭찬을 합니다.
• 가능성을 키워 주는 칭찬을 합니다.
• 과장이 없이 솔직하게 칭찬합니다.
• 진실된 마음이 전해지도록 칭찬합니다.
• 보상과 연관 짓지 않습니다.

5 분명하고 자세하게 칭찬을 해야 합니다.

6 칭찬하는 말에서 별명을 떠올려 보고 다른 친구들에게 없는 특별한 별명을 지어 주는 것이 좋습니다.

7 동욱이는 정인이의 고민을 제대로 듣지도 않고 멋대로 해결 방법을 제시하였습니다.

8 정인이는 동욱이가 도움이 되지 않는 해결 방법을 강요해 화를 내었습니다.

더 알아볼까요!

상대를 배려하며 조언하기

• 상대에게 고민을 말하도록 강요하지 않습니다.
• 상대가 고민을 편안하게 말할 수 있도록 잘 듣습니다.
• 상대에게 도움이 될 수 있는 내용을 말합니다.
• 상대에게 진심이 전해지도록 말합니다.

9 남을 이해하고 남을 사랑하고 남을 받아들이려면 먼저 자기 자신을 사랑해야 한다고 했습니다.

10 마법사는 모모에게 진심이 전해지도록 노력하며 모모에게 도움이 될 수 있는 내용을 말해주었습니다.

11 주민이가 한 말에서 그 까닭을 알 수 있습니다.

12 '나'와 주민이는 서로의 말에 공감하며 대화를 하고 있습니다.

13 기분 좋은 대화는 해결 방법을 제시해 주는 것보다 공감해 주고 이해해 주는 것입니다.

14 그림 ㉮에서 남자아이는 평소에 연습을 많이 했지만 상을 받지 못한 정우를 보며 안타까운 표정을 짓고 있습니다.

15 서로의 감정이나 생각에 공감하며 대화해야 합니다.

16 다른 친구들이 말을 하고 있어서 책을 읽는 데 방해가 되지만, 쉬는 시간이라서 조용히 해 달라고 말하

지 못하고 망설이고 있습니다.

17 상대방의 기분을 생각하지 않고 말을 하면 상대방은 기분이 나쁠 것입니다.

18 요즘 자꾸 늦잠을 자서 아침 일찍 일어나는 습관을 들이고 싶다고 했습니다.

19 해결 쪽지에 해결 방법이 나와 있습니다.

20 고민을 쓸 때에는 고민하게 된 까닭이나 고민하는 상황 따위가 잘 드러나게 씁니다.

창의서술형 평가
20~21쪽

1 ⓐ 기분이 나쁜 상태에서는 다른 사람의 말을 잘 받아들이지 않기 때문에   2 ⓐ 나 자신을 사랑하고 받아들일 줄 알아야 남을 이해할 수 있단다. 자신을 아끼게 되면 적극적인 모습으로 바뀔 수 있어. 넌 충분히 사랑스럽고 눈부시단다. 자신감을 가지렴.   3 ⓐ 친구와 다투어 속상할 것이다. / 답답할 것이다. / 친구와 화해하고 싶어 고민이 많을 것이다.   4 ⓐ 여자아이가 고민을 편안하게 말할 수 있도록 잘 들어 주었다. / 여자아이의 고민을 충분히 이해하려고 노력했다.   5 ⓐ 많이 불편하겠다. 나도 너와 비슷한 적이 있었어. 그때 나는 친구가 좋아하는 것이 무엇인지를 알아 본 뒤에 그걸 같이 하려고 노력했어. 미안하다는 쪽지도 함께 전달해서 화해를 했어. 우리 함께 화해를 할 수 있는 좋은 방법을 생각해 보자.

풀이

마법사는 모모가 기분이 좋아질 수 있도록 한바탕 웃으라고 말했습니다.

상	기분이 좋아진 까닭을 분명하게 파악하여 정확하게 썼다.
중	기분이 좋아진 까닭을 분명하게 파악하였으나 문장이 어색하다.
하	정답을 쓰지 못하였다.

2 모모가 자신은 항상 모든 일에 소심하고 망설여진다는 고민을 말하였으므로 그에 어울리는 조언을 해 주는 것이 알맞습니다.

상	고민을 듣고 어울리는 조언을 정확하게 썼다.
중	고민을 듣고 어울리는 조언을 썼으나 문장이 어색하다.
하	정답을 쓰지 못하였다.

3 친구와 다투고 나서 화해하고 싶은데 어떻게 해야 할지 모르겠다고 한 것으로 보아, 답답하고 속상한 마음일 것임을 짐작할 수 있습니다.

상	상황에 맞는 여자아이의 마음을 정확하게 썼다.
중	상황에 맞는 여자아이의 마음을 썼으나 문장이 어색하다.
하	정답을 쓰지 못하였다.

4 남자아이는 여자아이가 고민을 편안하게 말할 수 있도록 잘 들어 주었고, 여자아이의 고민을 충분히 이해하려고 노력하고 있습니다.

상	남자아이가 고민을 들어주는 방법을 알고 정확하게 썼다.
중	남자아이가 고민을 들어주는 방법을 정확하게 파악하지 못했다.
하	정답을 쓰지 못하였다.

5 친구와 다투고 나서 화해를 하고 싶은 여자아이의 말에 공감을 하고, 자신의 경험을 이야기해 주면서 함께 해결 방법을 찾아보자고 하는 것이 좋습니다.

상	도움이 되는 내용을 진심이 전해지도록 정확하게 썼다.
중	도움이 되는 내용을 진심이 전해지도록 썼으나 문장이 어색하다.
하	정답을 쓰지 못하였다.

정답과 풀이

✏️ 개념을 확인해요
23쪽

1 쉽게 **2** 생생하게 **3** 경험 **4** 몰입 **5** 마음
6 깊이 **7** 비교 **8** 비슷 **9** 상상 **10** 상상력

개념을 다져요
24~25쪽

1 (3) ○ **2** ① **3** ①, ⑤ **4** ㉠, ㉡, ㉢ **5** (1) 지식
(2) 상상력 (3) 경험 (4) 인상 **6** ②

풀이 ▶

1 사진 속 인물은 유관순입니다.
2 글을 더 빠르게 읽을 수 있는 것은 아닙니다.
3 시에서 말하는 이가 상상하는 것을 짐작해 보고, 경험이 무엇인지 파악해야 합니다. 또, 시의 표현들을 잘 살펴보아야 합니다.
4 제목, 책 표지, 그림을 보면서 내용을 짐작할 수 있습니다.
5 읽는 사람의 지식이나 경험, 상상력에 따라 생각이나 느낌이 다르고, 인상 깊게 생각하는 장면이 다르기 때문입니다.
6 작품 속 세계에서는 인물이 현실 세계에서 할 수 없는 일을 상상해서 만들어 냅니다.

1회 단원 평가 <도전>
26~29쪽

1 ① **2** (1) ○ **3** 우리글에는 우리 민족의 얼이 담겨 있다고 생각해서 **4** ⑤ **5** 1919년 3월 1일 **6** ㉠ 학교에 지각하겠다 싶을 때 있는 힘껏 길을 잡아당겨 학교가 말하는 이 앞으로 온다고 상상한 것 **7** ② **8** ① **9** ① **10** 꼭꼭 밟아야 아픈 허리가 시원하기 때문에 **11** 성열 **12** 수일이 마음대로 할 수 없는 세상 / 수일이가 이끌려 다녀야 하는 세상 **13** ② **14** ㉡ **15** 수일이네가 기르는 **16** ③ **17** 수일이 손톱을 깎아서 쥐한테 먹인다. **18** (1) ㉠ (2) ㉡ **19** ① **20** ②

풀이 ▶

1 유관순의 집은 그리 넉넉하지 못했지만, 늘 웃음소리가 끊이지 않는 화목한 가정이었습니다.
2 유관순의 아버지는 여자들도 집안일만 할 것이 아니라 더 배워서 나라의 일꾼이 되어야 한다는 생각을 가지고 있었습니다.
3 일본은 우리글에는 우리 민족의 얼이 담겨 있다고 생각했기 때문에 우리나라 사람들이 우리글을 배우는 것을 싫어했습니다.
4 유관순은 일본 헌병이 훼방을 놓았지만, 굽히지 않고 마을 사람들에게 우리글을 가르쳤습니다.
5 1919년 3월 1일, 서울 탑골공원에서 독립 만세 운동이 시작되었습니다.
6 이 시는 말하는 이가 일상생활 속에서 상상한 일을 쓴 것입니다.

📌 더 알아볼까요!

경험을 떠올리며 시 읽기
• 시 내용을 잘 파악합니다.
• 시의 표현들을 잘 살펴봅니다.
• 시에서 말하는 이가 무슨 생각을 하는지 알아봅니다.
• 시에서 말하는 이의 경험이 무엇인지 파악해야 합니다.
• 시에서 말하는 이가 상상하는 것을 짐작해 봐야 합니다.

7 춥고 배고플 때 길을 잡아당기면 저녁을 차린 우리 집이 버스 정류장 앞으로 온다고 했습니다.
8 3연에서 말하는 이는 누군가를 많이 보고 싶어 하고 그리워하고 있습니다.
9 '나'는 할머니의 허리를 밟고 있습니다.
10 꼭꼭 밟아야 아픈 허리가 시원하기 때문입니다.
11 '나'는 할머니의 아픈 허리가 나으셨으면 좋겠다고 생각하고, 할머니는 그런 '나'를 기특해하는 마음이 느껴집니다.
12 컴퓨터 바깥의 세상은 수일이 마음대로 할 수 없는 세상, 주로 수일이가 이끌려 다녀야 하는 세상이라고 했습니다.
13 수일이는 방학 동안 학원에만 왔다 갔다 해서 짜증이 났습니다.
14 수일이는 학원에 다니는 것을 싫어하고 있으므로 마음껏 놀 수 있는 수일이를 원할 것입니다.
15 덕실이는 수일이네가 기르는 개를 말합니다.
16 엄마는 개가 말을 한다는 것은 있을 수 없는 일이라고 생각했기 때문에 수일이의 말을 믿지 않았습니다.

17 덕실이는 수일이에게 "네 손톱을 깎아서 쥐한테 먹이면 그 쥐가 너하고 똑같은 모습으로 바뀔지도 몰라."라고 말했습니다.

18 이야기에서 인상 깊은 장면이나 자신과 비슷한 경험이 드러난 부분을 찾은 것끼리 선으로 이어 봅니다.

경험을 떠올리며 이야기를 읽으면 좋은 점
• 내용을 더 쉽게 잘 이해할 수 있습니다.
• 이야기를 좀 더 생생하게 느낄 수 있습니다.
• 인물의 마음을 더 잘 이해할 수 있습니다.
• 글 내용을 더 깊이 있게 이해할 수 있습니다.
• 자신이 아는 내용과 비교하며 글을 읽을 수 있습니다.
• 작품 읽기의 즐거움을 더 잘 느낄 수 있습니다.

19 길목에서 꽃을 보고 있는 모습이 떠오릅니다.
20 꽃의 마음이나 꽃을 바라보는 글쓴이의 마음이 어떠할지 묻는 물음이어야 합니다.

2회 단원 평가 실전
30~33쪽

1 ①, ②, ⑤ 2 ⑩ 나라를 사랑하는 유관순의 마음이 대단하게 느껴졌다. / 유관순에 대한 존경하는 마음이 들었다. 3 ④ 4 ② 5 우리나라가 독립을 해야 한다. 6 (3) ○ 7 ⑤ 8 ⑩ 지치고 힘들 때, 있는 힘껏 길을 잡아당기면 출렁출렁, 탁 트인 파아란 바다가 내 앞으로 온다. 9 ③ 10 ② 11 ① 12 ① 13 ⑩ 짜릿하다. / 행복하다. 14 ⑩ 인물의 마음을 더 잘 이해할 수 있다. / 이야기를 좀 더 생생하게 느낄 수 있다. 15 ① 16 ⑤ 17 ⑩ 한 명은 학원에 가고, 한 명은 마음껏 놀 수 있을 것이라고 생각했기 때문에 18 ① 19 ① 20 ⑩ 친구가 손을 내밀었다. ; ⑩ 마음이 갈라지는 길목에서 / 먼저 손을 내어 주기를 날마다 기다리고 있었다.

풀이

1 유관순은 고향으로 돌아와 독립 만세를 부를 계획을 치밀하게 세우고, 이 마을 저 마을 찾아다니며 사람들에게 독립 만세를 부르는 일에 함께 참여할 것을 부탁했습니다. 또, 가족과 함께 밤새워 태극기를 만들었습니다.

2 나라의 독립을 위해 온갖 고생을 마다하지 않은 유관순의 모습에서 어떤 생각이나 느낌이 들었는지 글로 써 봅니다.

3 이 글은 유관순의 생애와 유관순이 살았던 시대의 배경, 유관순의 가치관과 성격 등을 다룬 전기문입니다.

4 전기문에는 인물이 살았던 시대의 상황, 인물의 성장 과정, 가치관, 본받을 점 등이 나와 있습니다.

5 우리나라가 독립을 해야 한다는 유관순의 신념은 누구도 꺾을 수 없었습니다.

6 간절히 원하는 일이 있을 때 상상한 경험을 바탕으로 하여 쓴 시입니다.

7 장면을 생각하며 시를 읽으면 시가 더 생생하고 실감 납니다.

8 '~할 때, 있는 힘껏 길을 잡아당기면 출렁출렁, ~온다'의 형식으로 새로운 연을 만들어 봅니다.

9 '내'가 할머니의 허리를 밟을 때 할머니께서 "아이쿠! 아이쿠!"라고 소리를 내셔서 겁이 나 자근자근 밟는다고 했습니다.

10 조심조심하는 목소리나 궁금해하는 목소리가 어울립니다.

11 이 시는 할머니의 허리를 주물러드리는 경험을 떠올려 쓴 시이므로, 다리를 다친 적이 있다는 경험은 비슷한 경험이 아닙니다.

12 어른들에게 이끌려 다니는 것은 게임 속 세상이 아닌 컴퓨터 바깥의 세상입니다.

13 손이 땀에 날 정도로 아슬아슬하고 짜릿짜릿하고 시간 가는 줄 모른다고 했으므로 게임을 할 때 행복해하고 있음을 알 수 있습니다.

14 글의 내용을 더 쉽고 깊이 있게 이해할 수 있습니다.

15 말을 못 할 것이라고 생각한 덕실이가 말을 하는 모습을 보고 놀랍고 당황스러울 것입니다.

16 강아지가 말을 하는 것은 우리가 살고 있는 현실 세계에서는 일어날 수 없는 일입니다.

17 수일이는 누군가가 자기 대신 학원에 다녀 주기를 바랐습니다.

18 자신의 경험을 떠올리며 수일이에게 일어났을 일을 상상해 봅니다. 글의 마지막 부분에 수일이가 한 말을 잘 살펴봅니다.

19 꽃과 친구 같은 따뜻하고 정다운 분위기입니다.

20 시에서 말하는 이가 놓인 상황과 느낌을 생각해 보고, 대상을 바꾸어 표현해 봅니다.

더 알아볼까요!

경험을 떠올리며 시 쓰기
• 시의 장면을 떠올려 봅니다.
• 시와 관련 있는 경험을 떠올려 봅니다.
• 시와 관련 있는 경험을 이야기해 봅니다.
• 자신의 경험이 잘 드러나도록 시를 바꾸어 씁니다.
  – 시에서 말하는 이가 놓인 상황과 느낀 기분을 자신의 경험과 견주어 봅니다.
  – 대상을 바꾸어 표현할 수도 있습니다.
  – 시 내용이 바뀌면 제목도 바뀔 수 있습니다.

창의서술형 평가

34~35쪽

1 ⑩ 개운하다. / 만족스럽다.   2 ⑩ 추석에 할아버지 댁에서 보름달을 보고 친척들을 만난 적이 있다. / 결혼식장에서 할머니를 뵙고 맛있는 것을 먹은 경험이 있다.   3 ⑩ 할머니의 아픈 허리가 얼른 나았으면 좋겠어.   4 ⑩ 덕실이가 말을 했다. / 엄마가 '나'의 말을 믿지 않았다.   5 ⑩ '나'의 말을 더 이상 듣고 싶지 않다. / '내'가 학원에 가기 싫어 핑계를 대는 것 같다.   6 ⑩ 엄마하고 다시는 이야기하고 싶지 않을 것이다. / 자신의 말을 귀담아듣지 않는 엄마 때문에 속상할 것이다.

풀이

1 '덥거나 춥지 아니하고 알맞게 서늘하다.'의 뜻이 아니라 '가렵거나 더부룩하던 것이 말끔히 사라져 기분이 좋다.'의 뜻으로 쓰였습니다.

상	'시원하다'가 어떤 의미로 쓰였는지 정확하게 파악했다.
중	'시원하다'가 어떤 의미로 쓰였는지 파악했으나 정확하게 알지 못했다.
하	정답을 쓰지 못하였다.

2 할머니나 할아버지와 있었던 경험을 떠올려 보고 글로 자세히 씁니다.

상	경험을 알맞게 떠올려 정확한 문장으로 썼다.
중	경험을 알맞게 떠올렸으나 문장이 어색하다.
하	정답을 쓰지 못하였다.

3 할머니의 아픈 허리를 밟아 드리면서 어떤 마음일지 생각해 봅니다.

상	말하는 이의 마음을 알맞게 짐작하고 정확한 문장으로 썼다.
중	말하는 이의 마음을 알맞게 짐작하였으나 문장이 어색하다.
하	정답을 쓰지 못하였다.

4 '나'는 엄마에게 덕실이가 말을 한다고 했지만 엄마는 믿지 않았습니다.

상	글의 내용을 잘 파악하여 정확한 문장으로 썼다.
중	글의 내용을 파악하였으나 문장이 어색하다.
하	정답을 쓰지 못하였다.

5 엄마는 덕실이(개)가 말을 했다는 말을 믿지 않고 말도 안되는 이야기라고 생각했습니다.

상	글을 읽고 엄마의 마음을 정확하게 파악했다.
중	엄마의 마음을 정확하게 파악하지 못했다.
하	정답을 쓰지 못하였다.

6 엄마는 '나'의 말에 쓸데없는 소리 그만하고 얼른 학원에나 가라고 다그쳤습니다.

상	'나'의 기분을 알맞게 파악하고 정확한 문장으로 썼다.
중	'나'의 기분을 알맞게 파악했으나 문장이 어색하다.
하	정답을 쓰지 못하였다.

3 글을 요약해요

 개념을 확인해요   37쪽

> **1** 정보   **2** 차례   **3** 비교   **4** 열거   **5** 문단   **6** 지
> 우고   **7** 기억   **8** 정보   **9** 이해   **10** 사실

개념을 다져요   38~39쪽

> **1** ⑤   **2** ③   **3** ③   **4** ①   **5** (1) 중심 문장 (2) 대표
> 적인 (3) 구조   **6** ⑤

풀이 ▶

1 설명하는 글을 읽으면 어떤 일을 할 때의 알맞은 차례를 알 수 있고, 무엇을 설명하거나 안내할 때 도움을 받을 수도 있습니다.

> **더 알아볼까요!**
>
> **설명하는 글의 필요성**
> • 필요한 정보를 얻을 수 있습니다.
> • 어떤 일을 할 때 그 일의 차례를 알 수 있습니다.
> • 일의 방법과 규칙을 알 수 있습니다.

2 과일 카드 놀이를 하는 방법과 규칙을 알 수 있습니다.

3 주장하는 글은 타당한 근거를 들어 자신의 주장을 내세우는 글로, 다른 사람을 설득하는 목적이 있습니다.

4 다보탑과 석가탑의 공통점을 중심으로 설명했습니다.

> **더 알아볼까요!**
>
> **다보탑과 석가탑**
>
>    
> ▲ 다보탑   ▲ 석가탑

5 글의 구조에 따라 내용을 요약하려면 각 문단의 중심 문장을 찾고, 중요하지 않은 내용은 지우고 대표적인 말로 중심 내용을 정리해야 합니다.

6 다른 사람의 글을 자기 것처럼 그대로 베껴 쓰거나 조금씩 다듬어 내 것처럼 쓰면 안 됩니다.

1회 단원 평가 〔도전〕   40~43쪽

> **1** 5~6일이 지나면 얻을 수 있다.   **2** ①   **3** 국립중앙박물관 이용 안내   **4** ⑤   **5** 나래   **6** ①   **7** 다보탑과 석가탑은 공통점이 있습니다.   **8** ⑤   **9** 동방명주 탑   **10** ⑤   **11** ⑤   **12** (1) 비늘 (2) 산소 (3) 옆줄   **13** ⑤   **14** ④   **15** 직업의 특성에 따라 특정 색깔의 옷이 일을 하는 데 도움이 되기 때문에   **16** ③   **17** ③   **18** ②   **19** (1) ○   **20** 예 친구들이 호기심을 가질 만한 대상을 정한다. / 가치 있는 정보를 줄 수 있는 대상을 정한다.

풀이 ▶

1 5~6일이 지나면 새싹 채소를 얻을 수 있습니다.

2 새싹을 기르는 방법을 설명하는 글에서 설명이 부족한 부분을 찾아봅니다.

3 국립중앙박물관 이용 안내에 대하여 설명하는 글입니다.

4 관람료는 무료이고, 휴무일과 관람 시간은 안내되어 있으며 주의할 점은 '6세 이하 어린이는 보호자와 함께 해야 한다'는 것입니다.

5 누구에게 도움이 되는 정보가 들어 있는지 살펴봅니다.

6 장식이 많고 화려한 것은 다보탑입니다.

7 2문단의 중심 문장은 문단의 맨 처음에 있습니다.

8 이 글은 다보탑과 석가탑의 공통점과 차이점에 대하여 설명하는 글입니다.

9 동방명주 탑은 독특한 외형 때문에 '동양의 진주'라고 불립니다.

10 하나의 주제를 몇 가지 특징이나 예시로 설명했습니다.

11 어류는 아가미가 있는 척추동물로 저마다 비늘 무늬가 달라 몸을 쉽게 숨길 수 있습니다.

12 중요한 내용을 중심으로 요약할 때에는 중심 문장이나 중요 낱말이 무엇인지 파악해야 합니다.

13 직업과 옷의 색깔에 대하여 설명하는 글입니다.

14 의사, 간호사, 약사, 위생사, 요리사와 같이 청결을 유지해야 하는 사람들은 모두 흰색 옷을 입는다고 했습니다.

15 사람들은 직업에 따라 상징적인 색깔의 옷을 입기도 하는데, 직업의 특성에 따라 특정 색깔의 옷이 일을 하는 데 도움이 되기 때문입니다.

16 법관의 검은색 옷은 법 앞에서 모든 사람이 평등하다는 뜻을 나타내며, 다른 것에 물들지 않고 공정하게 재판해야 한다는 의미를 담고 있습니다.

17 법관이 검은색 옷을 입는 까닭과 군인이 상황에 따라 옷을 달리하여 입는 까닭에 대하여 설명하고 있으므로 ③이 중심 내용으로 알맞습니다.

18 고양이와 강아지를 기르는 데에 공통점과 차이점에 대하여 수집할 내용이므로 '내가 좋아하는 색깔'이 들어갈 필요는 없습니다.

19 '고양이 기르기와 강아지 기르기의 공통점과 차이점'에 대한 내용이므로 (1)이 알맞습니다.

20 설명하는 글의 대상을 정할 때에는 가치 있는 정보를 제공해 줄 수 있는 대상인지, 읽는 사람이 관심을 가질 만한 대상인지 고려해야 합니다.

2회 단원 평가 실전
44~47쪽

1 (1) ⓔ 국립중앙박물관 이용 안내 (2) ⓔ 과일 카드 놀이 방법 **2** ⑤ **3** ④ **4** ③ **5** ㉠ **6** ② **7** ④ **8** (1) - ㉠ - ㉲ (2) - ㉢ - ㉴ (3) - ㉡ - ㉰ **9** (1) ○ **10** ①, ② **11** ④ **12** ㉠, ㉢ **13** ⓔ 어류 피부는 비늘로 덮여 있어 몸을 보호해주고, 아가미는 물속에 녹아 있는 산소를 흡수한다. 또 어류는 옆줄로 환경 변화를 알아낸다. **14** ⑤ **15** (1) ⓔ 사람들은 직업에 따라 고유한 색깔 옷을 입기도 한다. (2) ⓔ 의사나 간호사는 보통 흰색 옷을 입는다. **16** ④ **17** ① **18** ④ **19** (1) 열거 (2) ⓔ 주제 하나에 특징 몇 가지나 보기를 들어 설명하는 방법 / 대상 하나가 가진 여러 가지 정보를 쉽게 설명하기에 좋은 방법 **20** ③

풀이 ▶

1 글 ㈎는 국립중앙박물관의 관람 방법, 관람 시간과 관람료, 휴관일 등에 대하여 설명하고 있고, 글 ㈏는 과일 카드 놀이를 하는 방법과 규칙에 대하여 설명하고 있습니다.

2 한 가지 색깔의 과일 다섯 개가 바닥에 펼쳐지면 가장 빨리 종을 쳐서 카드를 가져옵니다.

3 다보탑과 석가탑의 공통점과 차이점에 대하여 쓴 글입니다.

4 앞 문단에서 다보탑과 석가탑의 공통점을 말하고, 이어지는 문단에서 차이점을 말하고 있으므로 '다릅니다'가 알맞습니다.

5 중심 문장은 문단에서 가장 중요한 내용을 담고 있는 문장입니다.

6 이 글은 주제 하나에 특징 몇 가지나 보기를 들어 설명하는 방법인 열거의 방법으로 쓰였습니다.

7 피사의 사탑은 이탈리아 토스카나 주에 종교 목적으로 만들어진 탑입니다.

8 이탈리아 토스카나주에는 종교 목적으로 세운 피사의 사탑이 있고, 프랑스 파리에는 프랑스 혁명 100주년을 기념하기 위해 세운 에펠 탑이 있습니다. 또, 중국 상하이에는 방송 송신을 목적으로 세운 동방명주 탑이 있습니다.

9 제시된 글은 사람들이 다양한 목적으로 탑을 세운다고 말하고 있으므로 이 글의 맨 앞부분에 들어가는 것이 알맞습니다.

10 글의 내용을 빨리 외울 수 있는 것은 아니고, 글을 요약할 때에는 글의 구조를 생각해야 합니다.

11 어류의 다양한 기관에 대하여 쓴 글입니다.

12 어류 피부는 비늘로 덮여 있어 몸을 보호해 주고, 아가미는 물속에 녹아 있는 산소를 흡수합니다. 또, 어류는 옆줄로 외부 환경의 변화를 알아냅니다.

13 글에서 중요한 문장만을 골라 알기 쉽게 정리해 봅니다.

14 직업의 특성에 따라 특정 색깔의 옷이 일을 하는 데 도움이 됩니다.

15 중심 문장은 맨 앞이나 맨 뒤에 오는 것이 대부분이지만 문단의 중간에 올 수도 있습니다.

16 법관의 검은색 옷은 다른 것에 물들지 않고 공정하게 재판해야 한다는 의미를 담고 있습니다.

17 법관의 검은색 옷은 법 앞에서 모든 사람이 평등하

다는 뜻을 나타내며, 다른 것에 물들지 않고 공정하게 재판해야 한다는 의미를 담고 있습니다.

18 군인은 전투를 벌일 때 상대방의 눈에 쉽게 띄면 안 되기 때문에 주변 환경과 상황에 따라 옷의 색깔을 달리하여 입습니다.

19 주제 하나에 특징 몇 가지나 보기를 들어 설명하면 대상 하나가 가진 여러 가지 정보를 쉽게 설명하기에 좋습니다.

20 글의 내용을 요약하면 글에서 중요한 부분을 쉽게 알고 기억할 수 있습니다.

창의서술형 평가

48~49쪽

1 ㉲ 두 대상의 공통점과 차이점을 찾아 설명했다.
2 (1) 다보탑과 석가탑에는 공통점과 차이점이 있습니다. (2) 다보탑과 석가탑은 공통점이 있습니다. (3) 두 탑의 모습은 매우 다릅니다. 3 ㉲ 화강암을 쪼아 만든 석탑이다. / 통일 신라 시대에 만들었다. / 불국사 대웅전 앞뜰에 서 있다. / 우리나라 국보이다.
4 ㉲ 각 문단의 중심 문장을 찾는다. / 중요하지 않은 내용은 지우고 대표적인 말로 중심 내용을 정리한다. 5 ㉲ 어류 피부는 비늘로 덮여 있어 몸을 보호해 주고, 아가미는 물속에 녹아 있는 산소를 흡수한다. 또 어류는 옆줄로 환경 변화를 알아낸다. 6 ㉲ 글에서 중요한 부분만을 쉽게 알 수 있다. / 중요한 내용을 더 쉽게 기억할 수 있게 해 준다.

풀이

1 다보탑과 석가탑의 공통점과 차이점을 찾아 설명했습니다.

상	대상을 설명하는 방법을 정확하게 파악하여 썼다.
중	대상을 설명하는 방법을 파악하였으나 정확하게 쓰지 못했다.
하	정답을 쓰지 못하였다.

2 문단에서 가장 중요하다고 생각하는 문장을 찾아봅니다.

상	각 문단의 중심 문장을 정확하게 파악하여 썼다.
중	각 문단의 중심 문장을 일부 파악하여 썼다.
하	정답을 쓰지 못하였다.

3 주어진 틀의 빈 부분은 두 대상의 공통점이 들어가야 할 부분입니다. 글에 나타난 두 대상의 공통점을 찾아 한 가지 씁니다.

상	글의 구조와 주어진 틀을 잘 파악하여 알맞은 답을 썼다.
중	글의 구조와 주어진 틀을 파악하였으나 정확하게 쓰지 못했다.
하	정답을 쓰지 못하였다.

4 또, 글의 구조를 파악하고, 알맞은 틀에 내용을 정리합니다.

상	글을 요약하는 방법을 정확하게 알고 썼다.
중	글을 요약하는 방법을 알고 있으나 문장이 어색하다.
하	정답을 쓰지 못하였다.

5 어류의 피부, 아가미, 옆줄에 대하여 간단히 요약합니다.

상	각 문단의 중심 문장을 잘 찾아 요약했다.
중	각 문단의 중심 문장을 일부 찾아 요약했다.
하	정답을 쓰지 못하였다.

6 글을 요약할 때에는 중요한 부분을 찾게 되므로 중요한 내용을 더 쉽게 기억할 수 있습니다.

상	글을 요약하면 좋은 점을 정확하게 알고 썼다.
중	글을 요약하면 좋은 점을 알고 썼으나 문장이 어색하다.
하	정답을 쓰지 못하였다.

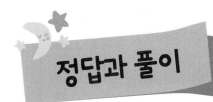
4 글쓰기의 과정

51쪽

개념을 확인해요

1 주어, 목적어, 서술어 2 주체 3 풀이 4 동작
5 무엇에 6 목적 7 다발 짓기 8 높임 9 시간
10 생각

개념을 다져요

52~53쪽

1 ① 2 ④ 3 떡볶이가, 빨갛다 4 ⑩ 지난달에
겪은 일을 소개하는 글을 학급 신문에 싣기 위해 5
ⓒ 6 ③, ⑤

풀이

1 문장에서 동작이나 상태의 주체가 되는 주어가 들어
가야 알맞습니다.

2 서술어는 문장에서 주어의 움직임, 상태, 성질 따위
를 풀이해 주고, 문장에서 주체가 되는 대상이 무엇
인지, 어찌하는지, 상태가 어떠한지를 알 수 있게 해
줍니다.

더 알아볼까요!

문장을 구성하는 성분

주어	• 문장에서 동작이나 상태의 주체가 됩니다. • 무엇이 뛰는지, 누가 공을 던지는지 알 수 있도록 해 줍니다.
서술어	• 문장에서 주어의 움직임, 상태, 성질 따위를 풀이해 줍니다. • 문장에서 주체가 되는 대상이 무엇인지, 어찌하는지, 상태가 어떠한지를 알 수 있게 해 줍니다.
목적어	• 문장에서 동작의 대상이 됩니다. • 무엇에 대한 것인지를 알 수 있도록 해 줍니다.

3 반드시 있어야 하는 부분은 '떡볶이가'와 '빨갛다'이
고, 그렇지 않은 부분은 '매콤한', '익은', '고추처럼'
입니다.

4 민재는 학급 신문에 실을 글을 써 달라는 친구의 말
을 듣고 지난달에 겪은 일을 소개하는 글을 써 보자
고 했습니다.

5 할머니 댁에 놀러간 일은 즐거웠던 일, 친한 친구가
전학을 간 일은 즐거웠던 일, 부모님께 꾸중을 들은
일은 슬펐던 일에 포함됩니다.

6 글의 내용을 잘 지어내거나 자유롭게 떠올릴 수 있
는 것은 아닙니다.

1회 단원 평가 도전

54~57쪽

1 ④ 2 (1) ⑩ 야구 선수가 공을 잡았습니다. 3 줄
넘기를 4 (1) ⑩ 강아지입니다. (2) ⑩ 먹이를 먹습
니다. (3) ⑩ 귀엽습니다. 5 ㉠, ㉢ 6 (1) ⑩ 스스로
맛있는 달걀말이를 만들었다. (2) ⑩ 즐겁고 신난다.
7 삼촌 8 경험한 일에 대해 생각이나 느낌을 나타
내기 위해서 9 ① 10 (1) ⑩ 생각보다 사람이 많
아서 놀람. (2) ⑩ 칭찬을 들어 기분이 좋음. 11 ④
12 ② 13 (1) ㉢ (2) ㉢ (3) ㉠ 14 ③ 15 (1) 집으
로, 댁으로 (2) 있었지만, 계셨지만 (3) 왔으면, 오셨으
면 16 (1) ㉢ (2) ㉠ (3) ㉡ 17 ⑤ 18 ⑤ 19 ⑤
20 숲속에서 다람쥐가 뛰어놀고, 새가 지저귑니다.

풀이

1 엄마께 선물을 어떻게 했다는 내용이 나오지 않았기
때문에 문장이 어색한 것입니다.

2 야구선수가 글러브로 공을 잡고 있는 그림입니다.

3 아이가 줄넘기를 하고 있는 그림입니다.

4 강아지가 어찌하고 있는지 어떠한지 그림을 잘 살펴
봅니다.

5 '매콤한, 익은, 고추처럼'은 문장에서 '떡볶이가'와
'빨갛다'를 자세히 꾸며 주는 말이고, 반드시 있어야
하는 부분은 '떡볶이가'와 '빨갛다'입니다.

6 삼촌과 달걀말이를 맛있게 먹은 경험을 떠올려 스스
로 맛있는 달걀말이를 만들어 즐겁고 신이 났습니다.

7 그림 ❷를 통해 삼촌께 달걀말이를 맛있게 만드는
방법을 전해 들었음을 짐작할 수 있습니다.

8 이 글은 자신의 경험과 그 느낌을 쓴 글입니다.

9 공원에 갈 준비가 끝날 때까지도 계속 툴툴거린 것
으로 보아 '나'는 공원에 가고 싶어 하지 않았음을 알
수 있습니다.

10 뒷산 시민 공원에 도착하니 벌써 운동하는 사람이
많아서 놀랐고, 아빠께 칭찬을 들어 기분이 좋았을
것입니다.

11 '늘 내 편이 되어 주시는 할머니께서 계시니 갑자기
기분이 좋아졌다.'고 했습니다.

12 할머니께서 일찍 집에 가지 않으셨으면 좋겠다고 생각했고, 다행히 할머니께서 아직 집에 계셨다고 했습니다.

13 호응이 이루어지지 않으면 어색한 문장이 되거나, 말하거나 쓴 사람의 의도가 잘못 전달될 수 있습니다.

14 웃어른과 높임 표현이 들어간 문장을 찾아봅니다.

15 웃어른께는 높임 표현을 써야 합니다.

16 '아버지께'가 높임의 대상을 나타내는 말이고, '드렸다'가 주어에 호응하는 서술어이고, '동생이'가 동작을 당하는 주어이고, '업혔다'가 주어에 호응하는 서술어입니다. 또, '어제'가 시간을 나타내는 말이고, '봤어'가 주어에 호응하는 서술어입니다.

17 ①은 '무엇을'을 써야 하고, ②는 '아버지께서'와 '하신다', ③은 '어제'를 미래 시제로 바꾸거나 '먹겠다'를 '먹었다'로 바꾸어야 합니다. 또, ④는 '잡았다'로 써야 합니다.

18 ①은 '비가 내리고 바람이 세차게 불었다.', ②는 '춤을 추고 노래를 불렀다.', ③은 '그림을 잘 그리고 글씨를 잘 쓴다.', ④는 '키가 더 크고 몸무게가 더 무겁다.'라고 써야 합니다.

19 그림을 보고 주어와 호응하는 서술어를 이용해 다양한 문장을 만들어 봅니다.

20 주어에 호응하는 서술어를 넣거나 서술어에 호응하는 주어를 넣어 문장을 바르게 고칩니다.

2회 단원 평가 실전

58~61쪽

1 ② **2** (1) 야구 선수가 (야구)공을 잡았습니다. (2) 아이가 (배구)공을 던집니다. **3** ① **4** ④ **5** ① **6** ㄹ, ㅁ **7** ① **8** ② **9** 삼촌 **10** 예 남자아이가 만든 달걀말이를 보고 기뻐하실 엄마 생각에 뿌듯할 것이다. / 엄마가 빨리 달걀말이를 맛보셨으면 좋겠다고 생각할 것이다. **11** 예 달걀말이를 만들어 본 일 **12** ③ **13** ④ **14** 달걀을 젓가락으로 싹둑싹둑 잘라 주어야 좋다는 것 **15** ③ **16** 예 가기 싫음. / 귀찮음. ; 예 상쾌함. **17** (1) 턱걸이를 다섯 번이나 함. (2) 칭찬을 들어 기분이 좋음. (3) 물을 마시니 배 속까지 시원함. **18** ②, ④, ⑤ **19** (1) 주셨다 (2) 계셨다 **20** 예 할머니께서 자기 집에 더 자주 오셨으면 하고 바랄 것이다. / 할머니와 함께 많은 것을 할 수 있어서 행복했을 것이다.

풀이 ▶

1 선수가 '무엇을' 잡았는지, 아이가 '무엇을' 던졌는지가 빠져 있습니다.

2 '공을'이란 말이 들어가야 그림에 어울리는 문장이 됩니다.

3 문장에서 동작이나 상태의 주체가 되는 말을 '주어'라고 합니다.

4 문장에서 동작의 대상이 되는 말을 '목적어'라고 하고, '무엇을'이나 '누구를'에 해당하는 말입니다.

5 문장에서 꼭 필요한 문장 성분은 '주어', '목적어', '서술어'입니다.

6 ㉠에는 주어와 서술어, ㉡에는 목적어와 서술어, ㉢에는 주어와 서술어만 들어 있습니다.

7 겪은 일을 소개하는 글을 학급 신문에 싣기 위해서 글을 쓰게 되었습니다.

8 그림 ❸에서 민재는 우리 반 친구들이 읽을 글이니 친구들이 재미있어 할 내용으로 써야겠다며 읽을 사람을 예상했습니다.

9 그림 ❷를 통해 삼촌이 가르쳐 주셨다는 것을 알 수 있습니다.

10 그림 ❻에서 남자아이는 엄마를 생각하며 흐뭇한 표정을 짓고 있습니다.

11 달걀말이를 스스로 만들어 본 경험에 대하여 쓴 글입니다.

12 먼저 재료를 준비합니다.

13 삼촌 댁에서 먹어 보고 너무 맛있었기 때문입니다.

14 삼촌께서 달걀을 젓가락으로 싹둑싹둑 잘라 주어야 좋다고 하셨고, 덩어리진 것을 가위로 자르듯 끊어 주면 된다고 하셨습니다.

15 '달걀을 큰 그릇에 깨뜨려 넣는다.'에는 주어가 빠져 있습니다.

16 아빠의 말씀에 억지로 일어나 공원을 따라 나설 때 '나'는 귀찮고 가기 싫은 마음에 계속 툴툴거렸지만, 운동을 끝내고 집으로 돌아오면서 상쾌함을 느꼈습니다.

17 이 글을 처음-가운데-끝 부분으로 나누어 보고, 가운데 부분에서 일어난 일과 그때의 생각이나 느낌을 정리해 봅니다.

18 할머니께서 오셔서 맛있는 떡볶이를 해 주시고, 할머니와 함께 만화 영화도 보고, 과일과 피자도 먹었습니다. 또, 친구와 수학 공부를 하려고 친구 집으로 갔습니다.

19 높임의 대상을 나타내는 말과 서술어가 호응이 되어야 바른 표현입니다.

20 '나'는 할머니를 좋아하고 있습니다.

창의서술형 평가
62~63쪽

1 ⓔ 새가 노래를 부른다. / 여자아이가 밥을 먹는다. / 내 친구는 강아지를 좋아한다.   2 ⓔ '잡았다'를 자세하게 꾸며 준다.   3 ⓔ 경찰이 도둑을 잡았다.   4 ⓔ 부지런한 사람이 이득을 보거나 기회를 잡는다.   5 경험한 일에 대해 생각이나 느낌을 나타내기 위해서이다.   6 ⓔ 아침 일찍 일어나 아빠와 함께 공원으로 운동을 갔다. 조금 추웠지만 체조를 하고 나니 추위가 달아나는 것 같았다.

풀이 ▶

1 주어, 서술어, 목적어가 모두 들어간 문장을 만들어 봅니다.

상	①~③의 조건을 모두 만족하여 문장을 썼다.
중	①~③의 조건을 일부 만족하여 문장을 썼다.
하	정답을 쓰지 못하였다.

2 '경찰이 번개처럼 빠르게 도둑을 잡았다.'와 같이 '잡았다'를 꾸며 주고 있습니다.

상	문장 성분을 정확하게 파악하여 썼다.
중	문장 성분을 알고 있으나 정확한 역할을 쓰지 못하였다.
하	정답을 쓰지 못하였다.

3 주어, 서술어, 목적어를 넣은 문장을 완성해 봅니다.

상	문장에 반드시 필요한 성분이 무엇인지 알고 정확하게 썼다.
중	문장에 반드시 필요한 성분이 무엇인지 일부 알고 썼다.
하	정답을 쓰지 못하였다.

4 일찍 일어날수록 새가 먹이를 많이 얻을 수 있다는 뜻으로, 부지런해야 이득을 보고 좋은 기회도 잡을 수 있다는 말입니다.

상	속담의 뜻을 정확하게 알고 썼다.
중	속담의 뜻을 대강 짐작하여 알고 썼다.
하	정답을 쓰지 못하였다.

5 이 글은 아빠와 함께 아침 운동을 하러 공원에 간 경험과 그에 대한 생각과 느낌을 나타낸 글입니다.

상	글을 읽고 글의 목적을 정확하게 파악하였다.
중	글을 읽고 글의 목적을 대강 짐작하여 파악하였다.
하	정답을 쓰지 못하였다.

6 '나'는 아침 일찍 일어나 아빠와 함께 공원으로 운동을 갔습니다. 처음에는 추웠지만 운동을 하고 나니 추위가 달아나는 것 같았습니다.

상	시간 흐름과 장소 변화에 따라 글을 요약하여 썼다.
중	시간 흐름과 장소 변화에 따라 글을 요약하여 썼으나 문장이 어색하다.
하	정답을 쓰지 못하였다.

5 글쓴이의 주장

개념을 확인해요
65쪽

1 동형어 2 다의어 3 동형어 4 앞뒤 5 주장
6 강조 7 제목 8 많이 9 설득력 10 중요성

개념을 다져요
66~67쪽

1 ③ 2 태서 3 ② 4 ① 5 (1) 중심 내용 (2) 근거 (3) 강조해 (4) 제목 6 ③

풀이

1 ③에 쓰인 '배'는 운송 수단을 나타내고, 나머지는 모두 신체 부위를 나타냅니다.

2 동현과 미정은 동형어를 사용하면 좋지 않은 점을 말했습니다.

3 ②에 쓰인 '말'은 '사람의 생각이나 느낌 따위를 표현하고 전달하는 데 쓰는 음성 기호'를 뜻합니다.

4 친구의 의견을 따르면 동형어의 뜻이 정확하지 않을 수도 있습니다.

5 각 문단의 중심 내용을 확인하고, 글 제목을 살펴봅니다. 또, 글쓴이가 여러 번 반복하여 사용한 낱말이 무엇인지 찾아봅니다.

6 글을 읽고 가장 많이 사용된 낱말이 무엇인지 알아보아야 합니다.

1회 단원 평가
도전
68~71쪽

1 ④ 2 ⑤ 3 ② 4 예 답안지에 답을 적다. ; 예 관심이 적다. 5 ② 6 어린이 보행 중 교통사고를 줄이는 일에 모두 힘써야 한다. 7 (2) ○ 8 ③, ④, ⑤ 9 ② 10 ② 11 ② 12 (1) 인공 지능이 사회적·경제적 불평등을 심하게 할 것이다. (2) 힘이 강한 나라나 집단이 힘이 약한 나라나 사람들을 지배할 수도 있다. 13 ④ 14 ④ 15 ⑤ 16 ⑤ 17 ④ 18 ③ 19 예 조용하고 평화로운 학교 분위기를 만들 수 있다. 20 ④, ⑤

풀이

1 남자아이는 여자아이가 말한 '다리'의 의미가 신체 부위인지, 안경 다리인지 알 수가 없었습니다.

2 여자아이는 안경다리를 고치러 가는 길이라고 했습니다.

더 알아볼까요!

상황에 따라 여러 가지로 해석되는 낱말 알기
• 우연히 형태는 같지만 뜻이 서로 다른 낱말을 형태가 같은 낱말 또는 동형어라고 합니다.
• 한 낱말이 여러 가지 뜻을 가진 경우에 그 낱말을 다의어라고 합니다.

3 '쓰다'의 여러 가지 뜻을 사전에서 찾아봅니다.

4 '적다'라는 낱말이 어떤 뜻을 가지고 있는지 생각해 봅니다.

5 '머리카락이나 수염 따위의 털이 희어지다'의 뜻으로 쓰였습니다.

6 글을 읽고 글쓴이의 주장을 파악해 봅니다.

7 '우리' 대신 뜻을 넣어 앞뒤 내용이 자연스럽게 연결되는지 살펴봅니다.

8 낱말 뜻을 정확하게 알려면 국어사전을 찾아보는 것이 좋습니다.

9 ㉡은 글쓴이의 의견을 뒷받침하는 문장입니다.

10 ㉮에 쓰인 '일어나다'의 뜻은 '어떤 일이 생기다.'의 뜻입니다.

11 글쓴이는 인공 지능은 위험성이 크다는 주장을 말하면서 사회적·경제적 불평등과 지배 관계의 위험성을 근거로 들었습니다.

더 알아볼까요!

글을 읽고 글쓴이의 주장 파악하기
• 각 문단의 중심 내용을 확인합니다.
• 글쓴이의 의견이 무엇인지 알아보고, 어떤 근거를 제시했는지 살펴봅니다.
• 글쓴이가 여러 번 강조해 사용하는 낱말이 무엇인지 확인합니다.
• 글 제목을 생각해 봅니다.

12 각 문단의 중요한 내용을 요약해 봅니다.

13 낱말의 뜻을 그 낱말 대신 넣어 내용이 통하는지 살펴봅니다.

14 가장 많이 사용된 낱말을 찾아보면 글쓴이가 어떤 말을 하고자 하는지 짐작할 수 있습니다.

15 글의 앞부분에 '지금까지 쓰기 윤리를 지켜야 하는 까닭에 대해 알아보았다.'라고 했으므로 쓰기 윤리를 지켜야 하는 까닭이 들어갔을 것입니다.

16 진실이 아닌 내용을 진실인 것처럼 쓰는 경우, 법에 의해 처벌을 받을 수도 있습니다.

17 글로 나타낸다는 말이므로 '작성할'로 바꾸어 쓰기에 알맞습니다.

18 교실이나 복도에서 큰 소리로 떠들면 안 되는 점을 근거로 들어야 합니다.

19 주장을 뒷받침하는 근거는 주장과 관련 있어야 하고, 주장을 설득할 수 있어야 합니다.

20 적절한 근거는 주장을 더욱 설득력 있게 만들어 줍니다.

2회 단원 평가 실전

72~75쪽

1 ④ **2** ② **3** (1) ㉡ (2) ㉠ (3) ㉢ (4) ㉣ **4** ⑤ **5** (1) 예 일어나다. (2) 예 우리 모두 노력해 어린이 보행 중 교통사고가 일어나지 않도록 하자. (3) 예 01 누웠다가 앉거나 앉았다가 서다. / 02 어떤 일이 생기다. (4) 예 어떤 일이 생기다. **6** 예 대신 쓸 수 있는 낱말을 확인해본다. / 국어사전에서 어울리는 찾아 뜻을 확인해본다. / 문장 앞뒤 내용을 살펴보고 관련 있는 뜻을 찾는다. **7** 예 짐승을 가두어 기르는 곳. / 예 말하는 사람과 듣는 사람을 포함한 여러 사람. **8** (2) ○ **9** ④ **10** 예 각 문단의 중심 내용을 확인한다. / 글쓴이가 여러 번 강조해 사용한 낱말이 무엇인지 확인한다. **11** ④ **12** ③ **13** (2) ○ **14** ② **15** 예 반듯한 저작권 사용, 반듯한 우리 마음 / 소중한 저작권, 우리 함께 지켜요! **16** ② **17** ④ **18** 예 학교 내 휴대 전화 사용을 금지해야 하는지, 허용해야 하는지에 대한 내용 **19** 교내 휴대전화 사용, 허용하면 안되는 이유 **20** ④

---

1 형태는 같지만 뜻이 서로 다른 낱말을 형태가 같은 낱말 또는 동형어라고 합니다. 다의어는 두 가지 이상이 뜻을 가진 낱말을 가리키는 말로, 의미 사이에 관련이 있습니다.

2 ②에 쓰인 '배'는 '먹는 과일'을, 나머지는 모두 '신체 부위'를 뜻합니다.

3 그림에 알맞은 낱말을 바르게 사용한 문장을 찾아 선으로 이어 봅니다.

4 첫줄에 글쓴이의 주장이 잘 드러나 있습니다.

5 상황에 따라 여러 가지로 해석되는 낱말의 정확한 뜻을 알려면 국어사전을 찾아보는 것이 좋습니다.

6 상황에 따라 여러 가지로 해석되는 낱말의 정확한 뜻을 알려면 국어사전을 찾아보는 것이 좋습니다. 문장의 앞뒤 내용을 살펴보고 관련 있는 뜻을 찾을 수도 있습니다.

7 '우리'의 여러 가지 뜻을 떠올려 봅니다.

8 (2)의 의미로 쓰였습니다.

9 글쓴이는 인공 지능은 인류의 미래에 꼭 필요한 기술이라면서 인공 지능이 인간에게 주는 이로움을 근거로 들었습니다.

10 또, 글쓴이의 의견이 무엇인지 알아보고, 어떤 근거를 제시했는지도 살펴보아야 합니다.

> **더 알아볼까요!**
>
> **글을 읽을 때 근거의 적절성을 판단해야 하는 까닭**
> • 적절한 근거가 많을수록 글쓴이의 주장이 더욱 설득력 있게 느껴지기 때문입니다.
> • 알맞지 않은 낱말을 사용한 근거를 보면 주장도 적절하지 못할 것이라고 생각하기 때문입니다.
> • 근거가 적절하지 않으면 주장하는 내용도 믿을 수 없기 때문입니다.

11 다른 사람의 글을 자신의 글인 양 베껴 쓰거나 자신의 이름으로 바꿔 쓰면 안 됩니다. 또, 조사한 내용을 거짓으로 꾸미거나 허위로 글을 쓰면 안 됩니다.

12 일상생활에서 규칙과 질서를 잘 지키는 일이 중요한 것처럼, 글을 쓸 때에도 다른 사람에게 피해를 주지 않기 위해서는 규범을 지켜야 한다고 했습니다.

13 글쓴이의 주장 뒤에는 주장을 뒷받침하는 근거가 와야 합니다.

14 글쓴이는 쓰기 윤리를 지키자는 주장을 하고 있습니다.

15 저작권에 피해를 주는 행위를 하지 않고 저작물을 올바르게 사용하자는 뜻의 광고 문구를 떠올려 봅니다.

16 ㉠'들다'는 '설명하거나 증명하기 위하여 사실을 가져다 대다.'의 뜻입니다.

17 학교 안에서 스마트폰을 쓰지 못하게 하면 어떤 안좋은 점이 발생할지 생각해 봅니다.

18 학교에서 휴대 전화 사용을 금지해야 하는지, 허용해야 하는지에 대한 내용을 담고 있습니다.

19 학교 안에서 휴대 전화를 사용하면 좋지 않은 점을 근거로 들었습니다.

20 꾸며 주는 말이 설득력을 높이는 것은 아닙니다.

창의서술형 평가
76~77쪽

1 ㉠ 인공지능, 위험, 지배   2 ㉠ 인공지능은 위험하다.   3 ㉠ 인공 지능 개발이 가진 위험   4 (1) ㉠ 생활에 필요하고 도움이 되므로 올바른 사용법을 교육해야 한다. (2) ㉠ 수업에 집중하고 여러 가지 병을 줄이려면 금지해야 한다.   5 ㉠ 반대, 학교 안에서 스마트폰을 사용하는 학생이 많아지면서 여러 가지 문제점이 생기고 있기 때문이다.   6 ㉠ 읽는 사람을 생각하며 주장에 대한 근거를 잘 설명한다. / 알맞은 낱말을 사용해 글을 써야 한다. / 처음, 가운데, 끝이 잘 구분되게 써야 한다.

풀이

1 글에서 많이 쓰인 낱말은 글쓴이가 강조하고 있는 생각이 무엇인지 알 수 있습니다.

상 글을 읽고 글에서 가장 많이 쓴 낱말을 잘 찾아 썼다.

중 글을 읽고 낱말을 썼으나 가장 많이 쓴 낱말이 아니다.

하 정답을 쓰지 못하였다.

2 글쓴이는 인공 지능 개발이 일으킬 위험을 막을 방법을 생각해야 한다고 했습니다.

상 글에서 주장하는 내용을 정확히 파악하여 썼다.

중 글에서 주장하는 내용을 파악하여 썼으나 문장이 어색하다.

하 정답을 쓰지 못하였다.

3 글쓴이의 주장을 잘 드러내는 제목을 정해 봅니다.

상 제목에 주장이 잘 드러나도록 썼다.

중 제목을 썼으나 주장이 잘 드러나지는 않는다.

하 정답을 쓰지 못하였다.

4 글에 나타난 사람들의 의견을 찾아 씁니다.

상 글에 나타난 의견을 모두 정확히 썼다.

중 글에 나타난 의견을 하나만 썼다.

하 정답을 쓰지 못하였다.

5 자신의 의견을 정하고 그 의견에 알맞은 근거를 생각해 씁니다.

상 자신의 주장과 그 근거를 정확하게 들어 썼다.

중 자신의 주장을 썼으나 근거가 미흡하다.

하 정답을 쓰지 못하였다.

6 의견을 나타낼 때에는 그 의견을 뒷받침할 수 있는 근거를 써야 합니다.

상 의견을 글로 나타낼 때 주의해야 할 점을 알고 정확하게 썼다.

중 의견을 글로 나타낼 때 주의해야 할 점을 알고 있으나 문장이 어색하다.

하 정답을 쓰지 못하였다.

정답과 풀이

6 토의하여 해결해요

개념을 확인해요
79쪽

1 토의 2 주제 3 판단 4 근거 5 기준 6 해결
7 의견 8 단점 9 주제 10 문제

개념을 다져요
80~81쪽

1 토의 2 ㉰, ㉮, ㉯ 3 (1) ○ 4 ② 5 의견 모으기 6 (2) ○

풀이

1 토의는 문제를 해결할 때 여러 사람이 참여해서 해결하는 것입니다.

2 토의는 토의 주제를 정하고 의견을 마련한 뒤 의견을 모아 결정합니다.

3 토의 주제로 적절한지 판단하는 기준입니다.

4 자신의 의견과 의견의 좋은 점을 말해야 설득력이 있습니다.

5 여러 사람들의 의견을 모아서 장점과 단점을 파악하는 절차입니다.

6 글을 읽고 문제 상황을 파악해 토의 주제를 결정합니다.

1회 단원 평가 도전
82~85쪽

1 ⑤ 2 (1) ○ 3 ③ 4 ① 5 ⑤ 6 (1) 3 (2) 2 (3) 1 7 ③, ⑤ 8 ④ 9 ②, ③, ⑤ 10 예 개교기념일을 의미 있게 보내는 데 의미 있는 의견인가? 11 ①, ②, ③ 12 예 누군가를 도우며 하루를 보내는 것은 보람되며 뜻깊다고 생각합니다. 힘들 수 있지만 우리 반 모두가 뿌듯하고 의미 있는 하루를 보낼 수 있는 방안입니다. 13 (1) ㉡ (2) ㉣ 14 ④, ⑤ 15 ④ 16 예 우리 스스로 학교에서 안전하지 않은 곳을 찾아보고 이를 보완하는 방법을 찾아보는 것도 효과적인 안전 교육일 수 있다. 17 ①, ③ 18 ⑤ 19 예 높이 꽂혀 있는 책도 편리하게 이용할 수 있는 방법은 무엇일까? 20 ①

풀이

1 그림에서 점심시간에 운동장을 안전하게 쓰는 방법에 대해 이야기하고 있습니다.

2 점심시간 운동장 사용 방법을 결정해서 공고문으로 전달했습니다.

3 어떤 문제를 여러 사람이 협력해 문제를 해결하는 방법을 '토의'라고 합니다.

4 토의를 하면 일방적으로 의견을 결정하는 것보다 시간이 더 걸리지만 결정된 내용을 잘 받아들일 수 있습니다.

> **더 알아볼까요!**
>
> **토의가 필요한 까닭**
> • 적절한 문제 해결 방법을 찾을 수 있습니다.
> • 상황을 더 잘 이해할 수 있습니다.
> • 문제 해결에 직접 참여할 수 있습니다.

5 여러 사람의 의견을 듣고 결정해야 할 때를 찾아봅니다.

6 여러 가지 주제를 제시한 뒤에 알맞은 판단 기준을 세워서 판단한 뒤에 토의 주제를 결정합니다.

7 해결할 수 있어야 하고 변화를 이끌어 낼 수 있어야 합니다.

> **더 알아볼까요!**
>
> **토의 주제로 적절한지 판단하기**
> • 우리 모두와 관련이 있는 주제인가?
> • 해결할 수 있는 주제인가?
> • 우리가 변화를 이끌어 낼 수 있는 주제인가?

8 자신의 의견과 타당한 까닭을 함께 제시해야 합니다.

9 친구의 말을 끝까지 듣지 않고 말할 기회도 얻지 않았습니다.

10 타당성이 높고 단점보다 장점이 많은 의견을 선택합니다.

11 알맞은 근거를 들어 토의 주제와 관련된 의견을 말해야 합니다.

12 학급의 날에 도움을 줄 수 있는 곳을 찾아보았을 때의 좋은 점을 씁니다.

13 ㉠과 ㉢은 이 의견에 알맞지 않은 내용입니다.

14 학급의 날을 보람 있게 보낼 수 있고 학생들 모두 참여할 수 있는 의견이 적절합니다.

15 근거와 좋은 점을 보아 학교 안전 지도를 만들자는 주장일 것입니다.

16 의견의 좋은 점을 생각해 봅니다.

17 의견이 기준에 따라 알맞은지 살펴보려면 토의 주제에 맞는 내용인지, 알맞은 주장과 근거를 들었는지 살펴보고 실천할 수 있는지 생각해 봅니다.

18 책꽂이가 너무 높아서 도서관에서 책을 편리하게 이용하지 못하고 있는 것이 문제입니다.

19 높이 꽂혀 있는 책도 편리하게 이용할 수 있는 해결 방법을 토의할 수 있는 주제를 생각해 봅니다.

20 자신의 의견과 의견의 좋은 점을 들어 알맞은 의견을 제시합니다.

2회 단원 평가 실전

86~89쪽

1 ⑤ **2** (1) ⓒ (2) ⓐ **3** (2) ◯ **4** ②, ③, ④ **5** ⑩
가족 여행 장소를 정할 때 가족들과 토의를 해서 정한 적이 있다. **6** ③ **7** ⑤ **8** (3) ◯ **9** ⑤ **10** ⑩ 제안하는 내용은 토의 주제에 맞지만 자신이 대출한 도서 수는 토의 주제와 맞지 않다. **11** ④ **12** ⑩ 학생들의 관심이 낮을 수 있다. **13** ①, ②, ⑤ **14** ④ **15** ①, ③ **16** ③ **17** ⑩ 우리 반 친구들이 1~2학년 동생들에게 노래나 악기 연주, 춤 공연을 보여 주거나 책을 읽어 주는 시간을 마련해 찾아간다면 선후배 사이에 뜻깊은 시간을 보낼 수 있다. **18** ⑤ **19** ⑤ **20** ①, ②, ④

풀이

1 공고문에서 1학년이 수업을 마치고 집으로 갈 때에는 운동장을 사용할 수 없다고 했습니다.

2 그림 ❹는 토의로 문제 해결 방법을 찾는 그림입니다.

3 (1)은 운동장을 사용하지 말자는 의견이고, (2)은 운동장 사용을 금지하면 안 된다는 의견입니다.

4 토의의 필요성을 생각해 봅니다.

5 생활 주변에서 토의가 필요한 경우를 생각해 봅니다.

6 선생님께서 개교기념일 행사를 무엇으로 할지 의견을 모아 결정하기로 했다고 하셨습니다.

7 토의하고 싶은 주제를 자유롭게 이야기하고 있습니다.

8 해결 방법을 찾을 수 있고, 변화를 이끌어 낼 수 있는 주제여야 합니다.

9 개교기념일 행사를 정해야 하므로 '개교기념일을 의미 있게 보내는 방법'이 토의 주제로 적절합니다.

10 대출한 책 권수를 말할 필요는 없습니다.

11 알맞은 까닭을 들어 주장을 해야 합니다.

12 학교 역사 찾기 행사를 했을 때의 안 좋은 점을 생각해 봅니다.

13 자신의 주장을 반드시 먼저 말할 필요는 없고, 발언권을 얻어서 순서대로 말합니다.

14 ㉑는 다른 의견에 대해 말한 것이고, ㉱는 단점을 말한 것입니다.

15 장점이 많고 단점이 적은 방법을 선택하고, 기준에 따라 가장 알맞은 의견으로 결정합니다.

16 학급의 날에 무엇을 하면 좋을지 해결할 수 있는 토의 주제여야 합니다.

17 학급의 날 '찾아가는 선배들' 행사를 하면 좋은 점을 생각해서 씁니다. 자신의 의견을 말할 때에는 그 의견의 좋은 점을 설명해야 합니다.

18 첫 번째 문단에서 문제 상황, 두 번째 문단에서 토의 주제와 내 의견, 세 번째 문단에서 그 의견이 좋은 까닭이 나타납니다.

19 문제 상황과 내 의견을 보면 알맞은 토의 주제가 무엇인지 알 수 있습니다.

20 다른 사람의 의견을 끝까지 듣고 자신의 의견을 말해야 합니다.

창의서술형 평가
90~91쪽

1 ⑩ 점심시간에 운동장을 안전하게 이용하는 방법
2 (1) ⑩ 1학년 동생들을 후문으로 하교하게 하자. (2) ⑩ 축구도 자유롭게 할 수 있고, 1학년 동생이 안전하게 하교할 수 있다.   **3** (1) ⑩ 단점보다 장점이 많은 의견인가? (2) ⑩ 실천 가능한 의견인가? (3) ⑩ 1학년 동생과 우리 모두에게 받아들여질 수 있는 의견인가?   **4** ⑩ 조사 활동 수업에서 역할을 나누어야 하는 상황이다.   **5** ⑩ 조사 활동을 할 때 어떻게 역할을 나누어야 할까?   **6** (1) ⑩ 가장 잘할 수 있는 일을 한 가지씩 맡는다. (2) ⑩ 가장 잘할 수 있는 역할을 맡으면 시간도 절약되고 좋은 결과도 얻을 수 있다.

풀이

1 점심시간에 운동장을 안전하게 이용하는 방법에 대해 이야기를 나누고 있습니다.

상	그림의 말을 보고 토의 주제를 정확하게 파악하여 썼다.
중	그림의 말을 보고 토의 주제를 파악하여 썼으나 문장이 어색하다.
하	정답을 쓰지 못하였다.

2 단점보다 장점이 많고 타당성이 있는 의견이어야 합니다.

상	자신의 의견과 그 의견의 좋은 점을 연관지어 썼다.
중	자신의 의견과 그 의견의 좋은 점을 썼으나 연관성이 부족하다.
하	정답을 쓰지 못하였다.

3 의견이 알맞은지 판단할 수 있는 기준이어야 합니다.

상	검토 기준 세 가지를 모두 알맞게 썼다.
중	검토 기준 일부를 알맞게 썼다.
하	정답을 쓰지 못하였다.

4 조사 활동에서 역할을 나누는 문제에 대해 친구들이 의견을 나누고 있습니다.

상	그림에 나타난 문제 상황을 정확히 파악해 썼다.
중	그림에 나타난 문제 상황을 파악해 썼으나 문장이 어색하다.
하	정답을 쓰지 못하였다.

5 조건에 맞는 토의 주제를 생각해 봅니다.

상	조건을 지켜 토의 주제를 썼다.
중	토의 주제를 썼으나 조건을 모두 지키지 못하였다.
하	정답을 쓰지 못하였다.

6 조사 활동을 할 때 역할을 나누는 방법과 좋은 점을 생각해 봅니다.

상	자신의 의견과 그 의견의 좋은 점을 연관지어 썼다.
중	자신의 의견과 그 의견의 좋은 점을 썼으나 연관성이 부족하다.
하	정답을 쓰지 못하였다.

7 기행문을 써요

개념을 확인해요 93쪽

1 글 2 여정 3 견문 4 감상 5 기행문 6 목적
7 가운데 8 감상 9 시간 10 자세히

개념을 다져요 94~95쪽

1 여행 2 (1) ㉡ (2) ㉠ (3) ㉢ 3 (2) ○ 4 ② 5
가운데 6 (1) 시간 (2) 보고 들은 (3) 생각이나 느낌

풀이

1 서윤이는 작년에 제주도 여행을 다녀온 경험을 말하고 있습니다.
2 기행문에서 여행 다닌 곳은 여정, 보거나 들은 것은 견문, 생각하거나 느낀 것을 감상이라고 합니다.
3 이 글에 쓰인 표현 '~를 보았다, ~가 있다, ~다고 한다.'로 보아 여행하면서 보거나 들은 것입니다.
4 기행문을 쓰기 위해 필요한 것들을 정리한 것입니다.
5 가운데 부분에서 여정, 견문, 감상이 잘 드러나게 생생하고 구체적으로 표현합니다.
6 여정, 견문, 감상이 잘 드러나는 표현을 생각해 봅니다.

1회 단원 평가   96~99쪽

1 준영 2 ③ 3 ⑤ 4 ⑩ 여행을 다녀와서 글로 써서 남겨야겠다. / 여행 경험을 기록해 추억을 오래 간직하고 싶다. 5 ② 6 ㈎ 7 ② 8 견문 9 성산 일출봉 10 (1) ㉣ 11 ②, ⑤ 12 ⑤ 13 감상 14 영곡 15 ② 16 ㉢, ㉡, ㉣, ㉠ 17 (1) ㉢ (2) ㉣ (3) ㉡ (4) ㉠ 18 ⑤ 19 ①, ④, ⑤ 20 ⑩ 세계 자연 유산인 거문 오름을 소개하고 싶다. 알릴 내용은 거문 오름의 동식물, 거문 오름 탐방 따위이다.

풀이

1 현아는 여행 하고 싶은 곳을, 이람이는 사실을 말했습니다.
2 방학에 제주도 여행을 했습니다.
3 현석이는 여행 기록을 남겨 두지 않아서 여행 경험을 정확하게 전달하지 못했습니다.
4 여행 기록을 남기지 않아서 생긴 일을 보고 여행 기록의 필요성을 깨달을 수 있습니다.
5 여행지에서의 추억을 오래 기억할 수 있고 다른 사람에게는 정보를 줄 수 있습니다.

더 알아볼까요!

여행하면서 보고 느낀 점을 글로 쓰면 좋은 점
• 여행하면서 보고 들은 것을 나중에 알 수 있습니다.
• 여행했을 때의 기분을 잘 간직할 수 있습니다.
• 여행했던 경험을 다시 느낄 수 있습니다.

6 글 ㈎는 기행문의 처음 부분입니다.
7 구좌읍 세화리 송당리 일대는 크고 작은 무수한 오름이 있습니다.
8 여행하면서 보고 들은 것을 나타낸 부분입니다.
9 성산 일출봉에 대한 설명입니다.
10 ㉠은 여행하면서 생각하거나 느낀 것입니다.

더 알아볼까요!

기행문의 특성 파악하기

여정	여행하면서 다닌 곳
견문	여행하면서 보고 들은 것
감상	여행하면서 생각하거나 느낀 것

11 영주 십경의 제1경이 성산에 뜨는 해인 성산 일출이고, 올레 제1경로가 시작되는 곳입니다.
12 성산 일출봉의 동남북쪽은 깎아지른 듯한 절벽이고, 서쪽에서는 돌기둥과 기암을 볼 수 있습니다.
13 이 글에는 감상이 나타나 있지 않습니다.
14 글쓴이는 한라산의 영실을 가져가고 싶다고 했습니다.
15 기행문은 여행 경험을 쓴 글입니다. 상상을 보태어 쓰는 것은 알맞지 않습니다.
16 경험을 떠올리고, 기행문을 쓸 준비를 합니다. 그리고 글로 쓰고 싶은 여행 경험을 처음 – 가운데 – 끝의 구조에 따라 개요짜기를 한 후에 기행문을 씁니다.

더 알아볼까요!

기행문의 구조

처음	• 여행한 까닭이나 목적 • 여행을 떠나기 전의 기대와 설렘, 떠날 때 날씨와 교통편, 도착할 때까지 걸린 시간이나 여행 일정 소개 따위를 보태어 짤 수도 있음.
가운데	• 여행지에서 다닌 곳, 보고 들은 것, 생각하거나 느낀 것과 같이 여행하면서 있었던 일 • 인상 깊은 경험이나 이야기, 이동하면서 겪은 일이나 느낌, 새롭게 안 사실, 출발 전에 조사한 여행지 자료 따위를 보태어 짤 수도 있음.
끝	• 여행의 전체 감상 • 여행한 뒤에 한 다짐, 반성, 만족감, 아쉬운 점, 바라는 점, 앞으로 있을 계획이나 각오, 달라진 생각이나 태도 따위를 나타낼 수 있음.

17 기행문을 쓸 준비를 할 때에는 기행문을 쓰는 목적, 그 장소를 고른 까닭, 글을 읽을 사람, 필요한 자료를 정리합니다.

18 여행한 까닭, 날씨와 교통편, 여행 일정 소개는 기행문의 처음 부분, 앞으로의 계획은 기행문의 끝부분에 쓸 내용입니다.

19 여정을 자세히 표현하고, 다음 여행 장소를 표현할 필요가 없습니다.

20 추천하고 싶은 갈 만한 곳, 먹을 거리, 볼거리, 즐길 거리, 문화유산, 지역 출신 위인 지역의 옛이야기 등을 소개할 수 있습니다.

2회 단원 평가 실전
100~103쪽

1 ②, ③, ⑤ 2 ② 3 예 여행하면서 본 것을 꼼꼼히 써 놓고 사진을 찍어 두어서 여행 경험을 자신 있게 전할 수 있었기 때문이다. 4 (3) ○ 5 ③, ④, ⑤ 6 하늘에서 보는 제주도의 풍광을 만끽하기 위해서 7 ⑤ 8 ④ 9 (1) ㉡ (2) ㉢ (3) ㉠ 10 우도 11 ㉠ 12 ④ 13 영곡 14 ④ 15 ③, ④, ⑤ 16 (1) 기행문을 쓰는 목적 (2) 그 장소를 고른 까닭 17 (1) ㉡ (2) ㉠ (3) ㉢ 18 ④ 19 ㉡, ㉣, ㉢, ㉣ 20 ⑤

풀이

1 서윤이는 작년 방학에 제주도를 여행했습니다.

2 제주도를 여행하고 나서 세계 자연 유산에 대해 많이 알 수 있었다고 했습니다.

3 서윤이는 여행 기록을 남겨 두어서 자신 있게 여행에 대해 말할 수 있었습니다.

4 ⑴은 대본, ⑵는 연설문을 읽은 경험이므로 알맞지 않습니다.

5 여행지에서의 기억을 오래 기억할 수 있고 다른 사람에게는 정보를 줄 수 있습니다.

6 창가 쪽 자리에 앉아서 제주도의 풍광을 잘 보기 위해서입니다.

7 제주의 풍광은 철 따라 다르고 날씨 따라 다르기 때문에 언제나 신천지에 오는 것 같은 설렘을 느낀다고 하였습니다.

8 가장 먼저 한라산 산천단으로 갔습니다.

9 ㈎는 여정, ㈏는 감상, ㈐는 견문입니다.

10 전설에 따르면 설문대 할망은 우도를 빨랫돌로 하여 옷을 매일 세탁했다고 했습니다.

11 여정을 쓸 때 주로 시간과 장소를 나타내는 표현이 쓰입니다.

12 영실에 들어서면 이내 솔밭 사이로 시원한 계곡물이 흐른다고 했습니다.

13 실이라는 이름이 붙은 곳은 계곡을 뜻하는 것으로 옛 기록에는 영곡으로 나오기도 한다고 했습니다.

14 ㉡은 감상입니다. ①번과 ③번은 여정, ②번과 ⑤번은 견문입니다.

15 글 ㈏에 한라산 영실을 오르며 든 전체적인 생각이나 느낌이 잘 나타나 있습니다.

16 기행문을 쓸 준비를 할 때에는 기행문을 쓰는 목적, 그 장소를 고른 까닭, 글을 읽을 사람, 필요한 자료를 준비해야 합니다.

17 기행문의 처음 부분에는 여행의 목적, 가운데 부분에는 여정, 견문, 감상, 끝부분에는 전체 감상과 더 알고 싶은 점을 씁니다.

18 시간과 장소가 잘 드러나게 쓰고, 시간의 차례대로 여정을 씁니다.

더 알아볼까요!

기행문을 쓸 때의 표현과 방법

기행문을 쓸 때의 표현	• 시간과 장소가 잘 드러나게 나타냅니다. • 보고 들은 내용을 생생하고 자세히 풀어 나타냅니다. • 생각이나 느낌도 함께 나타냅니다.
기행문을 쓰는 방법	• 기행문은 시간 순서대로 쓰며, 처음-가운데-끝의 구조, 여정을 중심으로 견문과 감상을 고루 씁니다. • 여행지를 다녀온 차례대로 글을 씁니다. • 여행할 때 적어두면 기행문을 쓸 때 좋습니다.

19 소개하고 싶은 여행지를 정하고 관련 있는 자료를 모은 다음, 안내장의 형태를 고른 뒤 소개하는 내용을 넣어 안내장을 만듭니다.

20 갈 만한 곳, 볼거리, 먹을거리, 즐길 거리, 문화유산 따위를 소개합니다.

창의서술형 평가   104~105쪽

1 ⑩ 팔만대장경을 보관하는 해인사를 간 경험을 쓰고 싶다.   **2** (1) ⑩ 친구들에게 내 경험을 알려주려고 (2) ⑩ 해인사에서 봤던 팔만대장경이 기억에 많이 남아서 (3) ⑩ 우리 반 친구들 (4) ⑩ 사진, 입장권 따위   **3** (1) ⑩ 해인사 장경판전에 갔다. (2) ⑩ 팔만대장경이 보관되어 있는 장경판전은 매우 단순하고 평범한 건물로 보였다. 주변 건물보다 훨씬 높은 곳에 있고 사방이 담장으로 둘러싸여 있다. (3) ⑩ 몇 차례의 화재 속에서도 이러한 배치 덕분에 팔만대장경이 무사할 수 있었다니 조상의 지혜가 놀랍다.   **4** ⑩ 여행한 고장에서 본 커다란 여행 안내 지도로 그 지역에서 유명한 관광지를 알 수 있었다.   **5** (1) ⑩ 낱장 형태 (2) ⑩ 거문 오름 (3) ⑩ 거문 오름의 동식물, 거문 오름의 역사와 문화, 거문 오름 탐방, 국제 트래킹 행사 내용과 일정   **6** ⑩ 여행지에서 찍은 사진이나 기록한 내용을 찾는다. / 여행지에 대한 책을 찾아 읽어 본다. / 지역 시청, 구청의 누리집을 찾아본다.

풀이

1 가장 기억에 남는 여행 장소를 생각해 봅니다.

상	자신이 가 본 곳 가운데에서 기억에 남는 곳을 정확한 문장으로 썼다.
중	자신이 가 본 곳 가운데에서 기억에 남는 곳을 썼으나 문장이 어색하다.
하	정답을 쓰지 못하였다.

2 기행문을 쓰는 목적, 그 장소를 고른 까닭, 글을 읽을 사람, 필요한 자료 등을 준비해서 읽을 사람을 고려해서 기행문을 써야 합니다.

상	네 가지 항목 전부를 정확하게 썼다.
중	네 가지 항목 일부를 정확하게 썼다.
하	정답을 쓰지 못하였다.

3 여정은 다닌 곳, 견문은 보거나 들은 것, 감상은 견문으로 생각하거나 느낀 것입니다.

상	여정, 견문, 감상을 모두 정확하게 썼다.
중	여정, 견문, 감상을 일부만 정확하게 썼다.
하	정답을 쓰지 못하였다.

4 여행지 안내장의 좋은 점이나 필요성을 생각해 봅니다.

상	여행지 안내장의 좋은 점을 파악하고 정확하게 썼다.
중	여행지 안내장의 좋은 점을 파악하였으나 문장이 어색하다.
하	정답을 쓰지 못하였다.

5 갈 만한 곳, 먹을거리, 즐길 거리, 놀 거리, 문화유산 등을 씁니다.

상	안내장에 들어갈 내용을 모두 정확하게 썼다.
중	안내장에 들어갈 내용을 일부 정확하게 썼다.
하	정답을 쓰지 못하였다.

6 그 밖에도 여행 관련 텔레비전 프로그램이나 여행지에 대한 신문 기사 등을 찾아볼 수 있습니다.

상	여행지와 관련 있는 자료를 모을 방법을 정확하게 썼다.
중	여행지와 관련 있는 자료를 모을 방법을 썼으나 문장이 어색하다.
하	정답을 쓰지 못하였다.

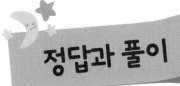

정답과 풀이

개념을 확인해요   107쪽

1 쪼개어   2 짐작   3 단일어   4 복합어   5 복합어   6 풋   7 들은   8 겪은   9 쉽게   10 비교

개념을 다져요   108~109쪽

1 ②   2 (1) 구름 (2) 다리 (3) ㉠ 도로나 계곡 따위를 건너질러 공중에 걸쳐 놓은 다리   3 (1) ㉠ 장난 (2) ㉠ 심술 (3) ㉠ 욕심   4 (1) ㉡ (2) ㉢ (3) ㉠   5 준서 6 (1) 겪은 일 (2) 아는 내용(지식)

풀이

1 '첫눈, 바늘방석, 사과나무, 고기만두'는 복합어입니다.

더 알아볼까요!

단일어와 복합어

	뜻	예
단일어	나누면 본래의 뜻이 없어져 더는 나눌 수 없는 낱말	바늘, 고기, 만두, 눈
복합어	뜻이 있는 두 낱말을 합친 낱말	바늘방석, 사과나무, 검붉다
	뜻을 더해 주는 말과 뜻이 있는 낱말을 합친 낱말	맨주먹, 첫눈, 햇밤, 덧신

2 '구름다리'는 복합어로 낱말과 낱말이 합쳐져서 만들어진 새로운 낱말입니다.

3 '–꾸러기'에 낱말을 합쳐서 복합어를 만들어 봅니다. '–꾸러기'는 '그것이 심하거나 많은 사람'의 뜻을 더해 주는 낱말입니다.

4 '배운 적이 있어, 보았어, 들은 적이 있어'라는 표현으로 본 일, 들은 일, 한 일을 알 수 있습니다.

5 제목을 보면 멸종 위기 동물에 대해 떠올린 것이 알맞습니다.

6 사람마다 겪은 일과 아는 지식이 다르기 때문에 새롭게 안 내용과 흥미를 두는 내용이 다릅니다.

더 알아볼까요!

같은 글을 읽더라도 겪은 일이나 아는 지식이 다르기 때문에 떠올리는 내용이나 흥미를 느끼는 부분이 서로 다를 수 있습니다.

1회 단원 평가 도전   110~113쪽

1 ⑤   2 ④   3 ④   4 손   5 ㉠ 도로나 계곡 따위를 건너질러 공중에 걸쳐 놓는 다리   6 ③   7 (1) ㉠ 눈 (2) ㉠ 동무   8 ④   9 ①, ⑤   10 박, 나무 11 ④   12 ㉠ 대나무의 곧은 마음을 본받으려고 했기 때문이다.   13 한 일   14 ①, ③   15 수민 16 ㉠ 반달가슴곰은 가슴에 있는 반달 모양의 하얀 무늬가 가장 큰 특징이다.   17 ②   18 ①   19 ⑤ 20 (2) ○

풀이

1 '바늘'과 '방석'으로 낱말을 나누어, 아는 뜻을 바탕으로 하여 '바늘방석'의 뜻을 짐작했습니다.

2 '맨'은 아무것도 없다는 뜻이어서 '맨주먹'은 '아무것도 없는 빈주먹'이라는 뜻으로 짐작했습니다.

3 '돌 + 배', '김 + 밥', '첫 + 눈', '고기 + 만두'의 짜임을 가진 복합어입니다.

4 '손'이라는 낱말이 공통으로 들어가서 복합어 '손수건'과 '손수레'를 만드는 것이 알맞습니다.

5 '구름'과 '다리'의 뜻을 바탕으로 하여 새로운 낱말의 뜻을 짐작할 수 있습니다.

6 '풋고추'는 '덜 익은 고추', '풋밤'은 '덜 익은 밤', '풋사과'는 '덜 익은 사과'라는 뜻입니다.

7 '길'이라는 낱말의 앞이나 뒤에 낱말을 합쳐서 복합어를 만들어 봅니다.

8 자연을 닮은 우리 악기에 대해 이야기하고 있습니다.

9 우리 땅과 강을 닮은 우리 악기는 자연에서 얻은 재료로 만들어졌습니다.

10 명주실, 대나무, 박, 흙, 가죽, 쇠붙이, 돌, 나무로 만든 악기를 팔음이라고 합니다.

11 대금은 그윽하고 평온한 소리가 울려 나오고, 피리는 봄밤에 어울리고, 단소는 맑고 청아한 소리가 납니다.

12 대나무는 굽힐 줄 모르는 곧은 마음을 상징합니다.

13 글을 읽고 관련 있는 경험을 본 일, 들은 일, 한 일로 나누어 정리하면 글의 내용을 더 쉽게 이해할 수 있습니다.

14 입으로 불어 소리를 내는 악기는 '훈'입니다.

15 겪은 일을 떠올리며 글을 읽으면 글의 내용을 더 깊이 있게 이해할 수 있습니다. 우리나라 악기와 관련

된 경험을 떠올리며 읽는 것이 알맞습니다.

겪은 일을 떠올리며 글을 읽으면 좋은 점
• 글의 내용을 더 쉽게 이해할 수 있습니다.
• 글의 내용을 더 깊이 있게 이해할 수 있습니다.
• 글의 내용에 더 흥미를 지니게 됩니다.
• 자신이 아는 내용과 비교하며 글을 읽을 수 있습니다.

16 반달가슴곰 등 멸종 위기 동물들에 평소에 알고 있던 내용을 씁니다.

17 멸종 위기의 동물들을 보호하는 가장 좋은 방법은 환경을 보호하는 일입니다.

18 카나리아와 물의 급수를 알려 주는 물고기들을 지표종의 예로 들었습니다.

19 아는 지식을 활용해 글을 읽고 새롭게 안 내용을 정리합니다.

20 겪은 일이나 아는 지식에 따라 같은 글을 읽어도 새롭게 안 내용이나 흥미를 두는 내용이 다릅니다.

 2회 단원 평가 실전   114~117쪽

1 ⑤   **2** ⑤   **3** ⑴ 복숭아, 자두, 오이, 감자, 수박 ⑵ 풋사과, 산딸기, 방울토마토   **4** 예 새우처럼 등을 구부리고 자는 잠. / 불편하게 모로 누워 자는 잠.
5 ②   **6** ③   **7** ⑴ 예 소금 ⑵ 예 강 ⑶ 예 통   **8** 예 낱말에 다른 낱말을 합쳐서 낱말을 만든다. / 뜻을 더해 주는 말에 낱말을 합쳐서 낱말을 만든다.
9 ①   **10** ③   **11** ㉢   **12** ①   **13** 쇠는 아무나 함부로 다룰 수 없는 귀한 재료이기 때문이다.   **14** 추위나 더위에 강하기 때문이다.   **15** 예 할머니께 옛날에는 농사일을 할 때나 힘든 일을 할 때 노래를 부르며 풍물을 연주했다는 이야기를 들은 적이 있다.
16 ④   **17** 깃대종과 지표종   **18** 예 지구 온난화 때문에 북극곰이 살 곳이 줄어든다는 기사를 보았다.
19 ⑤   **20** ⑴ 짚, 신, 벌레 ⑵ 예 짚으로 만든 신발과 닮았다.

풀이

1 낱말의 짜임을 알면 잘 모르는 낱말의 뜻을 짐작할 수 있습니다.

2 '고기만두'는 '고기'와 '만두'로 쪼개어 낱말의 뜻을 알 수 있습니다.

3 '풋+사과', '산+딸기', '방울+토마토'의 짜임을 가진 복합어입니다.

4 '새우'와 '잠'의 낱말의 뜻을 바탕으로 하여 '새우잠'의 뜻을 짐작해 봅니다.

5 '−꾼'은 어떤 낱말의 뒤에 붙어서 '어떤 일을 전문적으로 하는 사람' 또는 '어떤 일을 잘하는 사람'을 더해 주는 낱말입니다.

6 '맨−'은 '아무것도 없는', '돌−'은 '야생으로 자라는', '애−'는 '어린 또는 작은', '−꾸러기'는 '그것이 심하거나 많은 사람'이라는 뜻을 더하는 낱말입니다.

7 '물'이라는 낱말의 앞이나 뒤에 낱말을 합쳐서 낱말을 만들어 봅니다.

8 낱말의 짜임을 알면 낱말을 합쳐 새로운 낱말을 만들 수 있습니다.

9 자연의 여러 가지 재료로 만든 악기 소리를 들으며 자연의 이치를 깨달았습니다.

10 생황은 박으로 만든 악기입니다.

11 우리 악기와 관련된 경험을 떠올리는 것이 알맞습니다.

12 북과 장구는 흥을 돋워 주는 악기입니다.

13 쇠는 아무나 다룰 수 없는 귀한 재료였습니다.

14 추위나 더위에 강해서 변화가 없어서 음도 변하지 않습니다.

15 전통 악기와 관련된 겪은 일을 떠올리며 읽습니다.

16 멸종 위기의 동물을 구하고 싶은 마음으로 쓴 글입니다.

17 깃대종과 지표종을 만든 까닭은 멸종 위기의 동물을 보호하기 위해서입니다.

18 여러 가지 매체에서 읽거나 듣거나 보아서 알게 된 내용을 생각해 봅니다.

아는 지식을 떠올리며 글을 읽으면 좋은 점
• 글의 내용을 더 잘 이해할 수 있습니다.
• 글의 내용을 더 깊이 있게 이해할 수 있습니다.
• 아는 내용과 비교하며 글을 읽을 수 있습니다.

19 깃대종은 그 지역을 대표하는 생물입니다.

20 낱말의 짜임을 알면 낱말이 어떻게 생겼는지 알 수 있습니다.

1 예 우리나라 전통 악기는 돌, 쇠, 나무, 명주실 등으로 만들었다는 것을 알고 있었다.   2 예 전통 악기 박물관에서 편경이라는 악기를 본 적이 있다. 무엇으로 만들었는지 궁금했다.   3 예 전통 악기 박물관에서 편경이라는 악기를 본 적이 있는데 돌로 만들었다는 것을 알게 되었다.   4 (1) 예 만능 기계 (2) 예 만능 + 기계 (3) 예 무슨 일이든 척척 해내기 때문에   5 예 아주 약한 바람. / 거의 불지 않는 바람. 6 (1) 예 학교 운동장 (2) 예 운동장 바람

풀이

1 아는 내용을 떠올리며 글을 읽어 봅니다.

상	자신이 알고 있던 내용을 정확한 문장으로 썼다.
중	자신이 알고 있던 내용을 썼으나 문장이 어색하다.
하	정답을 쓰지 못하였다.

2 겪은 일을 떠올리며 글을 읽으면 글의 내용을 더 쉽게 이해할 수 있습니다.

상	글과 관련지을 수 있는 겪은 일을 알맞게 떠올려 썼다.
중	글과 관련지을 수 있는 겪은 일을 썼으나 문장이 어색하다.
하	정답을 쓰지 못하였다.

3 관련한 경험이나 아는 지식을 생각해 글의 내용을 이해하고 새롭게 안 내용을 씁니다.

상	여정, 견문, 감상을 모두 정확하게 썼다.
중	여정, 견문, 감상을 일부만 정확하게 썼다.
하	정답을 쓰지 못하였다.

4 낱말의 짜임을 살펴보고 뜻이 잘 통하도록 새말을 만들어 봅니다.

상	낱말의 뜻이 잘 통하는 새말을 만들어 썼다.
중	새말을 만들어 썼으나 만든 방법이나 까닭이 미흡하다.
하	정답을 쓰지 못하였다.

5 실바람은 약한 바람을 뜻합니다.

상	낱말의 뜻을 정확하게 짐작해 썼다.
중	낱말의 뜻을 비슷하게 짐작해 썼다.
하	정답을 쓰지 못하였다.

6 바람이 부는 장소에 어울리는 이름을 만들어 봅니다.

상	바람이 부는 장소를 잘 나타낼 수 있는 말을 만들어 썼다.
중	말을 만들어 썼으나 바람이 부는 장소를 나타내기에 미흡하다.
하	정답을 쓰지 못하였다.

1 까닭   2 정보   3 읽는 방법   4 대상   5 설명하는   6 주장   7 비판   8 제목   9 낱말   10 자세히

1 ④   2 치우   3 ①, ③, ④   4 ②   5 (1) ○   6 (1) 자세히 (2) 자세히

풀이 ▶

1 아름다운 풍경을 보았을 때 받은 감동은 사진을 찍거나 시나 이야기, 그림으로 표현하는 것이 알맞습니다.

2 유빈이는 알고 싶은 내용, 예찬이는 들은 내용에 대해 말했습니다.

3 시나 이야기 글을 읽었을 때 인상 깊은 표현을 찾고 받은 감동을 표현합니다.

4 주장하는 글을 읽을 때 공감할 수도 있지만 아닐 수도 있으므로 비판적인 태도로 읽어야 합니다.

5 필요한 내용을 찾을 때에는 중요한 내용만 빨리 훑어 읽으며 필요한 내용을 찾습니다.

6 자세히 읽기는 필요한 정보에 집중해서 꼼꼼하고 자세하게 읽는 방법입니다.

 1회 단원 평가 도전　124～127쪽

1 ③　2 ②　3 ③　4 루나　5 예 교통안전에 대한 내용을 책에서 찾아봐. / 인터넷에서 교통질서 지키기 광고지를 검색해 보자.　6 ⑤　7 ⑤　8 누구나 만들 수 있다.　9 ④　10 예 정보 무늬는 누구나 만들 수 있다는 내용이다. / 정보 무늬에 개인 정보를 담는다는 내용이다.　11 주장하는 글　12 ③, ⑤　13 ⑤　14 ②　15 ①, ③, ④　16 ③　17 (1) ○　18 예 도서관에서 자료를 찾으며 필요한 부분만 빨리 찾아 읽은 적이 있다.　19 ②　20 (1) 밑줄 (2) 비교

풀이 ▶

1 어떤 경우에 글을 읽는지 이야기하고 있는 그림입니다.

2 사회 숙제로 도시와 농촌이 어떻게 다른지 알아보려고 읽었다고 했습니다.

3 환경 오염을 방지하는 방법을 알고 싶을 때에는 과학 관련 책을 찾아 읽어야 합니다.

4 호영이는 만화책을 읽은 까닭, 세희는 자료를 찾은 방법에 대해 이야기했습니다.

5 주제에 알맞은 자료를 찾는 방법을 생각해 봅니다.

6 이 글은 정보 무늬[QR코드]에 대해 설명하는 글입니다.

7 정보 무늬는 스마트폰의 응용 프로그램으로 정보 무늬를 찍어서 간단히 이용할 수 있습니다.

8 정보 무늬는 누구나 만들 수 있다고 했습니다.

9 설명하는 글은 이미 아는 것과 새롭게 안 것을 구분하며 읽습니다.

10 내용의 정확성을 판단하며 설명하는 글을 읽어야 합니다.

11 이 글은 주장과 근거를 쓴 글입니다.

12 미래에는 제4차 산업 혁명이 일어나 많은 것이 달라집니다.

13 미래 사회에 필요한 사람이 되자는 주장을 했습니다.

14 이 글에서 주장에 대한 근거로 든 것을 정리해 봅니다.

15 설명하는 글은 이미 아는 내용과 새롭게 안 내용을 비교하며 읽고, 이야기 글은 사건의 흐름을 생각하며 읽습니다.

16 고려청자에 대해 설명하는 글입니다.

17 파란색으로 쓰인 부분은 고려청자를 발표하는 글을 쓸 때 필요한 내용입니다.

18 필요한 내용이 있는지 찾아보아야 할 경우를 생각해서 씁니다.

19 상감 청자는 기존의 단정한 형태를 벗어나 유려한 곡선을 강조했습니다.

20 지완이의 읽기 목적에는 자세히 읽기 방법이 알맞습니다.

 2회 단원 평가 실전　128～131쪽

1 ⑤　2 ②　3 예 만화책이 재미있어 보여서 읽은 적이 있다. / 과학 숙제를 하려고 과학 상식 책을 찾아 읽었다.　4 ⑤　5 ①　6 정보 무늬, 설명하는　7 ①, ③　8 막대 표시는 숫자 20개를 저장할 수 있는 반면에, 정보무늬는 숫자 7089개, 한글 1700자 정도를 저장할 수 있다.　9 (1) 예 누구나 만들 수 있고 여러 분야에서 사용함. (2) 예 스마트폰 응용 프로그램으로 정보무늬를 찍음.　10 ③, ⑤　11 새로운 변화에 대응하는 사람　12 ④　13 ④　14 훑어 읽기　15 ③, ④, ⑤　16 ①　17 (나)　18 (1) 그릇 바깥쪽에 조각칼로 무늬를 새긴 다음, 검은색이나 흰색의 흙을 메운 뒤 무늬가 드러나도록 바깥쪽을 매끄럽게 다듬는 기법이다. (2) 대접과 접시, 잔, 항아리, 병, 찻잔, 상자, 베개, 기와　19 예 나비에 대해 궁금한 것이 있어서 백과사전에서 나비 항목을 찾아서 자세히 읽어 보았다.　20 ②

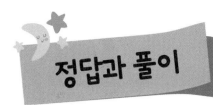
풀이 ▶

1 어떤 경우에 글을 읽는지 이야기하고 있는 그림입니다.

2 글을 읽으면 궁금한 것이나 알고 싶은 것에 대한 새로운 정보를 얻을 수 있습니다.

3 언제 어떤 책을 왜 읽었는지 자신의 경험을 씁니다.

4 글이나 자료를 찾아 읽고 어떤 도움을 받았는지 구체적으로 말하고 있습니다.

5 주제에 알맞은 자료를 찾는 방법을 생각해 봅니다.

6 정보 무늬에 대해 설명하는 글입니다.

더 알아볼까요!

설명하는 글을 읽을 때 고려할 점

설명하는 글을 읽을 때 고려할 점	설명하는 글을 읽는 방법
이 글은 무엇을 설명하는가?	설명하려는 대상이 무엇인지 생각합니다.
설명하는 내용이 무엇인가?	대상의 무엇을 설명하는지 생각합니다.
이미 알던 내용은 무엇인가?	대상을 보고 이미 아는 것을 떠올립니다.
새롭게 안 내용은 무엇인가?	대상에 대해 새롭게 안 것을 찾습니다.

7 ㈎와 ㈏를 읽고 정보 무늬의 뜻과 모양을 알 수 있습니다.

8 정보 무늬는 막대 표시보다 더 많은 정보를 저장할 수 있습니다.

9 이 글에서 정보 무늬를 만든 사람과 여러 가지 특징을 알 수 있습니다.

10 설명하는 글은 이미 아는 것과 새롭게 안 것을 구분하며 내용의 정확성을 판단하며 읽습니다.

11 가운데 부분에 이 글의 주장과 근거가 나타나 있습니다.

12 주장하는 글은 주장과 근거를 파악해서 비판하는 태도로 읽습니다.

13 고려청자의 특징은 비색을 가지고 있다는 것입니다.

14 규빈이는 필요한 내용이 있는지 훑어 읽었습니다.

15 훑어 읽기의 방법을 생각해 봅니다.

더 알아볼까요!

훑어 읽기
• 제목을 가장 먼저 읽고 필요한 내용이 있는지 생각합니다.
• 글 전체를 다 읽지 않고 중요한 낱말을 읽으면서 필요한 내용이 있는지 찾아봅니다.
• 제목뿐만 아니라 그림도 살펴보며 필요한 내용이 있을지 짐작합니다.

16 우리 고유의 기술인 상감 기법은 그릇 바깥쪽에 조각칼로 무늬를 넣고 흙을 메운 뒤 무늬가 드러나도록 바깥쪽을 매끄럽게 다듬는 기법입니다.

17 자세히 읽기의 방법으로 중요한 내용에 밑줄을 그으며 읽은 ㈏입니다.

18 글을 읽고 내용을 요약해 봅니다.

19 자세히 읽기의 방법으로 읽은 경험을 떠올려 봅니다.

20 글을 읽는 목적에 따라 읽는 방법이 다릅니다.

창의서술형 평가

132~133쪽

1 ⑩ 훑어 읽기의 방법으로 읽어야 한다. 제목을 가장 먼저 읽고 필요한 내용이 있는지 생각한다. 중요한 낱말을 읽으면서 필요한 내용이 있는지 찾아본다. 2 ⑩ 자세히 읽기의 방법으로 읽어야 한다. 필요한 내용을 찾으며 자세히 읽는다. 중요한 내용이나 그것을 뒷받침하는 내용에 밑줄을 그으며 읽는다. 3 ⑩ 인터넷에서 고려청자에 대해 설명한 글을 찾아본다. 고려청자에 대한 내용을 백과사전에서 찾아본다. 고려청자에 대한 사진을 도록에서 찾는다. 4 ⑩ 헬렌 켈러의 상상하며 읽기가 비슷하다. 대상과 감정을 상상하며 책을 읽었다. 5 ⑩ 떠오르는 장면 그리기 6 (1) ⑩ 시나 이야기 글, 만화를 읽을 때 (2) ⑩ 시나 이야기를 읽은 뒤에 눈을 감고 떠오르는 장면을 생각해 본 뒤에 그림이나 만화로 그린다. (3) ⑩ 시나 이야기의 재미있는 점이나 인상 깊은 부분, 감동받은 부분을 잘 표현할 수 있다.

풀이 ▶

1 필요한 내용이 있는지 살펴보아야 할 때에는 훑어 읽기의 방법으로 읽어야 합니다.

상	훑어 읽기의 방법을 정확하게 썼다.
중	훑어 읽기의 방법으로 읽어야 함은 알고 있으나 문장이 어색하다.
하	정답을 쓰지 못하였다.

2 필요한 내용이 있는지 알고 읽을 때에는 자세히 읽기의 방법으로 읽어야 합니다.

상	자세히 읽기의 방법을 정확하게 썼다.
중	자세히 읽기의 방법으로 읽어야 함은 알고 있으나 문장이 어색하다.
하	정답을 쓰지 못하였다.

3 자료를 조사할 수 있는 매체인 책, 인터넷, 백과사전 등을 생각해 봅니다.

상	매체를 활용해 자료를 찾는 방법을 구체적으로 썼다.
중	자료를 찾는 방법을 썼으나 내용이 미흡하다.
하	정답을 쓰지 못하였다.

4 자신만의 읽기 방법을 떠올려 보고 어떤 점이 비슷한지 비교해 봅니다.

상	자신이 책을 어떻게 읽는지 방법을 떠올려 비교했다.
중	자신의 읽기 방법을 비교했으나 문장이 어색하다.
하	정답을 쓰지 못하였다.

5 자신의 읽기 방법을 생각해 보고, 읽기 방법에 알맞은 이름을 붙여 봅니다.

상	자신만의 읽기 방법의 특징을 잘 나타낼 수 있는 이름을 지어 썼다.
중	이름을 지어 썼으나 읽기 방법의 특징을 잘 살리지 못했다.
하	정답을 쓰지 못하였다.

6 자신만의 읽기 방법을 자세히 소개해 봅니다.

상	자신만의 읽기 방법의 특징을 자세하게 썼다.
중	자신만의 읽기 방법의 특징을 썼으나 내용이 미흡하다.
하	정답을 쓰지 못하였다.

---

10 주인공이 되어

개념을 확인해요 ✏️ 135쪽

1 기억 **2** 앞면 **3** 뒷면 **4** 시간 **5** 일기 **6** 이해 **7** 사건 **8** 사건 **9** 차례 **10** 사건

개념을 다져요 136~137쪽

1 여덟 살 때 **2** (1) 아는 (2) 시간 (3) 흥미 **3** (3) ○ (4) ○ **4** (1) 이 (2) 일 (3) 이 **5** ㉠ **6** ②

풀이

1 여덟 살 때 있었던 첫 운동회를 떠올렸습니다.
2 자신이 잘 알고 시간의 흐름이 잘 나타나고 친구들이 재미 있어 하는 이야기로 이야기를 만들어야 합니다.
3 경험을 이야기로 쓰면 자신의 이야기를 다른 사람의 이야기인 듯 쓸 수 있고, 실제로 일어나지 않더라도 일어났으면 하는 일을 사건으로 표현할 수 있습니다.
4 일기는 하루 이틀 동안에 있었던 일을 자신만이 읽을 수 있게 씁니다.
5 자신의 경험을 이야기로 쓴 글을 읽고 나눈 대화입니다.
6 이야기의 마지막은 사건을 어떻게 해결했는지 나타내야 합니다.

1회 단원 평가 도전 138~141쪽

1 세 살 때 **2** ① **3** ㉣ **4** 재은 **5** (3) ○ **6** ⑤
7 ② **8** (1) 예 지난 학기 때 친했던 친구가 전학 간 일을 표현하고 싶다. (2) 예 시간의 흐름을 잘 나타낼 수 있을 것 같기 때문이다. **9** ④, ⑤ **10** ⑤ **11** ④ **12** 교실, 체육관 **13** ④, ⑤ **14** ① **15** (1) (가) (2) (나) **16** ③ **17** 예 화나는 마음 **18** 선생님, 상은이, 인국이 **19** ③ **20** (2) ○

풀이

1 세 살 때 밀가루로 장난을 쳤습니다.

2 즐거웠던 첫 운동회를 떠올렸습니다.

3 발야구 대회에 나간 일을 떠올려 말하고 있습니다.

4 비슷한 경험을 떠올린 친구를 찾아봅니다.

5 ⑴은 비슷한 기억이지만 다른 감정, ⑵은 자신과 비슷한 내용의 기억을 말했습니다.

6 행복한 느낌이 들었던 기억을 찾습니다.

7 친구와 놀이터에서 논 일에 대해 더 자세히 알 수 있는 질문을 합니다.

8 자신이 잘 알고 있고, 시간의 흐름이 잘 나타나는 기억이어야 합니다.

9 경험을 이야기로 쓰면 일기나 생활문보다 더 자세하며 흥미를 끌 수 있습니다.

더 알아볼까요!

이야기 글이 일기나 생활문과 다른 점
• 일기는 일기를 쓴 자신의 생각만 알 수 있지만 이야기는 다른 사람의 생각도 알 수 있습니다.
• 이야기 글은 일기나 생활문보다 자세하며 흥미를 끌 수 있습니다.
• 자신의 이야기를 다른 사람의 이야기를 쓰듯이 쓸 수 있습니다.

10 경험을 이야기로 쓰면 실제로 일어나지 않더라도 일어났으면 하는 일을 사건으로 나타낼 수 있습니다.

11 체육관에서 체육 수업을 할 수 있어 좋아했으나 진주는 성훈이와 같은 편을 하지 않기를 바랐습니다.

12 쉬는 시간은 교실에서, 3교시 체육 시간은 체육관으로 때와 장소가 바뀌었습니다.

13 경험을 이야기로 쓸 때에는 읽을 사람을 생각해서 씁니다.

14 일의 차례가 바뀌었고, 인국이에 대해 설명하듯이 쓴 부분이 있습니다.

15 이 글은 인국이와 비에 대해 이야기 나누는 부분과 체육 시간에 대해 설명하는 부분으로 나눌 수 있습니다.

16 체육 시간에 축구를 하다가 '나'와 인국이가 싸우는 장면입니다.

17 이 장면은 상은이와 인국이가 싸우는 장면으로 ㉠은 인국이의 화나는 마음을 표현한 말입니다.

18 선생님께서 상은이와 인국이를 불러서 대화를 하는 장면입니다.

19 상은이는 인국이가 말하는데 자꾸 끼어들어서 좋지 않게 생각하고 있었습니다.

20 갑자기 일이 해결되거나 해결되지 않은 채 이야기가 끝나면 안 됩니다.

1 ⑤   2 일곱 살 때   3 소원   4 예 4학년 때 이어달리기 선수로 출전한 적이 있다. 무척 떨렸는데 친구들이 응원해 주어서 일 등을 해서 뿌듯했다.   5 ⑵ ○   6 예 행복한 느낌 그림   7 예 친구 예찬이가 전학 갈 때 어떤 마음이 들었나요?   8 ③, ④, ⑤   9 ㉢, ㉡, ㉠   10 ⑤   11 ④   12 봄비가 내리던 체육 시간   13 예 이야기를 읽는 사람들이 잘 이해할 수 있게 하기 위해서이다.   14 ①   15 생각   16 ①, ④, ⑤   17 ⑷ ○   18 ①   19 예 상은이가 인국이에게 먼저 다가가서 보드 게임을 하자고 제안하면서 친해진다.   20 혜진

풀이

1 즐거웠던 첫 운동회를 떠올렸습니다.

2 일곱 살 때 있었던 일을 떠올려 말했습니다.

3 첫 운동회에 대한 일을 떠올려 말한 친구를 찾습니다.

4 그림에서는 5학년 때 학교 발야구 대회에 출전한 일을 떠올렸습니다. 이와 비슷한 경험을 떠올려 씁니다.

5 ⑴은 친구의 경험에 대한 공감, ⑶은 자신과 비슷한 내용의 기억을 말했습니다.

6 친구들과 재미있게 경기를 할 때 어떤 기분이 들었는지 그림이나 말, 이모티콘 등으로 나타내어 봅니다.

7 전학 간 일에 대해 자세히 물어보는 질문을 만들어 씁니다.

8 자신이 잘 알고 시간의 흐름이 잘 나타나는 이야기가 알맞습니다.

9 진주는 성훈이와 같은 편이 되기를 싫어했는데 축구를 하다가 싸워서 선생님과 이야기를 나누게 되었습니다.

10 경험을 이야기로 쓸 때에는 읽을 사람을 생각해서 씁니다.

11 이야기에서 인물에 대해 설명한 부분과 인물의 말과 행동으로 인물의 성격을 알 수 있습니다. 인국이와 상은이의 대화로 보아 인국이는 친구가 없는 것이 아닙니다.

12 인국이와 상은이가 친해진 때를 글에서 직접 설명했습니다.

13 인국이를 직접 설명하듯이 쓴 부분을 읽으면 인국이에 대해 자세히 알 수 있습니다.

14 상은이와 인국이가 싸운 사건으로 갈등이 최고조가 되는 단계입니다.

15 제목에 글쓴이의 생각을 담았습니다.

16 선생님께서 인국이와 상은이와 대화를 하고 있는 장면입니다.

17 이야기의 마무리 단계입니다.

18 인국이에게 미안하다고 한 말로 보아 미안한 마음이 나타나 있습니다.

19 사건이 해결되도록 마무리를 씁니다.

20 글의 마무리는 사건의 해결이 나타나도록 써야 합니다.

창의서술형 평가
148~149쪽

1 (1) ⑩ 민영, 진주, 성훈, 선생님 (2) ⑩ 체육 시간에 대해 설명함. → 진주와 성훈이가 싸움. → 선생님과 함께 대화함. (3) ⑩ 교실, 체육관, 상담실　2 (1) ⑩ 유진, 성수, 다연, 선생님 (2) ⑩ 성수가 유진이의 책을 빌려 가서 망가뜨려 유진이가 속상해함. → 체육 시간에 대해 설명함. → 유진과 성수가 싸움. → 선생님과 함께 대화함. (3) ⑩ 교실, 체육관, 상담실　3 ⑩ 「대화가 필요해」, 「진심으로 미안해」　4 ⑩ 전학 온 영수와 친해졌을 때가 가장 즐거웠다.　5 (1) ⑩ 2학기 개학날 (2) ⑩ 교실 (3) ⑩ 도희: 우리 반에서 가장 인기가 많고 활발한 성격의 친구, 세영: 다른 학교에서 전학 온 아이, 수줍음이 많고 말이 없다.　6 (1) ⑩ 2학기 첫날, 세영이가 우리 반에 전학 왔다. (2) ⑩ 세영이와 도희가 짝이 되었다. 말이 없는 세영이는 도희와 서먹하게 지냈다. (3) ⑩ 세영이가 넘어져서 도희가 도와준다. 도희네 집에 놀러 가서 만화책을 보며 친해진다. (4) ⑩ 세영과 도희는 둘도 없는 단짝이 되어 영원한 우정을 약속한다.

풀이

1 만화의 인물, 사건, 배경을 정리합니다.

상	인물, 사건, 배경을 정확하게 정리해 썼다.
중	인물, 사건, 배경 가운데 한 가지를 쓰지 못하였다.
하	정답을 쓰지 못하였다.

2 이야기로 꾸밀 때에는 인물의 이름을 바꾸거나 사건을 새로 만들 수도 있고, 일의 차례를 바꿀 수도 있습니다.

상	인물, 사건, 배경을 정확하게 바꾸어 썼다.
중	인물, 사건, 배경 가운데 한 가지를 쓰지 못하였다.
하	정답을 쓰지 못하였다.

3 글의 제목에 자신의 생각이 잘 나타나도록 붙여 봅니다.

상	말하고자 하는 생각을 알 수 있는 제목을 지어 썼다.
중	제목을 지어 썼으나 글쓴이가 말하고자 하는 생각이 잘 드러나지 않는다.
하	정답을 쓰지 못하였다.

4 가장 즐거웠던 기억을 떠올려 봅니다.

상	자신의 즐거웠던 기억을 잘 떠올려 썼다.
중	자신의 즐거웠던 기억을 떠올려 썼으나 문장이 어색하다.
하	정답을 쓰지 못하였다.

5 배경과 인물을 어떻게 할지 생각해서 이야기를 꾸밀 준비를 합니다.

상	배경과 인물을 잘 꾸며 썼다.
중	배경과 인물 가운데 한 가지를 꾸며 썼다.
하	정답을 쓰지 못하였다.

6 이야기의 흐름이 자연스럽게 이어지도록 이야기를 꾸며 봅니다.

상	이야기의 흐름에 맞게 이야기를 잘 꾸며 썼다.
중	이야기를 꾸며 썼으나 이야기의 흐름과 잘 맞지 않는다.
하	정답을 쓰지 못하였다.

1 ④ 2 ③ 3 ⓔ 저도 그런 적이 있었어요. 그래서 저녁에 일찍 잠자리에 들었더니 늦잠 자는 일이 많이 줄어들었어요. 저녁에 좀 더 일찍 잠을 자는 것이 좋겠어요. 4 ③ 5 ④ 6 자근자근 7 ㉠ 8 풀이 참조 9 ① 10 ④ 11 ③ 12 ⑴ 다보탑 ⑵ 석가탑 13 ⓔ 아이가 엄마께 선물을 드렸다. 14 ⑤ 15 ③ 16 ⑤ 17 ⓔ 신나고 즐거웠을 것이다. / 처음 해 보는 일이라 조심스러웠을 것이다. 18 어린이 보행 중 교통사고가 일어나지 않도록 해야 한다. 19 ② 20 ⓔ 대신 쓸 수 있는 낱말을 생각해 확인한다. / 국어사전에서 찾아 뜻을 확인한다. / 문장의 앞뒤 내용을 살펴보고 관련 있는 뜻을 찾는다.

풀이

1 부탁하는 말을 할 때에는 상대방에게 부드러운 말투로 진심을 다해 부탁해야 합니다.

2 과정을 칭찬하면 좋은 결과가 나오지 않더라도 노력의 의미를 깨닫게 합니다.

3 친구의 고민을 공감해 주고, 자신의 경험을 바탕으로 해 줄 수 있는 조언을 생각해 봅니다.

4 독립 만세 운동을 하기 전에 우리나라는 내 나라, 내 땅에서 마음 놓고 사는 것조차 힘들었습니다.

5 유관순은 한 민족이 한데 모여 다같이 독립운동을 해서 가슴이 뜨거워졌습니다.

6 '자근자근'의 뜻입니다.

7 "할머니 아픈 허리는 왜 밟아야 시원할까요?"라는 표현은 '내'가 할머니의 허리를 자주 밟아 드리면서 생각한 것이기 때문입니다.

8
> 할머니 아픈 허리는∨왜 밟아야 시원할까요?∨
> 아이쿠! 아이쿠! 하면서도∨"꼭꼭 밟아라." 하십니다∨
> 그래도 나는 겁이 나∨자근자근 밟습니다. ∨

이 글은 우리나라 전통 시조의 형식을 따른 시입니다.

9 과일 카드 놀이 방법과 규칙에 대하여 알려 주는 글입니다.

10 한 문장씩 읽어 보면서 과일 카드 놀이를 하는 모습을 머릿속에 그려 봅니다.

11 다보탑과 석가탑의 차이점에 대하여 설명하고 있습니다.

12 이 글에서 설명하는 탑의 생김새를 보고 사진에 알맞은 탑 이름을 써 봅니다.

13 누가 무엇을 했는지, 누가 누구를 어찌했는지 그림을 살펴보면서 어울리는 문장을 만들어 봅니다.

14 주어는 문장에서 동작이나 상태의 주체가 되는 말로, '~은', '~는', '~이', '~가'로 끝납니다.

15 목적어란 목적이 되는 말, 즉 서술어의 동작 대상이 되는 문장 성분으로, 문장에서 '누구를/무엇을'에 해당하는 부분입니다. ③의 '꽤'는 '개구쟁이이다'라는 서술어를 꾸며 주는 부사어입니다.

16 글쓴이가 달걀말이를 스스로 만든 경험이 글의 주요 내용이기 때문에 '처음 도전한 달걀말이'라는 제목이 가장 알맞습니다.

17 삼촌께 달걀말이를 만드는 방법을 배워 처음 요리를 해 본 글쓴이의 마음을 짐작해 봅니다.

18 첫 문장과 끝 문장에 글쓴이의 주장이 드러나 있습니다.

19 ㉠처럼 '어떤 일이 생기다'라는 뜻으로 쓰인 문장은 ②입니다.

20 낱말의 뜻을 정확하게 알려면 국어사전을 찾아보는 것이 좋습니다.

1 토의 2 의견 모으기 3 ③ 4 ④ 5 ⑤ 6 ③ 7 ⑺ 8 ⑴ 견문 ⑵ 감상 9 ⑴ ⓔ 바느질할 때 쓰는 뾰족한 것 ⑵ ⓔ 자리에 앉을 때 쓰는 것 ⑶ ⓔ 바늘처럼 뾰족한 방석 10 ⑤ 11 은어, 피라미 12 ③ 13 ⑺ 14 ⑤ 15 ② 16 ⑴ ㉢ ⑵ ㉠ 17 ⓔ 여덟 살 때 학교에서 체육 대회를 했다. 달리기가 가장 재미있었다. 18 ⑴ ⓔ 5학년 발야구 대회 날 ⑵ ⓔ 학교 운동장 19 ①, ⑤ 20 ①

1 어떤 문제를 여러 사람이 협력해 해결하는 방법을 토의라고 합니다.

2 토의를 할 때에는 토의 주제를 정하고, 의견을 마련하고 의견을 모읍니다.

3 자신의 의견과 좋은 점을 정리해서 말합니다.

4 다수의 의견을 무조건 따르는 것은 알맞지 않습니다.

5 여행했던 경험을 다시 느낄 수 있고, 여행하면서 들었던 기분을 잘 간직할 수 있습니다.

6 기행문은 여정을 기록하고, 견문과 감상을 쓴 글입니다.

7 기행문의 처음 부분에서는 여행의 목적, 여행한 까닭, 여행에 대한 기대와 설렘 등이 나타납니다.

8 여정은 여행의 과정이나 일정, 견문은 여행하며 보거나 들어서 안 것, 감상은 견문에 대한 생각이나 느낌입니다.

9 낱말을 쪼개서 낱말의 뜻을 짐작할 수 있습니다.

10 '맨주먹'과 '풋사과'는 복합어입니다.

11 2급수에는 은어, 피라미가 삽니다.

12 멸종 위기 동물에 대해 아는 내용을 떠올려 보고 관련지어 읽으면 글을 더 깊이 있게 이해할 수 있습니다.

더 알아볼까요!

아는 지식을 활용해 글 읽기
• 제목을 보고 글의 내용을 예상해 봅니다.
• 아는 내용을 떠올리며 글을 읽어 봅니다.
• 아는 지식과 새롭게 안 지식을 연결해 어떤 관련이 있는지 이야기해 봅니다.
• 새롭게 알거나 자세히 안 점을 정리해 봅니다.

---

13 보기는 설명하는 글을 읽는 방법입니다.

14 미래에 필요한 사람은 정해진 답을 찾기보다 새로운 방식으로 문제를 해결하는 사람입니다.

15 고려청자의 비색은 옥의 색깔로 고려청자의 큰 특징입니다.

16 규빈이는 훑어 읽기, 지완이는 자세히 읽기 방법으로 읽어야 합니다.

17 그림은 달리기를 한 일을 떠올렸습니다.

18 발야구 대회에서 있었던 일을 꾸며 써야 합니다.

19 일기는 짧은 시간에 있었던 일을 혼자서 보기 위해 쓴 글입니다.

20 이야기로 꾸밀 때에는 필요하면 사건을 지어낼 수 있습니다.

3회 100점 예상문제 160~163쪽

1 쉬는 시간 2 ④ 3 ㉘ 미안해. 네가 책을 읽는 데 방해가 되었구나. 조금 조용히 말할게. 4 ③
5 (1) ㉘ 생생하게 (2) ㉘ 마음 6 민규 7 ①, ②, ③
8 (1) ㉘ 이탈리아 토스카나주에는 피사의 사탑이 있습니다. (2) ㉘ 프랑스 파리에는 에펠 탑이 있습니다.
9 (1) 형이, 무지개가, 민주가 (2) 읽는다, 아름답다, 봤다 (3) 책을, 영화를 10 ⑤ 11 ③ 12 ⑤ 13 ①
14 ④ 15 ④ 16 ㉘ 우리나라에 반달가슴곰이 살고 있다는 것은 알고 있었는데 반달가슴곰이 지리산의 깃대종이라는 것을 새롭게 알게 되었다. 17 (1) 근거 (2) 생각 18 (2) ○ 19 ② 20 학교 교실

---

1 쉬는 시간에 일어난 일입니다.

2 다른 친구들이 말을 하고 있어서 책을 읽는 데 방해가 되지만 쉬는 시간이라서 조용히 해 달라고 말하지 못하는 상황입니다.

3 친구들의 감정을 배려하며 말했으므로 똑같이 배려하는 말투로 말해야 합니다.

4 상황에 따라 어울리는 표정과 말투로 진심을 담아 말해야 합니다.

5 더욱 실감 나게 읽을 수 있고, 글 내용과 인물의 마음을 더 잘 이해할 수 있습니다.

6 '유관순'은 일제 강점기 시절에 빼앗긴 우리나라를 찾기 위해 독립 만세 운동을 한 위인입니다.

7 사람들은 다양한 목적으로 탑을 세웁니다. 종교나 군사 목적으로 탑을 만들 뿐만 아니라 무엇인가를 기념하려고 탑을 짓습니다.

8 문단의 중심 문장은 대부분 글의 맨 앞부분이나 뒷부분에 옵니다.

9 주어는 문장에서 설명하고자 하는 주체를 나타내는 문장 성분이고, 서술어는 주어의 동작, 상태, 성질 등을 설명하는 문장 성분입니다. 또, 목적어는 서술어의 동작 대상이 되는 문장 성분입니다.

10 글쓴이가 학생들에게 올바른 스마트폰 사용법을 교육하자고 한 것으로 보아, 학교 안 스마트폰 사용을 허용해야 한다는 입장임을 알 수 있습니다.

11 토의는 어떤 문제를 여러 사람이 협력해 문제를 해결하는 것이므로, 적절한 문제 해결 방법을 찾을 수

있습니다.

12 대출 권 수는 토의 주제에 맞지 않는 내용입니다.

13 이 글은 여정, 견문, 감상 가운데에서 견문입니다.

14 세화리 송당리 일대는 크고 작은 무수한 오름이 저마다의 맵시를 자랑한다고 했습니다.

15 '다리'와 '복숭아'는 단일어이고, '햇밤'과 '심술꾸러기'는 뜻이 있는 낱말과 뜻을 더해주는 낱말을 합친 낱말입니다.

16 아는 내용과 새롭게 안 내용을 관련지어 읽습니다.

17 주장하는 글을 읽는 방법을 생각해 봅니다.

18 자세한 내용을 알고 싶을 때 자세히 읽기의 방법으로 읽어야 합니다.

19 읽는 사람을 고려해서 인물에 대해 설명하듯이 쓴 부분이 있습니다.

20 이 이야기의 공간적 배경은 학교 교실입니다.

4회 100점 예상문제

164~167쪽

1 ⑩ 칭찬 한마디가 누군가의 인생을 변화시키는 결정적인 계기가 되기도 하기 때문에 2 ⑤ 3 ②, ④ 4 출렁출렁 5 ④ 6 ⑩ 비가 그치고 무지개가 떴다. 7 ③ 8 ① 9 ④ 10 ① 11 ⑩ 우리가 변화를 이끌어 낼 수 있는 주제가 좋겠어요. 12 ⑤ 13 ① 14 견문 15 ④ 16 ④, ⑤ 17 (1) ⑩ 국악 프로그램에서 편경을 연주하는 것을 본 일이 있다. (2) 본 일 18 ⑤ 19 ㉣ 20 ②

풀이

1 칭찬 한마디는 누군가의 인생을 변화시키는 결정적인 계기가 되기도 하기에 칭찬의 힘을 과소평가해서는 안 됩니다.

2 두루뭉술하게 칭찬하지 말고 구체적으로 칭찬해야 무엇을 잘했는지를 알고 계속적으로 노력하게 됩니다.

3 말하는 이는 1연과 2연에서 학교와 집에 빨리 가고 싶어서 길을 잡아당긴다는 상상을 했고, 3연에서는 누군가를 많이 보고 싶어 하는 마음에 길을 잡아 당긴다는 상상을 했습니다.

4 말하는 이는 '출렁출렁'이라는 표현을 써서 원하는 것이 이루어지길 바라는 마음을 표현했습니다.

5 경험을 떠올리며 시를 감상할 때에 말하는 이의 경험을 떠올리는 것이 좋습니다.

6 중요하지 않은 내용을 지우면서 중심 문장을 만들어 봅니다.

7 설명하는 글을 읽으면 필요한 정보를 얻을 수 있고, 어떤 일을 할 때의 일의 차례와 방법 및 규칙을 알 수 있습니다.

더 알아볼까요!

> **설명하는 글을 읽으면 좋은 점**
> • 이전에 몰랐던 사실을 새롭게 알아서 좋습니다.
> • 글의 구조를 알고 글을 읽으면 중요한 내용을 더 잘 알 수 있습니다.
> • 설명하는 대상에 따라 적절한 글의 구조를 먼저 생각하고 글을 쓰면 좀 더 대상을 잘 설명할 수 있습니다.

8 ㉠은 야구 선수가 무엇을 잡았는지 나와 있지 않았기 때문에 어색한 문장입니다.

9 인공 지능이 사람이 하기 어렵거나 위험한 일들을 대신할 수 있습니다.

10 ㉠의 '사고'는 '뜻밖에 일어난 불행한 일'을 뜻합니다.

11 해결 방법을 찾고 학생들의 적극적인 참여를 이끌어 낼 수 있는 주제가 알맞습니다.

12 의견을 말할 때 근거를 들어 자신의 의견을 말해야 합니다.

13 이 글은 기행문입니다.

14 ㉠은 여정, 견문, 감상 가운데에서 견문입니다.

15 '돌-'은 '야생으로 자라는', '맨-'은 '아무것도 없는', '애-'는 '어린 또는 작은', '-꾸러기'는 '그것이 심하거나 많은 사람'이라는 뜻을 더하는 낱말입니다.

16 돌로 만든 악기는 편경과 특경이 있습니다.

17 아는 내용과 새롭게 안 내용을 관련지어 읽습니다.

18 이 글은 고려청자에 대해 설명하는 글입니다.

19 고려청자의 무늬에 대해 설명한 부분에 밑줄을 그으며 읽어야 합니다.

20 있었던 일을 꾸며 쓸 수 있습니다.

전과목 단원평가 총정리

변형 국배판 / 1~6학년 / 학기별

- 디자인을 참신하게 하여 학습 효율성을 높였습니다.

- 단원 평가에 완벽하게 대비할 수 있도록 전 범위를 수록 하였습니다.

- 교과 내용과 관련된 사진 자료 등을 풍부하게 실어 학습에 흥미를 느낄 수 있도록 하였습니다.

- 수준 높은 서술형 문제를 실었습니다.

국어

정답과 풀이

선생님이 강력 추천하는

개념+ PLUS
단원평가